안운산安雲山 종도사宗道師님

"현룡見龍은 재전在田하니 이견대인利見大人이라."

이 글자 여덟 자가 주역의 매듭이자 총체적인 결론이며, 정답이다!

'현룡은 재전하니', 나타난 용은 밭에 있으니, '이견대인이라', 사는 것은 대인을 봄에 있다는 뜻이다. 여기서 이로울 이利 자는 살 이 자다. 곧 밭에 있는 대인을 만나면 죽는 세상에 내가 사는 것은 물론이고, 5만 년 동안 전지자손傳之子孫해 가며 자손만대 씨앗을 뿌릴 수가 있다는 말이다.

이건 대자연 섭리의 원 바탕, 틀로서 이 대우주 천체권이 형성될 때부터 이렇게 둥글어간다는 게 정해져 있다. 이건 무엇으로써도 고칠 수 없고, 인간의 과학문명이 아무리 첨단을 걷고 별스런 재주가 있다 하더라도 결코 깨부술 수 없는 절대적인 진리다.

– 본문중에서

안운산安雲山 종도사宗道師님께서 내려주신 교지敎旨

도로써 세상을 밭갈고,
의로써 근본에 보답하라.

안운산安雲山 종도사宗道師님 도훈록

새時代 새眞理

4

새時代 새眞理 4

말씀 安雲山 宗道師

초판 1쇄 발행/ 도기 132(단기 4335, 2002)년 12월 15일
초판 5쇄 발행/ 도기 136(단기 4339, 2006)년 11월 8일

발행처/ 대원출판
발행인/ 안병섭
등록번호/ 제27호

135-167 서울 강남우체국 사서함 1775호
전화 02-425-5315 팩스 424-1607

Home page: www.daewonbooks.com
E-mail: edit@daewonbooks.com

ⓒ2002 대원출판
ISBN 89-7261-076-3

새時代 새真理
4

대원출판

종도사님 어록 4권을 펴내며

　지금은 우주가 가을로 들어서는 때, 곧 선천 봄여름 역사를 마무리짓고 새로운 우주질서로 넘어가는 이른바 가을 대개벽기입니다.

　머지않아 천지의 추살秋殺 기운으로 명줄이 끊어져 낙엽처럼 말라 떨어질 인류를 건지시기 위해, 가을개벽의 추수관으로 오신 증산 상제님! 올해는 선천 인류역사를 매듭짓고 새 우주를 개벽하신 증산 상제님의 천지공사 100주년 되는 뜻 깊은 해입니다. 개벽으로 들어서는 분기점으로서 그 어느 해보다 천지 운수가 급박하게 돌아가는 상제님 사오미 개명 도수 가운데 임오년!

　일촉즉발의 전운이 감도는 속에서 지금 세상 사람들은 '과연 이 세상이 어디로 흘러갈 것인가' 에 대해 촉각을 곤두세우고 있습니다. 그런가 하면, 한편으로는 날로 눈부시게 발달하는 과학문명과 기술 앞에서 인류의 찬란한 미래를 꿈꿔보기도 합니다.

이렇듯 인간 현실에서 벌어지는 웃음과 눈물의 모든 역사는 지금으로부터 132년 전, 해뜨는 동방 조선땅에 친히 강세하시어 선천 종교와 과학, 철학에서 이루지 못한 중통인의의 무극대도로써 온 인류에게 새 생명의 길을 열어주신, 우주의 통치자이시며 참하나님이신 증산 상제님의 천지공사 내용 이념이 하나한 표출되는 과정입니다.

증산 상제님의 대도를 이 땅에 실현함으로써, 대개벽기에 창생을 건지고 후천선경을 건설하는 인사 책임자이신 안운산 종도사님은, 상제님 15진주 독조사 도수를 맡아 80 평생을 외길로 살아오신 증산도의 최고 지도자이십니다.

당신 스스로 '상제님 진리는 불의를 뿌리뽑고 정의를 규명하는 진리다, 나는 상제님 진리를 지키는 충견이다' 하시며 상제님 태모님의 도업을 이루시기 위해 갖은 고초를 마다하지 않고 올곧게 살아오신 종도사님!

종도사님의 말씀에는 깊고도 뜨거운 인류애와 더불어, 인류의 깊은 어둠을 밝히고 천지를 뜯어고치신 우주의 주재자 상제님의 꿈과 염원이 사무치게 담겨 있습니다. 호호탕탕한 상제님 진리를 전하시며 때로는 맑게 흐르는 물처럼, 때로는 거세게 몰아치는 파도처럼, 은근하면서도 격정적으로 절규하시는 종도사님의 말씀에 귀기울여 보십시오. 그리고 크게 깨어나십시오.

이 글을 읽는 모든 분들이 겸허하게 상제님의 대도를 받아들여 개벽기 인간 열매가 됨은 물론, 도성덕립에 널리 창생을 구원하는 참일꾼 되시기를 간절히 기원합니다.

도기 132(단기 4335, 2002)년 12월 3일
편집자

상제님은 참하나님

도기 131(2001). 7. 22, 2차 도장개척단 · 강사양성교육

상제님은 참하나님 · 21
천지공사는 신명들과 더불어 심판하신 것 · 23
음양을 바탕으로 세상이 열렸다 · 25
중국의 역사 왜곡 · 28
역사적인 신명들의 중국 심판 · 29
일월日月이 수명雖明이나 부조복분지하不照覆盆之下라 · 31
상제님은 새 세상을 창출하기 위해 오신 참하나님 · 32
도道는 자연섭리의 모태 · 33
증산도는 참하나님의 도를 집행하는 곳 · 35
증산도 신도는 하늘의 도를 믿는 사람들 · 36
조상 대대로의 공과를 평가받는다 · 37
적악가의 자손은 다음 세상에 못 넘어간다 · 38
역사적인 적악가의 행태 · 40
지금은 역사적인 쓰레기를 청산하는 때 · 41
상제님 진리엔 거짓이 없다 · 43
사람 많이 살려서 복 받으라 · 45
최선을 다해 사람을 살려라 · 47
상대방에게 적응하라 · 49
사람은 대도를 받을 바탕이 돼야 · 50
모범적인 사람이 되라 · 52

증산 상제님을 믿어야 산다

도기 131(2001). 10. 6, 군령 47호

누구도 증산 상제님을 믿어야 산다 · 57
『도전』 그대로를 믿으라 · 58
우주 대개벽의 비밀 · 59
군사부 진리의 참 의미 · 59
비상이 걸렸다 · 60
개벽은 우주원리의 결론 · 61
신명계 틀 그대로 이루어진다 · 62
성경신을 다하라 · 63
앞으로의 도통은 신통神通 · 64
사람은 공명정대하게 살아야 · 66
상제님은 참하나님 · 66
생명력 있는 신앙을 하라 · 68
상제님을 믿으라 · 69
상제님과 조상, 천지신명께 감사하라 · 70
개벽을 한다 · 71
부지런히 포교하라 · 72
상제님 진리로 인도하라 · 73
『도전』을 봐야 진리를 안다 · 74
우리는 하나님의 신도, 육임을 짜라 · 75
포교를 많이 하면 새 사람 된다 · 76
긍지와 자부심 갖고 신바람 내서 포교하라 · 77

우주원리를 매듭짓는 증산도의 사명

도기 131(2001). 4. 8, 증산도대학교

우주변화원리는 누구나 알아야 · 81
천지일월은 사람 농사를 짓기 위해 존재한다 · 82
상제님은 우주원리를 집행하시는 참하나님 · 83
시조 할아버지의 유전인자가 내 몸에 들어 있다 · 84
자손이 하나라도 살아남아야 조상신들이 산다 · 86
사람으로서는 제 조상이 하나님 · 88
조상의 음덕으로 상제님을 믿는다 · 89
상제님을 신앙하기 이전에 조상을 받들어야 · 91
5백 석과 바꾼 아들의 생명 · 92
개벽철 씨종자를 추리는 우리의 사명 · 94
개인주의, 독선주의를 버려라 · 95
지축이 틀어진다 · 97
자신의 책임을 생각하라 · 98
진리를 닮으라 · 99
세상은 상제님 진리 그대로만 된다 · 101
포교는 하려고만 하면 되는 것 · 102
우주원리부터 말해 주라 · 103
첫째도 포교, 열째도 포교 · 104
증산도 신앙을 하면 좋은 사람이 된다 · 106
기회는 두 번 다시 오지 않는다 · 106
우리는 우주원리를 매듭짓는 우주의 열매 · 107
『우주변화의 원리』는 증산도 책 · 109
우리는 후천 인종 씨알 거두는 역군 · 110
제군들의 사명을 통감하고 전부를 다 바쳐 신앙하라 · 111

봉사정신을 갖고 포교하라

도기 132(2002). 5. 5, 증산도대학교

성숙된 매듭진리를 열어주신 상제님 · 115
상제님이 이 땅에 오시기까지 · 116
증산도의 사명은 개벽철에 사람 살리는 것 · 118
읍호는 개성인데 하폐문고 · 120
상제님 신앙은 개벽신앙 · 122
현룡見龍은 재전在田하니 이견대인利見大人이라 · 123
육임은 상제님의 유훈 · 125
서로 화합하라 · 126
가을은 천지에서 죽이는 때 · 128
증산도는 후천으로 넘어가는 가교 · 129
증산도는 공명정대한 곳 · 129
호생오사好生惡死는 인지상정人之常情이라 · 130
반드시 육임을 짜라 · 131
반드시 책을 읽혀 포교하라 · 132
하면 된다 · 133
확신을 갖고 신앙하라 · 134
포교의 밑바탕은 봉사 · 135
봉사자가 되라 · 137
받들어 모시는 정신을 갖고 신앙하라 · 138
시대상황에 적응해서 포교하라 · 139
개벽을 한다 · 140
증산도는 가장 비전 많은 곳 · 141
천지이법은 바꿀 수 없다 · 143

천지에 공 쌓는 진짜 신앙인이 되라

도기 132(2002). 8. 4, 증산도대학교

치천하오십년공부종필 · 147
천지공사는 뿌리장사 · 148
우리는 글로써 천하를 얻는다 · 149
상제님 진리만 남는다 · 150
상제님 진리는 천지에 공 쌓는 사람들의 것 · 152
진짜 신앙인이 돼야 · 153
지난至難했던 제2변 도운 시절 · 154
상제님을 향한 내 일편단심 · 156
일꾼의 격을 갖추라 · 158
우주만유는 자연섭리에 따라 생성된다 · 158
상제님 진리는 성숙된 열매 진리 · 160
상제님의 군사부 진리로 도성덕립된다 · 161
천지에 공 쌓는 게 천지공사 뿌리장사 · 162
이번에 자리가 정해지면 전지자손傳之子孫한다 · 163
증산도 성장을 위해 절대 화합하라 · 164
정육임을 짜라 · 166
우주원리를 깨주어라 · 167
교육은 기술 · 169
사회 속에서 단련 받은 것만큼 성숙한다 · 170
일꾼 될 사람을 포교하라 · 171
육임은 의통구호대, 틀을 잘 짜야 · 172
서점관리의 중요성 · 173

만사지萬事知 문화가 열린다

도기 131(2001). 12. 16. 부산 순방 도훈

상제님 문화는 만사지 문화 · 177
신인이 합일해서 만사지 문화를 연다 · 178
상제님 문화는 역사적인 토속문화 · 179
불교를 숭상한 고려 · 180
우리나라 전통문화의 맥이 끊어짐 · 182
증산도는 우리 민족에게 잘 맞는 문화 · 183
상제님의 만사지 문화만 남는다 · 184
앞으로 개벽이 있다 · 185
천지공사는 신명 해원공사 · 186
천리와 지의와 인사에 합리적인 천지공사 · 188
개벽 때 사람 살리는 일에 녹이 달려있다 · 189
상제님 진리는 생활문화 · 190
『도전』을 제대로 읽으라 · 191
증산도 신도들은 남조선배 뱃사공 · 192
혈식군자가 되라 · 193
상제님 진리는 자연섭리 · 194
포교하면 5만 년 혈식을 받는다 · 195
전부를 다 바쳐 신앙하라 · 196
진리보다 사람이 우선이다 · 197
빈틈없이 신앙하라 · 199
상제님 진리의 비전 · 200
천지일월을 대신해서 오신 상제님 · 201
조직에서 이탈되지 말라 · 203
종도사는 진리의 대변자 · 204

일심으로 신앙하라

도기 131(2001). 9. 2, 증산도대학교

천지공사는 신명의 공의를 바탕으로 짠 것 · 209
천하 대세를 알아야 산다 · 210
도장성장의 비결, 일심一心 · 211
상제님 진리는 자연섭리 · 213
지금은 육임六任 짜는 천리의 때 · 216
일심 갖고 확신 있는 포교를 하라 · 217
제2변 때의 포교 · 218
큰자식의 죽음과 환생 당부 · 221
큰일하는 사람의 일심 · 224
급박한 상제님 공사 · 225
15진주眞主 노름의 개평, 종정 · 227
자식에게 신앙을 물려주어라 · 228
종정을 더불고 시작한 제3변 · 230
상제님 대업은 혈통과 더불어 해야 · 231
안安씨가 일을 한다 · 233
포교를 하라 · 234
천지신명에게 약속하거니와, 완전 육임을 짠다 · 234

태을주는 생명의 주문

도기 132(2002). 6. 2, 증산도대학교

선천은 상극이 사배한 세상 · 239
신명을 해원시키신 상제님 · 240
가을은 신명이 주체가 되는 세상 · 241
원신은 세운, 역신은 도운에 투사 · 242
가을 문화는 신인이 합일하는 통일 문화 · 243
월드컵은 세계에 우리나라를 소개하는 장 · 244
태을주는 후천으로 가는 생명줄 · 245
봉명개훈奉命開訓 · 247
태을주를 읽어야 산다 · 249
태을주의 역사 · 250
태을주는 생명의 가교 · 251
태을주로 원시반본한다 · 252
'태을천 상원군'으로 바로잡아주심 · 254
천지조화 태을주 · 256
나를 살리는 생명의 뿌리, 상원군님 · 256
봉사정신을 갖고 포교하라 · 257
사람은 겸허해야 · 260

수행시 기본 자세와 공부과정

도기 119(1989). 1. 4, 제1기 수도원 연수교육

수련이란 자기 심법을 연마하는 것 · 265
제2변 도운의 포교방법, 수련 · 266
개안 과정 · 267
수행시 체질변화 · 269
신장은 진액의 곳간 · 270
서양의학의 문제점 · 272
앞세상엔 양방과 한방을 병행해야 · 274
불교의 도통공부 · 275
어린시절 수도 체험 · 278
수승화강水昇火降 · 279
사도邪道로 빠지는 사람들 · 280
첫째 심법이 발라야 · 283
개안되면 광명이 열린다 · 284
기운을 잘 받아야 · 285
수도의 기본원칙, 허리를 반듯이 펴라 · 287
올바른 수도자세 · 288
개안의 장단점 · 289
태을주 읽으면 보호신이 붙는다 · 290
태을주 읽으면 액을 막는다 · 292

최후의 일순까지 포교하라

도기 130(2000). 10. 11, 부산 화지문화회관

리치 신부의 하소연으로 오신 상제님 · 297
이 때는 신명을 통치하는 절대자가 오셔야 · 298
신명조화정부에서 짠 틀 그대로 역사가 이루어진다 · 300
상제님 틀대로 풀려나가는 세계정세 · 301
상씨름판에 소를 갖고 나간 정주영 씨 · 303
새 문명 창조의 바탕, 해원 · 상생 · 306
상제님 진리 그대로 신앙하라 · 308
천하창생의 생사가 너희들에게 달려있다 · 310
포교의 밑천은 정성 · 312
복록성경신 수명성경신 · 314
포교는 세상에서 가장 급한 일 · 315
병신 자손이라도 살아야 조상도 산다 · 318
멸사봉공의 정신으로 일하라 · 319
최후의 일순까지 다 바쳐서 포교하라 · 321

상제님은 참하나님

도기 131(2001). 7. 22, 2차 도장개척단 · 강사양성교육

증산께서 말씀하시기를
"이제 온 천하가 큰 병大病이 들었나니
내가 삼계대권을 주재하여 조화로써 천지를 개벽하고
불로장생不老長生의 선경仙境을 건설하려 하노라.
나는 옥황상제玉皇上帝니라." 하시니라.
(道典 2:12:1~3)

상제님은 참하나님

상제님은 참하나님

우리가 신앙하는 상제上帝님은 진짜 참하나님이시다.

상제님이라고 해서 그저 이름도 성도 없이 덮어놓고 상제님이다, 옥황상제다, 참하나님이다, 그렇게 막연하게 알면 안 된다.

우리 증산도에서 신앙하는 상제님은 인류역사가 조판肇版된 - 조판이라면 대우주 천체권 내의 모든 만유를 천지에서 수용하면서 인류역사가 처음 비롯된 것을 말한다 - 그 때부터 계셨던 바로 그 옥황상제님, 참하나님이시다.

상제님은 "공자, 석가, 예수는 내가 쓰기 위해 내려보냈다."고 하셨다. (道典 2:43:5) 상제님이 말씀하신 바와 같이, 우리가 살고 있는 역사 발달과정의 모든 문제라 하는 것은, 전부 우리 상제님이 참하나님으로서 이 세상에 내려보내고 지어놓으신 것이다. 상제님은 대우주 천체권 내의 주체이며 원 조화옹, 절대적인 하나님이시다.

허면 그 하나님이 왜 거름 냄새 나는 인간세상까지 찾아오셨느냐? 지나간 세상 모양 딴 사람을 대신 보내실 수도 있지 않은가.

우주의 주재자 하나님께서 직접 오신 데에는 목적이 있다.

지금은 우주년으로 해서 하추교역기夏秋交易期다. 우주년에도 춘하추동 생장염장生長斂藏이라는 사계절이 있는데, 우리가 살고 있는 이 시점은 바로 우주의 봄여름 세상이 지나가고, 가을겨울 세상을 앞두고 있는 시점이란 말이다.

그러면 이 때에는 무슨 문제가 일어나느냐?

차마 입에 붙이기도 싫은 개벽開闢이 있다, 가을개벽이!

지구 일 년 초목농사로 말하면 봄에 물건 내서 여름철에 기르고 가을이 되면 그 진액을 전부 뽑아 모아 열매를 맺고 겨울에는 폐장을 한다. 초목을 보면, 봄여름에 성실하게 잘 성장한 놈은 가을철에 70퍼센트도 여물고 80퍼센트도 여물고 65퍼센트도 여물고, 혹시 한 50퍼센트 여무는 놈도 있고, 그 이내에 40퍼센트, 30퍼센트 여물고 반 쭉정이 되는 것도 있다. 그러고서 그 나머지는 풀 한 포기 안 남고 다 없어져 버린다. 그게 초목의 가을개벽이다.

지구년과 마찬가지로 우주도 생장염장으로 사람농사를 짓는다. 해서 우주의 가을개벽이라 하는 것은 인간 씨종자 추리는 개벽이다.

다시 얘기하면 우주는 봄에 물건 내고 여름철에 길러서 인류역사를 창출하여 하추교역기에 추수를 한다. 이 때 몹쓸 것은 다 걸러 내던지고 다음 세상으로 넘길 만한 씨종자를 추리는데, 그것을 위해서는 꼭 참하나님이 오셔야 한다. 이 세상을 심판하려 할 것 같으면 반드시 참하나님이 오셔서 해야 한다는 말이다.

어째서 그러냐?

이 세상을 지어 만든 절대자가 심판하지 않으면, 우선 신명들이 거기에 복종을 않기 때문이다. 그건 누구의 명령으로도 안 된다. 또 신명이

건, 사람이건, 참하나님 외에는 그럴 만한 권위를 갖고 있지도 않다. 하나님이 아니면 천계天界, 지계地界, 인계人界의 삼계대권을 가질 수 없단 말이다. 원 하나님, 참하나님이라야 자유자재로 이 세상을 심판하실 수 있는 것이다.

그렇기 때문에 리치신부를 비롯한 동서양 역사적인 신성 불보살들이, 자기네들 능력으로는 세상을 구할 아무런 방법이 없다고 다같이 상제님께 등장한 것이다. 상제님께 등장해서 "우리의 능력으로는 아무런 방법이 없으니, 참하나님이신 상제님께서 직접 인간세상에 임어臨御하셔서 새로운 좋은 방법으로 새 세상을 열어주십시오." 하고 하소연했다.

그래서 우주의 주재자 하나님인 상제님이 직접 이 세상에 임어하시어 천지공사로써 앞세상 틀을 짜놓으신 것이다.

천지공사는 신명들과 더불어 심판하신 것

그런데 상제님 천지공사라 하는 것은 역사적인 신명과 더불어 신명들의 공의公議에 의해 세상을 심판하신 것이다.

그걸 낱낱이 들어서 얘기하려면 열 시간, 스무 시간 가지고도 안되니까 오늘은 그저 대략 겉목만 치고 만다.

상제님이 신명들의 심판을 부정하고 당신 생각대로 공사를 행하신 것은 하나도 없다. 상제님이라고 해서 상제님 직권만 가지고 심판을 해서는 안 된다. 뭐 꼭 안 될 것은 없지만, 사리에 어긋날 뿐더러 원망을 살 수도 있기 때문이다.

상제님은 "파리 죽은 귀신이라도 원망이 붙으면 천지공사天地公事가

아니다."라고 하셨다. (道典 4:35:3)

　다시 싹 돌아가도록 하나만 부언하면, 근래에 와서 내가 이런 얘기를 가끔 하고 있는데, 상제님이 청국淸國공사를 보신 일이 있다. 청국은 지금의 중국이다. 청국공사를 보려 할 것 같으면 원칙적으로는 청국을 가야 한다. 하지만 청국을 가자니 너무 멀고, 송우암이 만든 청주 만동묘에 가서 공사를 보자니, 그것도 너무 멀다고 하신다.

　헌데 상제님 공사 보시던 구릿골에서 전주쪽으로 한 2킬로미터쯤 가면 청도원淸道院이라는 데가 있다. 상제님이 그곳에 청국기운을 응기시켜 놓고 거기 가서 청국공사를 봐야겠다 하시고, 청도원 서낭당에 가셔서 잠시 조신다. 상제님이 잠시 조신다는 것은 역사적인 신명들의 공의를 듣기 위해서 그러신 것이지, 실제로 주무시는 게 아니다.

　상제님이 잠깐 졸다가 일어나시면서 "청국은 아라사 군사에게 맡길 수밖에 없다."라고 하신다. (道典 5:300:6) 아라사는 지금의 러시아다. 러시아 전신이 소련이고, 소련의 전신이 아라사다.

　이 말씀의 뜻이 뭐냐?

　중국이라고 하는 나라는 지금도 공식적인 인구가 12억, 13억 소리를 하는 곳이다. 지금 지구촌 인구가 60억 내지 70억이다. 아, 13억이라면 세계 인구의 몇 분의 일인가, 도대체. 공사 보신 당시에도 그 비례만큼 많은 인구가 살고 있었다.

　그러니 이런 것 저런 것 따지기 전에, 호생지덕好生之德만 가지고 계신 상제님 위치로서는 그 많은 사람들을 다 살리고도 싶으셨을 것이다.

　허나 이 개벽철에는 신명과 더불어 심판을 하신다. 신명이라 함은 인류 역사가 시작한 때부터 역사 속에서 쭉 같이 산 신명들을 말한다. 천 년 전 세상에 살았고, 2천 년 전 세상에 살았고, 5천 년 전 세상에 살았고, 그렇게 쭉 살아온 역사적인 신명들이 그 동안 중국에서 행해 내려온 좋고 그르고 혜택 입고 박해 입고 한 모든 공과 죄를 심판하는 것이다.

음양을 바탕으로 세상이 열렸다

허면 중국 역사가 어떻게 돼 있느냐?

우선 우리는 조선 사람이니까, 조선역사를 하나 들어 얘기할 테니 잘 들어봐라.

이 세상 문화를 처음 창출한 분이 누구냐 하면, 바로 태호 복희씨다. 태호 복희씨가 시획팔괘始劃八卦를 했다. 그분이 비로소 팔괘를 그었다 하는 것을 모르는 사람은 하나도 없다. 그분은 『주역周易』의 창시자다.

묶어서 얘기하면, 『주역』 팔괘란 일건천一乾天 이태택二兌澤 삼이화三離火 사진뢰四震雷 오손풍五巽風 육감수六坎水 칠간산七艮山 팔곤지八坤地로, 음양오행 원리 수치를 말한다. 문화라 하는 것은 다 수치서부터 비롯한 것이다. 음양오행 원리, 그걸 담은 책이 바로 『주역』이다.

음양陰陽이라 하면, 크게 묶어서 암컷수컷을 말한다. 음과 양, 암컷수컷을 바탕으로 해서 이 대우주 천체권 내의 모든 문제가 다 결정되는 것이다. 음양을 바탕으로 이 세상이 열렸고, 모든 진리가 그 속에 다 들어 있다.

아, 이 세상의 만유라 하는 것이 암컷수컷밖에 더 있는가? 미물곤충, 기어다니는 짐승, 날아다니는 새, 사람에 이르기까지 암컷수컷이 시집가고 장가가서, 거기서 씨알이 생겨나고 생겨나고 또 생겨나서, 지금까지 여러 천 년 만 년 역사가 이루어진 것이다.

그걸 수치로 알기 쉽게 얘기하자면 1, 3, 5, 7, 9는 양이고, 2, 4, 6, 8, 10은 음이다. 짝이 없는 수 1, 3, 5, 7, 9는 홀수, 기수奇數고, 2, 4, 6, 8, 10은 짝수, 우수偶數다. 짝이 없는 홀수, 하나 셋 다섯 일곱 아홉, 그걸 양수陽數라고 한다. 그건 음양으로 얘기하면 수컷이다.

허면 만유는 무엇으로 암컷수컷을 표시하느냐? 수컷에는 자지가 달렸다. 미물곤충, 날아다니는 새, 기어다니는 짐승도 수컷이라고 할 것 같으면 자지 하나가 달렸다. 이렇게 하나 쑥 나온 자지가 수컷의 상징이다. 그래서 홀수가 양이다.

또 짝수는 암컷이다. 암컷은 음부가 두 쪽으로 되어져 있는데, 그렇기 때문에 짝수는 암컷이며 음이다.

헌데 암컷만 있고 수컷이 없으면 생산이 안 되니 세상이 망한다. 수컷만 있어도 그렇다. 암컷수컷이 공존하고 암수가 만나야 거기서 조화가 이루어지고 세상 변화가 생기는 것이다.

이 암컷수컷은 천지의 이법으로 생겨난다. 그리고 누가 짝짓는 것을 가르쳐 준 사람도 없건만, 암컷수컷은 만나면 저절로 짝을 지으려고 한다. 그게 본능이다. 짐승도 그렇고, 물고기도 그렇고, 새도 그렇고, 저런 초목 같은 것도 그렇다. 암컷은 수컷을 만나려 하고, 수컷은 암컷을 만나려고 한다.

하나 예를 들면, 우리가 옷 해 입기 위해 생산하는 누에가 있잖은가? 뽕 먹이는 누에 말이다. 누에고치가 지어지면 그 고치에서 나비가 나온다. 그 나비 중에는 암컷도 있고 수컷도 있다.

헌데 암컷 나비를 한 30리쯤 밖에 놓고, 수컷 나비를 한 30리 안에다 놓으면 그놈이 고치에서 나와 가지고 날개를 치면서 뱅뱅뱅뱅 돈다. 그게 암컷을 찾느라고 그러는 것이다.

30리면 얼마인가? 4킬로미터가 십 리니까, 12킬로미터 밖에 있는 암컷 냄새를 12킬로미터 이쪽에서 맡는 것이다. 그러고 자꾸 날갯짓을 하면서 기어이 12킬로미터 밖 암컷 있는 데까지 쫓아간다.

이 세상이라는 것은 암수가 서로 만나 새끼치는 것밖에 없다. 그게 음양의 원리다. 사람의 역사도 거기서 이루어지고, 세상의 모든 조화, 변화도 모두 거기서 나온다. 음양의 원리는 만고의 불역진리不易眞理다.

사람도 죽은 남자를 물 속에다 잡아넣으면 엎어져 버린다. 양이 돼서 음을 동경하느라고 그런 것이다. 또 여자는 죽은 뒤 물 속에 잡아넣으면 발딱 자빠져 버린다. 양을 동경하느라고. 이건 천지의 이치로, 이치가 그렇게 되어져 있어서 달리 어떻게 할 수 없는 것이다.

동서양 문화도 음양원리에 따라 구분된다. 동양은 양이다. 양이라 하는 것은 무형이다. 하늘에서 더운 에너지를 발사하면 땅은 그저 그 더운 에너지를 받아 물건을 내고, 추운 에너지를 발사하면 지금까지 내서 키운 것을 전부 다 말려버린다.

그래서 동양문화라 하는 것은 형상이 없는 문화다. 음양오행원리, 거기에 무슨 형상이 있나? 양의兩儀, 사상四象, 팔괘八卦, 그런 게 전부가 다 그렇다.

그런 반면 서양은 음이 돼서, 서양문화라 하는 것은 형상이 있다. 땅에서는 만유를 생성시키지 않는가. 해서 과학문명 물질문명이라는 게 순전히 다 서양에서 나오는 것이다.

옷을 봐도 그렇다. 사람이 클 때 어머니 손으로 옷을 지어 입히지 않는

가. 우리가 입는 옷이 다 서양문화다, 어머니 문화. 나도 그걸 알면서 양복을 입는다. 이런 것을 좀 차근차근 얘기해주면 좋은데 시간이 없어서 더 이상 못 한다.

중국의 역사 왜곡

이렇게 문화의 원 바탕이라 하는 것은 음양오행, 하나 둘, 거기서부터 다 비롯했다.

더 크게 얘기하면, 무극無極이 생태극生太極 하고, 태극이 생양의生兩儀 하고, 양의가 생사상生四象 하고, 사상이 생팔괘生八卦 하고, 나아가 8 곱하기 8은 64, 64괘卦가 되는데, 그게 문화의 원 바탕이다.

그걸 만든 분이 바로 태호太昊 복희씨伏羲氏다. 태호 복희씨는 원래 우리나라 조상이다.

그리고 역사 얘기는 너무 길어서 다 못 하지만, 인류역사라는 게 전부 우리 조선, 옛날로 말하면 환국桓國에서부터 시작되었다. 우리나라 문화를 받아 중국사람들이 문명을 하고 나라를 이룩한 것이다. 헌데 그럼에도 불구하고 그 사람들이 역사를 조작하기를, 우리나라 원 조상 태호 복희씨는 "인두사신人頭蛇身", 곧 사람머리에 뱀 몸뚱이를 했다 해서 그림까지 그려놨다.

그렇게 우리나라의 태호 복희씨는, 좀 무식하게 얘기해서 맨대가리로 놔두고, 역사적으로 그 뒤에 생긴 저희 나라 조상들은 완성품, 즉 제대로 된 사람이다 해서 면류관 씌우고 좋은 곤룡포 입혀서 아주 위의威儀를 갖추어 그려놓았다.

또 그들이 뭐라고 말하느냐? "동이족은 오랑캐 족속이다. 태호 복희씨는 오랑캐 족속인 동이족으로서 전설의 인물이다"라고 했다. 전설에 의하면 인두사신이라고 말이다. 그런 말도 안 되는 거짓말로 모욕을 했다. 아니, 그게 사실도 아니거니와, 사실이 그렇다 하더라도 인류문화의 창시자를 그렇게 비하卑下해서는 안 될 것 아닌가.

또 거기에 그치고 마는 게 아니다. 그네들의 문화가 어떻게 돼 있냐 하면, "낙양洛陽은 천하지중天下之中이라"고 했다. 저희 도읍의 경내가 달걀로 말하면 노른자위, 천하의 중심이라는 말이다.

또 문헌상으로 밝히기를 남만북적南蠻北狄이라고 했다. 그 오랑캐 만蠻 자가 밑에 벌레 충虫을 한 자다. 그러니까 중국 남쪽에는 버러지 같은 인간이 살고, 북쪽에는 짐승 같은 민족이 산다는 것이다. 오랑캐 적狄 자가 개사슴 록犭 옆에 불 화火 한 자. 또 동이서융東夷西戎이라고, 동쪽 족속도 오랑캐, 서쪽 족속도 오랑캐라고 했다.

한마디로 저희 나라 영토가 세계의 중심으로, 중국에만 제대로 된 사람이 살고, 동서남북 주변에는 전부 미완성품, 무슨 뱀 같은 사람, 짐승떼, 버러지 같은 인간들만 산다는 것이다.

또 글자로만 그런 것이 아니라 실제로 저희 나라 사람 이외에는 그렇게 사람 취급을 안 했다. 인류역사를 통해 수많은 민족이 그렇게 당하고 살았다. 그들의 떼거지가 워낙 막강해서 그냥 당하고 산 것이다.

역사적인 신명들의 중국 심판

지금도 우리나라를 조선朝鮮이라고도 하는데, 그 조선이라는 이름도 이성계가 고려를 배반하고 나라 세울 때 중국의 동의를 얻어서 쓴 이름이다. 국회로 말하면 인준을 받아야 뭘 어떻게 하듯이, 체제가 그렇게 돼 있었다. 강약의 부동不同으로 할 수 없이 당한 것이다.

우리들 어려서만 해도 중국을 대국大國이라고 했다. 저 옛날 묘의 빗돌을 보면 '대명조선大明朝鮮'이라고 써 있다. '큰 명나라의 속국, 조선'이라는 소리다. 허면 우리나라는 소국小國이 되는 게지. 세자 하나만 책봉하려고 해도 중국의 허가를 얻어야 했다. 말 그대로 속국이다.

아니, 대체 우리나라가 그들하고 무슨 상관이 있나.

그러건 저러건 세월이 흘렀으니 그 세상을 산 사람들이 지금은 죽어서 신명이 되지 않았겠나. 그래 그 역사적인 신명들이 중국이라고 하면 아주 고개를 돌려버린다. 그들이 한 행위를 보면 순 우격다짐이고, 힘 주장이고, 억지다. 다른 나라 사람들을 전부 노예 취급하고 짐승, 버러지 취급하고 말이다.

역사가 조성된 후로 여러 천 년을 그렇게 중국의 피압박 민족으로 살았기 때문에, 중국을 좋아하는 신명이 하나도 없다. 중국사람들한테 아무 이유 없이 푸대접받고 박해를 당하며 살다 죽었으니 좋다고 할 리 있나.

그 역사적인 신명들 누구에게 물어봐도 "그건 후천세상에 종자 받을 사람들이 못 됩니다." 해서 신명들이 전부가 다 거부를 한다. 그러니 방법은 아라사로 붙여보내는 수밖에 없다는 것이다.

아라사는 유물론의 종주국이다. 칼 마르크스, 레닌의 유물론으로 신神을 부정하는 세계다. 그래서 그 후 중국이 공산국이 돼서 지금까지도 공산세계다. 아마 의통목 터질 때까지도 그럴 것이다.

허면 그네들이 상제님을 받아들이겠는가, 신을 부정하는데?

헌데 이번에는 상제님 진리를 받아들이지 않으면 아무런 방법이 없다. 그러니 생각해 봐라. 그 민족이 몇이나 살겠는가.

상제님이 그런 이유로 청국을 아라사로 붙여 보내신 것이다. 내 말 알아듣지?

"예!"

내 말을 똑똑히 들어라. 그런 것이 안 깨져서 우리 신도들이 아직도 꿈나라에서 헤매고 있는 것이다.

일월日月이 수명雖明이나 부조복분지하不照覆盆之下라

내가 한 10여 년 전에, 중국에도 어떻게 토대를 좀 놓아볼까 하고 중국에 간 적이 있다. 상제님 공사를 번연히 알면서도, 인구가 하도 많으니 거기서 다만 얼마라도 건져야겠다 하고, 『개벽 다이제스트』서부터 『도전』 이것저것 해서 책 두 박스를 가지고 갔다.

헌데 공항에서 내리자마자 책을 다 뺏겨버렸다. 그걸 찾으려고 별 짓을 다 해도 안 된다. 그래서 나중에는, 그러면 여기다 보관해 두었다가 내 나라로 갈 때 가져가겠다고 했더니 그것도 안 된다고 한다.

아니, 남의 나라 종교문제 같은 것은 저희가 간섭할 권한도 없지 않은가. 저희 나라에서야 저희 나라 정치권이니까 무슨 사상통제를 하고 행동통제, 활동통제, 문화통제를 하건 상관없지만, 세계 각국 남의 나라에서 하는 것까지 저희가 통제할 권한이 어디에 있나.

그렇건만, 싸우다싸우다 한 권도 못 찾고 다 압수당하고 말았다. 그래서 내가, "그러면 내 몸뚱이도 너희가 가져가 버려야 될 것 아니냐, 너희 영토에 들어온 것 다 압수하면!" 했더니 그건 대답을 않는다. 내가 그런 강력한 얘기도 해봤다.

아무리 살려주고 싶어도 그렇게 받아주질 않으니 어떻게 하나.

요새도 그런 일이 있다. 중국에 파룬궁法輪功이라고 하는 기공 단체가 있다. 얼마 전 뉴스를 들으니 중국 정부에서 파룬궁 회원 1,700명인가를 한꺼번에 사형시켰다는 것이다. 완전히 무법이다, 일당독재고. 지금도 그런 짓을 자행하고 있다. 그건 세계 어느 나라에서도 없는 일이다. 이 세상은 다 자유세계지, 그런 나라가 몇 개나 되나?

옛날 고고학에 이런 말이 있다. "일월日月이 수명雖明이나 부조복분지하不照覆盆之下라", 해와 달이 아무리 밝으나 '부조복분지하라' 아닐 불 자, 비출 조 자, 엎어질 복 자, 동이 분 자, 엎어진 동이 속은 못 비춘다는 것이다. 아니, 동이가 빛을 안 받겠다고 폭 엎어졌으니 아무리 일월이라도 그 속까지 어떻게 하나. 저희들이 안 받겠다고 하는 데는 다른 재주가 없지.

그렇게 지긋지긋하게 총칼 들고 거부하는 사람들을 우리가 더 이상 찾아다닐 필요도 없단 말이다. 중국이 그렇게 된 나라다.

상제님은 새 세상을 창출하기 위해 오신 참하나님

상제님은 이렇게 천리天理와 지의地義와 인사人事에 합리적인 최선의 방법으로 천지공사를 보셨다. 아까도 얘기했지만 상제님은 파리 죽은 귀신이라도 원망이 붙으면 천지공사가 아니라고 하셨다. 허면 파리 죽은 귀신은 차치하고, 여러 천 년 피압박에서 지내다가 죽은 역사적인 수억 조의 신명들의 원한을 풀어줘야 하지 않겠는가.

해서 상제님 공사가 전부 그렇게 신명공사로 행해졌다. 이제까지 잘 몰랐던 신도들도 내가 이렇게 알기 쉽게 얘기하면 상제님 공사 내용을 확실하게 깨달을 수 있을 것이다.

헌데 이 세상을 묶어 새 세상을 창출하기 위해서는 원 우주의 주재자, 우주의 원 주인공, 원원한 참하나님이 오시지 않고서는 아무런 방법이 없다. 상제님이 아니면 그 신명들을 묶을 수가 없기 때문이다. 아, 상제님이 아니면 누가 그 역사적인 신명들에게 명령을 내리고 심판을 하겠는가. 신명들이 상대도 안 할 게고 말이다. 그래서 상제님이 오신 것이다. 지금은 판이 그렇게 된 때다.

이만하면 상제님의 위치를 알겠는가?

"예!"

거듭 강조하거니와, 우리 상제님은 무슨 석가나 예수나 공자 같은 인간성자가 아니다. 상제님은 틀림없는 우주의 주재자, 참하나님이시다!

도道는 자연섭리의 모태

여기서 내가 증산도甑山道에 대해 다시 한 번 얘기를 해주겠다. 하늘 땅 생긴 이후로 종교단체에서 도道 자를 붙인 데는 오직 증산도뿐이다.

그러면 그 도 자의 의미가 뭐냐?

도 자를 학문으로 풀이하면, 길 도 자, 이끼 야 자, 놈 자 자, 도야자道也者는, 도라고 하는 것은, 자유지리自由之理, 자유지기自由之氣다.

도란 자유지리다. 곧 도란 스스로 자 자, 말미암을 유 자, 갈 지 자, 이치 리 자, 스스로 말미암는 이치, 스스로 있는 이치, 자연한 이치다. 누가 만든 것도 아니고 있으라고 한 것도 아니고, 그저 본연한, 그렇게 되어진 이치, 그렇게 되어질 수밖에 없는 이치란 말이다.

또 도는 자유지기다. 스스로 자 자, 말미암을 유 자, 갈 지 자, 기운 기 자, 스스로 말미암는 기, 스스로 있는 기, 자연한 기, 자연스러운 기, 본래 그렇게 되어져 있는 기, 그렇게 되어질 수밖에 없는 기다.

그 기는 누가 있으라고 한 것도 아니고 누가 만들어 놓은 것도 아니다. 그저 자유지리 자유지기로, 본래부터 그렇게 되어져 있는 것이다.

그러니 "선어천지先於天地하야" 천지보다도 먼저 하여, "만유지본원야萬有之本元也라" 대우주 천체권 내 모든 만유의 원 뿌리 바탕이다.

우주 천지일월도 바로 도 속에서 나왔다.

한마디로, 도라 하는 것은 모든 만유, 자연섭리의 뿌리다. 자연섭리가 뭉친 바탕, 그 모태가 도다. 모든 만유가 그렇게 되어질 수밖에 없는 것! 과거 현재 미래, 모든 것을 다 정리해서 하나로 묶을 수 있는 이치, 그렇게 될 수밖에 없는 이치, 그래서 그걸 길 도道 자를 써서 도라고 하는 것이다.

도 자를 풀이하자면 책 만 권을 쓰고도 남는다. 암만 써도 도 자 해석을 다 할 수 없다. 우주 원리를 다 쓰면 그게 도다. 그 글자 한 자에 그런 무궁무진한 의미가 있다.

증산도는 참하나님의 도를 집행하는 곳

 허면 상제님은 도호를 왜 증산甑山이라고 붙였느냐?
 천지라 하는 것은 사람농사를 짓기 위해서만 있는 것이다. 사람은 만유의 영장이기 때문이다. 해서 옛날 사람들도 "만물지중萬物之中에 유인唯人이 최귀야最貴也라"고 했다. 대우주 천체권 내 모든 만유 중에 오직 사람이 가장 귀한 존재라는 것이다.
 참하나님이 삼계대권을 가지고 사람농사 지은 걸 추수하러 이 세상에 오시는 데는 반드시 사람의 육신을 빌어서 오셔야 한다. 왜냐? 인간세상의 일을 하기 위해 오시기 때문이다.
 허면 상제님의 성姓도 있고 이름도 있을 것 아닌가.
 사람의 성씨 중에 가장 처음 나온 성이 강씨姜氏다. 원래는 바람 풍風 자 풍씨가 처음 나왔는데 전해 내려오질 못하고, 그 다음으로 강씨가 왔다. 그래서 상제님이 "내가 원시原始로 반본返本하는 이치에 의해 강씨 성을 걸머지고 왔다"고 하셨다. (道典 2:37:5).
 또 상제님은 시루산 밑에서 태어나셨는데, 그 산 이름을 따서 호를 증산甑山이라고 하셨다. 시루 증 뫼 산, 증산. 상제님 고향에 가보면 뒤 주산으로 조그만 산이 있는데 그 산 이름이 시루산이다.
 그렇게 성은 강씨 성에 호는 증산이라고 붙여서 강성 증산이라고 부른다. 다시 얘기하면, 인간세상 추수하러 오신 참하나님의 존호가 강증산姜甑山이다. 해서 그 참하나님의 도를 집행하는 단체 이름을 증산도라고 붙인 것이다.
 우리 성도들은 유형도 바치고 무형도 바치고, 다 바쳐서 신앙하는 사람들이니까, 상제님 신앙의 번지수는 똑똑히 알고 믿어야 될 것 아닌가.

내가 이런 구체적인 얘기를 우리 신도들에게 한 번도 교육한 일이 없다. 그저 단편적으로 조금씩 덧붙이고 말았었는데, 요즘은 우리 신도들이 조금 익은 것도 같다. 어디 가서 보면 우선 앉아 있는 기운부터 달라졌다.

그래서 이제는 증산도의 본질적인 것을 알려줘도 되겠다 싶어서 근래에 들어 내가 하나씩 슬슬 얘기하고 있는 것이다.

증산도 신도는 하늘의 도를 믿는 사람들

결론적으로 상제님이 오셔서 자연섭리를 집행하셨다. 헌데 상제님이 자연섭리를 만든 게 아니다. 제군들은 이걸 똑바로 알아야 한다. 하늘땅의 이치를 상제님이 구태여 만들 필요가 없잖은가? 또 만들어서도 안 되고 말이다.

상제님이 오셔서 자연섭리를 집행하셨기 때문에 자연섭리가 상제님 진리고, 상제님 진리가 자연섭리다. 구태여 '증산도다, 강증산의 도다' 하는 것을 입에 붙이기 이전에, 이 세상 자연섭리를 합리적으로 쭉 얘기하다 보면 자연스레 상제님 진리로 귀결돼 버린다.

해서 "개벽하는 세상에 사는 데가 어디냐? 그것을 집행하는 데가 어디냐? 그건 바로 이 지구상 대한민국 내에서도 증산 상제님의 이념을 집행하는 증산도다." 하는 귀결점이 나온다.

학자끼리 뭉쳐서 우주원리를 논평하다 보면, 저절로 상제님 진리에 도달하게 되는 것이다.

바로 그 자연섭리의 모태, 하나님의 도를 바탕으로 한 증산도는 그 체제로 봐서도 누가 입에다 올려 평가조차도 할 수 없는 무궁무진한 체제다. 한 마디로 상제님을 신앙하는 우리는 천도天道, 하늘의 도를 믿는 사람들인 것이다.

조상 대대로의 공과를 평가받는다

우리 신도들은 참 어떻게 해서 만났든지, 이런 좋은 진리를 만났다.
 상제님 말씀이 "너희들이 나를 믿게 되는 것은 다 조상의 음덕 때문"이라고 하셨다.
 내 조상이라고 할 것 같으면 처음 시조 할아버지서부터를 말한다.
 각 성에는 5천 년 전 시조 할아버지도 있고, 4천 년 전 시조 할아버지도 있고, 또 한 천 년 전 시조 할아버지도 있을 것이다. 그 시조 할아버지서부터 혈통, 다른 말로 유전인자가 자자손손子子孫孫 계계승승繼繼承承해서 내 몸에까지 와 있다.
 나라는 존재는, 내가 김가인데 내 몸에 박가의 유전인자가 있는 것도 아니고, 이가 최가의 유전인자가 있는 게 아니다. 유전인자라는 것은 바꿀 수가 없다. 만 년 가도 못 바꾸고, 10만 년, 억만 년이 가도 못 바꾼다.
 알아듣기 쉽게 예를 들면, 풀에도 종류가 오죽이나 많은가? 헌데 백만 년 전 풀씨가 백만 년 후인 지금까지도 그 모형 그대로를 간직하고 있다. 우주 만유는 아무리 세월이 흘러도 자기의 고유한 유전인자, 제 조상이 처음 떨어뜨린 유전인자를 그대로 간직하고 있는 것이다. 만일 그게 변

형된다면 딴 종種이 돼버린다.

그러니까 내 유전인자라는 것은 5천 년, 4천 년, 만 년 전의 처음 할아버지의 유전인자다. 아까 얘기한 바와 같이, 그 유전인자가 전지전지傳之傳之해서 내 몸뚱이에까지 와 있는 것이다.

그러면 자자손손 여러 천 년을 내려오면서 그 중에는 잘한 할아버지도 있고, 잘못한 할아버지도 있고, 아주 참 고약 망칙한 조상도 있을 것 아닌가?

이번에는 그 조상 대대로 내려오면서 지은 공과功過를 플러스 마이너스해서 총 평가를 한다. 그렇게 해서 워낙 다음 세상에 갈 수 없는 그런 악마의 혈통은 다 뽑아버린다.

적악가의 자손은 다음 세상에 못 넘어간다

예를 들면 중매쟁이 있잖은가. 그 전에는 혼인을 하는 데는 꼭 중매쟁이가 있었다. 그 중매쟁이를 두고 옛날부터 하는 말이 있다. "하늘에서 거짓말 닷 섬이 내려왔는데, 석 섬은 중매하는 데로 가고 두 섬은 세상에 퍼졌다" 하는. 지금은 거짓말하면 사기결혼이다 해서 위법에 해당하지만, 옛날에는 거짓말 안 하면 중매가 안 됐다.

한 중매쟁이가 와서 "어떤 규수가 있는데 다른 건 다 마땅하고 참 좋은데 다만 먼 것 하나가 흠이다"라고 한다. 그래 "아니, 뭐 가까울 수도 있고 멀 수도 있는 거지, 먼 거야 그렇게 흠이 되겠냐?" 하고 결혼을 했다. 헌데 막상 결혼하고 보니 여자가 눈이 멀었다. 그래서 중매쟁이한테 왜 눈먼 사람을 중매했냐고 따지니까, "아니 내가 그 때 얼마나 얘기했냐?

다 좋은데 먼 게 흠이라고 하지 않았냐"고 한다. 하하하. 그것도 거짓말 아닌가.

이번에는 그런 것까지도 다 따져서 공과를 평가한다.

세상에는 거짓말하고 협박하고 사기치고 남의 뒷등 치고 세상에 못된 일만 골라서 하고, 나의 이득을 위해서는 수단과 방법을 가리지 않고 남에게 해를 붙인 종자들이 있다. 이번에 그 후손들은 전부 다 빈 쭉정이가 되어 없어지는 것이다.

그리고 좋은 혈통, 즉 도덕률을 바탕으로 해서 국가와 민족을 위해, 공공복리를 위해 남에게 좋은 일 많이 한 사람들이 있다. 쉽게 얘기하면, 나 먹을 밥도 배고픈 사람 있으면 줘버리고, 그렇게 남의 일을 내 일에 우선해서 좋게만 살아온 그런 혈통들. 이번에 그런 사람의 자손들만 추리는 것이다.

그런데 그 중에는 점수가 어중간해서 신명들 심판에 붙을락 말락 하는 사람도 있지 않겠는가. 그런 경우에는 한 사람 떨어지면 그 다음 차점자가 붙는다. 그 합격선이 정해져 있다.

그렇기 때문에 상제님이 "조상 신명들이 60년씩 공을 들였어도 자손 하나 살릴 수 있는 길을 못 얻었다."고 하시는 것이다.

이번에는 자기 자손 하나라도 못 살면 그 역대歷代 신명들도 하나도 못 살고 다 죽어버린다. 이런 얘기는 내가 하도 많이 해서 다들 잘 알 게다.

해서, 이번 개벽철에 처넘어가는 것을 내가 그저 알아듣기 쉽게 역사적인 쓰레기라고 말하는 것이다.

역사적인 적악가의 행태

우리나라에도 역사적으로 그런 핏줄이 있다. 이조 때 역사과정을 보면 동인, 서인, 남인, 북인, 골북, 육북, 피북, 노론, 소론, 청론, 탁론 해서 맨 당쟁싸움만 해 내려왔다. 아주 목숨을 내놓고 싸웠다.

지금도 케케묵은 사람들은 "아, 그 집은 노론집이야, 그 집은 소론집이었어." 하고 따진다. 그 집은 우리하고 원수니까 그 집하고는 혼인을 않는다고 말이다. 아, 지금이 어떤 세상인데 그걸 따지나.

그 당시에도 보면 아주 하찮은 것 가지고 싸움을 했다. 예를 들어, 제사 지내는데 술을 따라 술잔을 향불에다 서너 번 둘러서 제사상에 올려 놓으면 바른 예법이고, 그렇지 않고 직접 올리면 저놈은 천하에 예절이 결여된 놈이라는 것이다. 해서, "저런 놈이 삼조육경 자리에 있으면 안 된다, 저놈 몰아내야 된다"고 상감님께 모두 상소를 해서 기어이 그를 몰아내 버린다. 귀양도 보내고. 이 때 잘못하면 반대파로 찍혀 몰리니까 승풍득기乘風得氣로 사람들이 서로 그 세력을 얻으려고 달려붙는다. 승풍득기, 바람을 타고 그 기운을 얻는다는 말이다.

그리고 또 미운 사람이 있으면 그놈은 역적모의한 놈이라고 매도를 한다. 해서 "역적모의를 했으면 근거가 있어야 될 것 아니냐?" 하고 추궁을 하면 "아, 내게 그 사람들 모인 문서가 있다"고 한다. 그러면 다시 "그 문서를 가져와 봐라." 할 것 아닌가.

헌데 사실이 아니니 그런 문서가 있을 수 있나? 그럴 땐 어떻게 하느냐?

사람이 죽어서 돌 지나면 소상小祥이라 하고, 2년이 지나면 대상大祥

이라고 해서 큰 제사를 지낸다. 아마 지금도 시골에는 그런 풍속이 있을 것이다.

이 대상 소상 때에는 많은 조객弔客들이 온다. 그 집 문벌에 따라 3백 명도 오고 4백 명, 5백 명 오는 집도 있다. 조객이 오면 조객록을 써서 보관해 두는데, 그걸 몰래 훔쳐다가 겉장만 떼어내 버리고 이게 역적모의할 때 모인 놈들이라고, 그 증거라고 갖다주는 것이다. 그렇게 해서 몰살을 시켜버린다.

역적 소리가 나오면 용서할래야 할 수가 없다. 반역행위를 했기 때문에 틀림없이 매듭을 짓고 만다.

그래 어명이라 해서 갑자기 그들을 잡아다 참형시켜 버리니, 본인들은 왜 죽는지도 모르고 죽는 것이다.

얼마나 혹독하게 하느냐 하면, 아들은 다 죽여버리고 그 아낙네들은 다른 양반 집 종으로 보내버린다. 만일 뱃속에 든 애가 있으면 잘 감시했다가 아들을 낳으면 잡아다가 그놈도 죽여버린다. 씨를 말려야 후한이 없기 때문이다.

그렇게 못돼먹었었다. 그게 우리나라의 산 역사다.

지금은 역사적인 쓰레기를 청산하는 때

또 하나 예로, 『격암유록格庵遺錄』을 쓴 남사고南師古 같은 사람이 있다. 그가 그렇게 많이 알았던 사람이다. 지식도 많은 데다가 지리를 참 잘 알았다. 그가 자기 부모가 죽자 백골이라도 썩지 않는 좋은 데다가 좀 묻어야겠다 하고서 자리를 찾았다. 눈뜨고 산천 보면 환한 사람이니 오죽이나 잘 알겠나.

헌데, 지금까지도 "구천통곡九遷痛哭 남사고南師古"라는 말이 전해져 내려온다. 구천, 아홉 구 자 옮길 천 자, 아홉 번 묘를 옮겼다는 것이다. 묘 한 번 옮기는 게 얼마나 힘이 드나. 헌데 그렇게 환하게 아는 사람이 하나 둘 셋 넷 다섯, 이렇게 해서 아홉 번까지 묘를 옮겼는데, 쓰고서 보면 다 잘못 써졌더란 말이다. 그래서 아홉 번을 옮기고도 아플 통 자 울 곡 자, 땅을 치면서 통곡했다는 것이다. 아, 아홉 번이나 옮겨가면서 묘를 썼는데 좋은 자리가 아니니 그것 기가 막힐 일 아닌가.

그게 왜 그러냐? 산신이 그의 눈을 홀려서 못 보게 만들었기 때문이다.

한마디로 얘기해서, 그 부모가 적악을 많이 해서 좋은 데를 못 들어갈 사람이다. 내 그것까지만 얘기한다.

남사고의 묘가 지금 저 경기도 양평 양수리라고, 남한강 북한강 만나는 데 있다. 남사고 자신도 자손 없이 죽었다. 신명들이 자손을 안 태워 준 것이다. 내가 하는 얘기는 다 역사에 기록돼 있는 사실이다.

그렇게 남 음해하고 적악을 많이 한 사람의 자손이 지금도 살아있는데, 혹시 그 후손들이 증산도에 들어오나 하고 내가 눈여겨보건만 역시 들어오질 않는다.

내가 그런 핏줄을 얘기하느라고 하는 소리다. 아니, 그런 혈통들이 개벽심판에 살아남겠는가?

이번에 그걸 다 청산한다. 이번 개벽에는 그저 재수 없는 사람은 처넘어가고, 재수 있는 사람은 상제님 진리 만나서 사는 게 아니다. 원칙적으로 살아남지 못할 그런 종자가 있다. 알아듣기 쉽게 얘기해서, 그게 바로 역사적인 쓰레기다, 공해물질. 이번 개벽은 그걸 다 제하고 그저 씨종자 건지는 것이다.

허면 그 쓰레기를 왜 청소하느냐?

아까 얘기한 대로, 상제님 천지공사란 게 신명공사다. 그 사람한테 위해 받은 신명들이 그대로 남아있다. 역사적으로 그 시대를 같이 산 사람들, 바로 그 신명들이 용서를 않기 때문이다.

상제님 진리엔 거짓이 없다

앞서도 얘기했지만, 상제님 공사내용이라는 게 신명계 심판이다.

며칠 전에 상제님의 집 상량식上梁式을 했는데, 내가 그 상량판을 쓰다 보니, 우리나라의 역사 기원이 자그마치 9,200년이다. 환기桓紀 9,200년. 학자들은 그것도 모르고 우리나라 역사의 기원이 5천 년이다, 4천 년이다 하는 소리를 하고 있다만.

상제님이 천지공사를 보시는데 그 세월을 살아온 역사적인 신명들이 전부 다 참여를 했다. 상제님이 신명들 공의에 의해 심판하셨다는 걸 거듭거듭 얘기했으니, 이만 하면 천지공사의 의의를 어렴풋이라도 알 것이다.

상제님이 이것저것 심판을 하고서 하신 말씀이 있다.

> 이제 하늘도 뜯어고치고 땅도 뜯어고쳐 물샐틈없이 도수를 굳게 짜 놓았으니 제 한도**限度**에 돌아 닿는 대로 새 기틀이 열리리라.
> (道典 5:320:1~2)

상제님은 물샐틈없이, 후천 5만 년 이 세상 끝날 때까지 돌아갈 틀을 전부 다 짜놓으셨다고 하신다. 제 한도에 돌아닿는 대로, 새 전기轉機가 마련되는 대로, 새 기틀이 열리도록 말이다.

이 세상이 다 거짓 세상이라 하더라도 참하나님의 진리, 개벽장의 진리인 우리 상제님 진리는 머리털만큼도 거짓이 없다. 이런 진리이기 때문에 상제님을 진짜로 잘 믿는 사람은 하늘땅 생긴 이후로 가장 큰 대복을 받게 되는 것이다.

상제님이 천지공사를 마치고 말씀하신 대표적인 성구 하나를 읽어줄 테니 들어봐라.

"만국활계남조선萬國活計南朝鮮이요 청풍명월금산사淸風明月金山寺라, 일만 나라의 살 방법은 오직 남쪽 조선에 있고, 맑은 바람 밝은 달 금산사더라" 하는 말씀이다. (道典 7:14:1)

내가 열 살 이쪽 저쪽에 이 문구가 하도 좋아서 입춘서로 써붙였다. 내가 지금 80 먹은 늙은이니까 벌써 70년 전 얘기인데 그 때는 입춘서 써 붙이고 할 때다. 그래서 내가 그저 잘 못 쓰는 글씨지만 그걸 써서 상기둥 나무에다 붙여놨다.

아, 이 지구상에서 개벽철에 사람 살릴 수 있는 데는 남조선뿐이라고 하시니 얼마나 좋은 글귀인가. 그 말씀대로 남조선 사람을 바탕으로 해서 상제님의 도가 세상에 퍼지게 된 것이다.

그러고 보면 제군들이 대한의 아들딸로 태어난 것만 해도 얼마나 영광된 일인가! 또 대한의 아들 딸 중에서 증산도 신도가 됐다고 할 것 같으면, 그건 진짜로 선택받은 사람이다. 신앙을 잘만 할 것 같으면 암만 못 돼도 제 개인은 살 수 있을 것이다. 더 잘 하면 제 가족도 다 건질 수 있고.

사람 많이 살려서 복 받으라

　제군들이 천지의 역군이 돼서 천지의 복을 받으려면, 무엇보다 사람을 많이 살려야 한다.
　내 한 몸뚱이가 있는 데는 인아족척姻婭族戚서부터 주변 사람이 많이 있다. 초등학교 중학교 고등학교 대학교, 또 사회 속의 그 많은 친구들. 허면 그들을 다 살려야 될 것 아닌가.
　헌데 우리 신도들은 공분심公憤心과 의분심義憤心이 결여돼서 그런지 어째 꼼짝도 않고 앉았다. 상제님 진리를 제대로 알 것 같으면 발길로 차 내버려도 나도 같이 가자고 쫓아올 게고, 하지 말라고 해도 제가 먼저 나서서 할 텐데 말이다.
　내가 그 전 6·25 때 이런 글자를 배웠다. 누가 와서 내게다 이렇게 묻는다. "선생님, 쇠 금金 옆에 쌀 미米 한 자를 아십니까?" 해서 내가 "글쎄, 내가 뭐 옥편 선생은 아니지만 글자 쳐놓고 모르는 자가 별로 없는데 나는 그런 자를 보질 못했다."고 했더니 "아이구 왜 못 봐요? 그게 빽 빽 鉧 자입니다."라고 한다. 어떻게 해서 빽 빽 자냐 하니까, "쇠 금 옆에 쌀 미 했으니 '살금살금' 아닙니까. 돈 있는 집 자식들은 돈하고 쌀하고 뇌물을 써서 다 후방으로 빼돌리고, 권력 없고 돈 없는 자식들은 전방에 가서 전부 총알받이 돼서 죽었지요. 그래서 그 자가 빽 빽 자입니다."라고 한다. '살금살금', 그게 바로 빽 빽 자란 말이다.
　상제님 신앙은 세상 식 같으면 그렇게 빽을 써가면서라도, '얘가 우리 동생인데, 우리 친구인데, 증산도 신앙 좀 하게 해 달라' 이렇게 나와야 한다.

헌데 이 80 늙은이가 멀리 지방까지 가서 불밤 새우면서 그렇게 신앙하라고 장려를 하고 사정 사정을 해도 꼼짝도 않으니 대체 무슨 일인가.

요는 종도사 잘 되게 해 달라는 것도 아니고, 청수 잘 모시고 주문 읽고 잘 믿어서 제군들 복 받으라는 것이지 딴 것 없다.

그저 '나 잘되게 해주십시오, 복 받게 해주십시오, 우리 아버지 어머니 건강하게 해주십시오. 내 자손도 좀 잘 크게 해주십시오. 무엇 좀 해결해 주십시오.' 하고 다 제군들 위하라는 거지 무슨 종도사 건강을 위하겠나, 뭘 하겠나. 아니 주문 읽으면 저 좋지, 다른 누가 좋은가? 그렇게 청수 모시고 주문 읽고 해서 자기 좋고, 포교 많이 해서 자기 복 붙고, 신앙 잘 해서 저 복 받으라는 거지 딴 것 아무 것도 없다.

그래서 주문에도 "복록福祿 성경신誠敬信 수명壽命 성경신誠敬信"이라고 돼 있다. 복 받고 잘 살고 못 사는 것도 상제님을 얼마만큼 성경신을 바쳐서 믿느냐 하는 데에 달려있고, 오래 살고 일찍 죽는 것도 성경신에 매여있다는 말씀이다.

인류의 생사가 일꾼들 손에 달려있다

어드러한 신앙이라도 다 마찬가지겠지만, 우리 상제님 신앙은 성경신을 바탕으로 하지 않을 것 같으면 숫제 안 믿어도 좋다.

그리고 오늘 저녁 지나고도 종전과 같이 그렇게 구태의연하게 신앙하려면 아예 그만둬버려라.

하려면 다부지게 달라붙어서 해라, 다부지게! 그렇지 않으면 말아야지 장난하는 것도 아니고. 그렇지 않은가. 꼭 복을 받기 위해서라기보다 우리는 더운 피를 가진 온혈동물이고, 또 사람인지라 공분심과 의분심도 갖고 있다.

아니 개벽을 해서 사람이 다 죽는다는데, 내가 죽는 세상에 사는 성스러운 상제님 진리를 만났으면 그 좋은 진리 가지고 다른 사람도 많이 살려야 할 것 아닌가.

상제님이 "천하창생의 생사가 너희들 손에 매여 있느니라"고 하셨다. (道典 8:7:6) 천하창생이라면 60억 인류를 말한다. 60억 인류의 생사가 나를 믿는 너희들 손에 달려 있다, 너희들이 잘 하면 많이 살릴 수 있고 잘 못하면 다 죽일 수도 있다는 말씀이다.

또 "장차 천지에서 십 리에 사람 하나 볼 듯 말 듯하게 다 죽일 때에도 종자는 있어야 하지 않겠느냐."(道典 8:7:7)고 하셨다. 그 말씀대로 이번에는 다 죽는다! 상제님이 그런 끊어질 절絶 자 부르짖을 규叫 자, 절규를 하셨다. 사람 살리는 책임이 너희들에게 있다고!

최선을 다해 사람을 살려라

상제님이 천지공사를 통해 선천의 그릇된 것을 전부 다 매듭짓고 모든 불미스러운 건 다 걸러버리고, 속 알갱이 고갱이만 창출해서 앞세상 틀을 짜놓으셨다.

인류 역사적인 사실, 그게 다 상제님 천지공사 보신 재료다. 그 재료를 바탕으로 틀을 짜시고 그 틀 속에서 대도가 성장하면서 이번에 개벽과 더불어 역사적인 쓰레기를 전부 걸러내는 것이다.

사실 가을철 열매 맺을 때 100퍼센트 여무는 것은 없다. 아마 90퍼센트나 85퍼센트 여물면 100퍼센트 여문다고 그럴 게다. 60퍼센트 여무는 놈, 30퍼센트 여무는 놈, 반 쭉정이 되는 놈 별 게 다 있다.

상제님 위치에서는 그걸 다 추려서 얼마만큼 살리느냐 하는 것을 기준으로 "이번에는 풍년이 들었다", "아이구 흉년 들었다", "이번에는 그런대로 평년작은 했다" 하는 게 결정되는 것이다. 이제 곧 그런 소리가 나온다.

 이번에는 상제님 일을 집행하는 신도들 중에 얼마만큼 진실한 정신도들이 많이 나와 상제님 사업을 잘 하느냐, 다시 얘기해서 얼마나 훌륭한 역군들이 나와 천지 일에 역사役事를 많이 하느냐에 따라 흉년이 들 수도 있고 풍년이 들 수도 있다.

 사람을 조금 살리면 흉년 드는 게다.

 상제님이 공사를 아무리 잘 보셨다 하더라도, 우리 신도들 교육을 잘 못했다든지, 인사를 담당한 종도사가 관리를 잘못해서 좀더 살릴 수 있는 것을 덜 살렸다면 종도사도 상제님한테 매맞아야 한다.

 그러니 공연스레 어용학자 모양 말로만 할 것이 아니라 실천역행實踐力行을 해서, 신도로서의 대의명분 인간이라는 대의명분에 입각해서, 국가와 민족, 전 인류를 위해 우리 능력이 허락하는 한 최선을 다하자.

 상제님 말씀이 "안 될 일을 되게 하고, 될 일을 못 되게 하는 것이 일꾼"(道典 8:53:4)이라고 하셨다.

 이 세상에 못할 일이 어디에 있나? 사람 사는 세상에 못할 일은 없다. 결론은 안 해서 못하는 것이다.

 그런 줄들 알고, 돌아가면 최선을 다해라.

 우선 포교를 해라. 사람을 자꾸 접촉하면 거기서 얻는 게 기가 막히게 많다. 열 명, 스무 명 접촉한 게 다르고, 한 백 명 접촉하면 또 다르다.

 사람을 자꾸 접촉하다 보면 경험이 축적된다. "아이구, 내가 작년에는 참 미련했어. 요런 때는 요렇게 얘기할 걸." 하고. 사람은 사람을 많이 접촉해봐야 사교도 늘고 요령도 생기는 법이다.

요령이라는 게 아주 굉장한 것이다. 일정시대 때 보면, 일본인들은 요령 없는 사람은 쓰지도 않았다. 그런 사람들 더불고 일 못 한다고.

그게 누구를 속이려고 하는 요령이 아니라 종요 요要 자 거느릴 령領 자, 세상을 사는 데 꼭 필요한 묘리가 생기는 것이다.

상대방에게 적응하라

오늘 얘기를 매듭지으면서 제군들에게 당부하고 싶은 말이 있다.

사람은 좋게 하고 살아야 한다, 좋게. 그렇지 않고 내 사리사욕, 내 욕심으로 꿈에라도 남을 해치는 사람은 절대로 복을 못 받는다.

하찮은 것 가지고 서로 물고 뜯고 미워하는 건 만고의 소인배나 하는 짓이다. 절대로 널찍널찍하게 마음 쓰며 살아야 한다.

미운 사람 떡 하나 더 주랬다고, 누가 나를 미워할지라도 오히려 그 사람을 도와줘 봐라. 그러면 내게로 동화될 것 아닌가. 내가 잘 하면 그 사람이 감화가 되어 개과천선해서, '저렇게 착한 사람을 미워했으니 내가 참 부족한 사람이다.' 하고 좋은 사람이 될 수도 있다.

사람은 자기 행동을 뜯어먹고 사는 것이다. 한 가정에서도 마누라에게 남자로서 자꾸 이쁘다 하고, 직장에 갔다가도 전화 걸어서 사랑한다고, 하루에 몇 번씩만 해봐라. 그 마누라가 "야, 참 우리 남편 좋다."고 할 게다.

사실 여자는 남편 하나 보고 시집을 왔다. 남편하고 살면서 자식도 낳고 말이다. 아니, 사실이 시어머니 시아버지는 생전 보지도 않던 전혀 관계없는 사람들 아닌가.

지금 세상이 어떤 세상이냐?

한 집에서 살면 좁으니까 시집오면 으레 저희 보금자리로 가 버린다. 그 전 나 살던 동네 옆집에 어떤 여자가 시집을 왔는데, 바로 딴 살림을 나가 살다 보니 시어머니 시아버지하고 밥 한 끼니를 제대로 못 먹어봤다.

헌데 그렇게 한 10년 살다가 시어머니가 죽어버렸다. 그래 아들들이 모여서 제 어미 죽었다고 우는데 이 며느리는 울질 않는다. 우는 소리를 들어보니 순 가식이다. 그래서 왜 안 우느냐고, 그 동서 되는 사람들이 물으니까 눈물이 나와야 울지 않겠냐고 하더란다. 왜 그런지 시어머니라고 감상이 전혀 안 든단 말이다. 다만 며칠이라도 함께 살아보고 밥 한 끼니라도 같이 해먹어보고 해서, 미운 정 고운 정, 정이 있어야 하는데 아무 것도 없다는 것이다. 그저 신랑을 낳아서 키웠다고 하니까 시어머니인가보다 그럴 뿐이지, 남하고 똑같이 느껴져서 결국 눈물이 안 나와 못 울고 말았다는 것이다. 그렇게 여자는 남편 하나 바라보고 사는데, 좀 살갑게 대해주면 오죽이나 좋겠는가.

세상사가 다 마찬가지다. 내가 그 사람에게 적응할 것 같으면 저절로 화합이 된다.

사람은 대도를 받을 바탕이 돼야

여기는 천하사를 하는 곳이다.

한 도장에서 무리 지어 서로 헐뜯고 옹졸하게 굴면, 남한테 찍혀서 결국 매장당하고 만다. 사람은 상대방에게 적응을 해야 이 세상을 살지, 그렇지 않으면 제 가정도 못 다스린다. 이건 절대적인 것이다.

가정에서도 안 살려면 모르지만, 살려면 여자는 남자에게 적응해야 하고 남자는 여자에게 적응해야 한다.

또 "부자자효父慈子孝"라 하는 옛날 문구가 있다. 아버지 부 자 사랑 자 자, 아들 자 자 효도 효 자. 아버지가 자식을 사랑해야 자식이 효도를 한다는 뜻이다.

병신 쭉정이를 낳았든지 반벙어리를 낳았든지 그건 자기네 가운家運이고, 그저 자식이 생긴 대로 교육 잘 해서 정 붙여 사는 수밖에 아무 방법이 없다. 자꾸 밉다고 욕하고 두들겨주고 해봐라. 그런 자식은 절대로 삐꾸러지고 만다.

아버지가 자식을 사랑해야 자식도 효도를 하지, 부모가 미워하면 자식도 불효자가 되고 만다. 자식이 효도를 하고 않고는 부모 하기에 달려있다.

세상 사는 모든 문제가 다 제게 달려 있다. 자기가 만드는 대로 제 세상을 사는 것이다.

제군들은 자기 자신의 행동에 대해 아주 대오각성大悟覺醒해라.

큰 대 자 깨달을 오 자, 심 방변忄에 나 오픔 하면 그게 깨달을 오 자다. 깨달을 각 자 깨달을 성 자, 크게 크게 깨닫고 또 깨닫고 또 깨달으란 말이다.

그러고서 첫째로 사람부터 된 다음에 포교도 하고 신앙도 해야지, 그렇지 않고 어줍잖으면 암만 좋은 진리를 만났다 해도 소용이 없다. 그릇

이 안 됐는데 거기다가 어떻게 상제님의 대도를 받나?

그릇! 바탕! 사람은 대도를 받고 큰 복을 받을 수 있는 바탕부터 돼야 지, 옹졸해서 제 가정도 수용할 수 없으면 아무 것도 못 하는 것이다.

모범적인 사람이 되라

또 우리 증산도 여성 신도들은 외부에서 볼 때도, "과연 참 저런 사람은 증산도 대도를 믿어 여성계에서도 큰 지도자가 될 수 있는 사람이다." 하는 소리를 듣는 모범적인 여성이 돼야 한다.

상제님 신도가 되면 복을 받기 싫어도 받게 된다. 이 진리는 암만 복을 안 받고 싶어도 안 받을 수가 없는 진리다.

이렇듯 상제님 대도가 개벽세상에 사람을 살리고 이 땅에 현실 선경을 건설하는 진리일진대, 이 체제를 좇아 크게 성공하려면 우선 대도적인 차원에서 틀부터 갖추어야 할 것 아닌가.

우리 신도들은 절대로 모범적인 사람이 돼야 한다. 제군들은 오늘을 계기로 다시 태어나라. 알겠는가?

"예!"

됐다. 구호 한 번 외치고 끝내자.

천리는 때가 있고, 인사는 기회가 있다!

(복창) "천리는 때가 있고, 인사는 기회가 있다!"

천리는 때가 있고, 인사는 기회가 있다!

(복창) "천리는 때가 있고, 인사는 기회가 있다!"

천리는 때가 있고 인사는, 기회가 있다!
(복창) "천리는 때가 있고, 인사는 기회가 있다!"

이상. 🏺

증산 상제님을 믿어야 산다

도기 131(2001). 10. 6, 군령 47호

병겁이 돌 때는 세상의 모든 의술은
무용지물無用之物이 되느니라.
그러나 하늘에는 다 죽이는 이치는 없는 것이니
그러므로 하늘에 있는 신선과 부처와 성신聖神들이 나에게 탄원하여
'세상에 내려가서서 억조창생의 병사病死를 건져주옵소서.' 하고
간곡히 하소연해 오므로
내가 이 세상에 내려왔느니라.
내가 이제 만세萬世의 선경을 열려 하나니
나를 따르는 자는 이 대비겁에서 살아나리로다.

(道典 7:29:2~6)

증산 상제님을 믿어야 산다

누구도 증산 상제님을 믿어야 산다

 오늘 이 시간을 통해 다시 한 번 경종을 울리거니와, 우리 상제님 진리는 누가 인위적으로 만든 진리가 아니다.
 상제님 진리는 자연섭리다. 우리는 다만 대우주 천체권이 형성될 때부터 '우주자연질서라 하는 것은 이렇게 둥글어간다' 하고 짜여진 것을 집행하는 것뿐이다.
 지금 이 세상은 개벽을 한 번도 맞이해 본 적이 없기 때문에 사람들이 모를 뿐이지, 사실을 알고 보면 이 시대를 사는 사람이라면 누구도 다 참하나님이신 우리 증산 상제님을 믿어야 한다. 반드시 증산 상제님을 믿어서, 상제님이 가르치신 그대로를 실천역행實踐力行해야, 나도 살고 가족도 살리고 남도 살려줄 수 있는 것이다. 그래야 새 시대를 맞이할 수 있다. 이건 아주 더도 덜도 없는 얘기다.
 헌데 내가 아무리 강조해도, 세상사람들이 척을 많이 져서 죽을 기운만 타고나서 그런지, 이걸 그렇게 못 알아듣는다.

『도전』 그대로를 믿으라

 첫째로 우리 증산도 신도들부터 진리 그대로를 신앙 않는다.
 상제님 진리를 써놓은 게 바로 『도전道典』이다. 상제님 신도라면 『도전』 읽고, 거기에 실린 상제님 진리 그대로를 신앙해야 한다. 『도전』을 읽지 않고 무슨 재주로 신앙을 하나?
 아무리 체계적이고 조직적이고 치밀하고 규모적이고 세세밀밀하게 교육을 한다 해도, 『도전』 그대로를 다 교육할 수는 없다.
 『도전』을 봐야 우선 상제님 위상을 안다. 상제님도 인간의 탈을 빌어서 오셨으니 밥도 자시고 화장실도 가시고 세수도 하셨는데, 그런 교육까지 일일이 다 해줄 수는 없잖은가? 『도전』에는 그런 게 다 기록되어 있다.
 헌데 중진간부라고 하는 사람들 『도전』을 보면 그냥 새 책 그대로 있는 경우가 있다. 그런가 하면 일반 신도인데도 『도전』을 나름대로 잘 본 사람이 있다.
 이번에는 하추교역기, 가을개벽기가 돼서 사실 그대로 얘기하자면 우리가 해야 할 일이 사는 것 하나밖에 없다. 요 개벽철에 살아남아야 한다는 것, 이게 현재 지구상에 생존하는 모든 중생들의 일대 명제다. 그 모든 문제가 바로 『도전』 속에 다 들어있다.
 헌데도 우리 신도들은 상제님 『도전』에 담긴 것을 잘 안 믿는다. 150 퍼센트 『도전』 그대로를 믿어라, 그대로를!

우주 대개벽의 비밀

내가 그 동안 천언만어千言萬語에 참 여러 얘기를 했는데, 지금은 운래시지運來時至해서 시간이 얼마 안 남았다.

내가 결론부터 얘기해준다. 그 동안에는 이런 소리를 하기 싫어서 잘 안 했지만, 상제님이 "사오미巳午未 개명開明"이다, "포교오십년공부종필布敎五十年工夫終筆"이다, 또 개벽 시기에 대해서는 "동지한식백오제冬至寒食百五除"라는 등의 말씀을 하셨다.

'포교오십년공부종필'하면 '종필'이 마칠 종 자, 붓 필 자니까 아마 "한 50년 될 때까지 붓 들고 글씨 쓰면 그만 써도 되겠다, 글쓰는 걸 마친다, 글을 그만 쓰게 된다."는 뜻일 게다.

이런 우주의 비밀은 쉽게 밝히기도 어렵고 그렇다고 해서 안 밝힐 수도 없는데, 그러건 저러건 이 말씀이 잘 이해가 안 되면 상제님 진리는 그저 무조건 잘 믿는 게 상책이니 무조건 믿어라.

군사부 진리의 참 의미

그리고 암만 어려워도 육임六任을 짜라. 육임 안 짜고 때만 기다리면 무슨 소용 있나!

천지에 공을 쌓아야 때가 오면 나도 살고, 또 상제님의 성스러운 진리로 남 살린 공덕에 의해 복도 받을 것 아닌가.

앞세상은 어떻게 되느냐?

내가 군사부 진리에 대해 한 번 더 얘기해 줄 테니 들어봐라.

상제님이 군사부君師父이시다.

우리가 상제님 진리를 신앙하니 상제님은 참하나님이면서 스승님이고, 상제님 진리로써 죽는 세상에 살게끔 판을 짜놨으니 상제님이 부모이기도 하다. 또 상제님 진리로 도성덕립이 돼서 상제님 세상이 되니 상제님은 통치자이시다, 진리권의 통치자.

그러니 상제님이 군君도 되고 사師도 되고 부父도 되시는 것이다.

인사문제도 상제님 진리 그대로, 눈곱만큼도 틀리지 않고 그대로 집행된다.

쉽게 얘기해서, 인간계는 신명계의 복사판이다. 신명계의 설계도에 따라 인사문제가 100퍼센트 그대로 표현된다.

헌데 그게 잠깐 반짝하고 마는 게 아니다. 후천 5만 년, 이 대우주 천체권이 동결凍結돼서 일체 생물이 다 멸망당할 때까지 그대로 간다. 결실 운이라는 게 그렇잖은가.

모든 만유가 가을철에 한 번 결실하면, 겨울에 폐장하여 새 봄이 와서 새싹 틀 때까지 그 모습 그대로 가는 것이다. 달리 방법이 없다. 그게 생장염장하는 자연섭리다. 아주 역천불변易天不變하는, 하늘이 변한다 하더라도 다시 바꿀 수 없는 절대적인 원리다. 그건 절대로 바꿀 수 없다.

비상이 걸렸다

말하기 안된 얘기지만, 이번에 남은 건 죽는 것 하나밖에 없다.

종교 지도자로서 신도들에게 왜 그런 소리를 하고 싶겠는가. 헌데 이 종도사가 한 20년 전부터 해온 얘기, 나아가 제2변 때 청춘시절에 하던 얘기가 지금까지 틀린 게 하나도 없다.

내가 한 70년 전부터 상제님 진리를 지켜보고 있는데, 그 동안도 상제님 판 짜놓으신 그대로 진행돼 왔고, 이제 마무리 운에서 곧 매듭을 짓는다.

우리 신도들이 꼭 하려고만 하면 포교가 그렇게 어려운 게 아니다. 만약 한 달에 포교 몇 명 안 하면 복도 못 받고 쫓겨난다든지 죽는다고 해서 비상이 걸리면, 개개 신도 누구도 다 포교를 할 것이다.

사실이 그렇지 않다 하더라도 비상 걸렸다 생각하고 뛰면 왜 포교를 못 하는가. 눈으로는 안 뵈지만 사실은 지금 비상 걸렸다.

아, 좋은 일 삼아 포교 좀 많이 해서 많은 사람 좀 살려주면 어디 동투가 나나, 무슨 잘못될 일이 생기나?

개벽은 우주원리의 결론

몇 해 전에 기독교 신도들이 '휴거攜擧'라고 해서 세상을 시끄럽게 한 적이 있다. "신앙 잘 하면 하늘에서 삼태기가 내려와 그 사람만 담아 가지고 하늘나라로 올라간다. 그렇지 않은 사람은 지상에 앉아 있다가 다 죽는다."고 했다.

허나 그게 그런 게 아니다. 개벽을 몰라서 하는 소리지.

개벽을 한다는 것은 우주 이법理法에 의해 꼭 그럴 수밖에 없는 일이다. 우주변화원리를 연구하고 보면 결론적으로 그렇게 되고 만다. 이것을 우리 신도들은 너무너무 잘 알 것 아닌가.

내 입버릇처럼 하는 얘기지만, 상제님 진리는 누가 만든 게 아니다. 우주원리가 상제님 진리요 상제님 진리가 우주원리다. 우주원리에 의해 상제님이 이 세상에 오셨고, 우주원리에 의해 새 판을 짜놓으셨다. 또 상제님이 짜놓으신 판 그대로만 이 세상이 둥글어간다.

"차차소자嗟嗟小子아, 불쌍한 내 자식들아! 이렇게 해서 너희도 살고 세상 사람들 좀 많이 살려줘라."

『도전』에 써 있는 게 천편일률격으로 전부 그런 상제님의 부탁 말씀이다. "판도가 이래서 이렇게 공사를 봤다. 결론적으로 이렇게 되니까, 이렇게 해서 너희도 살고 남도 살려줘라. 도무 집행은 이렇게 해라." 하는 말씀이다.

상제님은 또 "조상의 음덕으로 나를 믿게 된다."고 하셨다.

허나 크게 보면 그렇지만, 세상에 악척가의 후손만 있는 게 아니니 포교하는 사람이 인자한 생각을 갖고 바짝 달라붙어서 포교하면, 어지간하면 그런 대로 다 살려줄 수 있다.

그러니 세상사람들 너무 죄악시하지 말고 방법만 있으면 포교를 해라. 우리는 무슨 수를 써서라도 사람을 많이 살려야 한다.

신명계 틀 그대로 이루어진다

앞세상에는 정치체제도 민주주의가 아니다. 상제님 진리체제다. 내가 지금 거기에 이름 붙이고 싶지 않아서 그냥 두는 것뿐이지만, 상제님이 판 짜놓으신 그대로 후천 5만 년을 내려간다.

알아듣기 쉽게 얘기하면, 신명계 판 짜놓은 틀하고 인간세상의 틀이 합일돼 버린다. 신명계 틀과 인사의 틀이 하나가 되는 것이다.

다시 얘기해서, 신명계 조직이 틀이라고 할 것 같으면 인사가 그 틀에 찍혀버리고, 또 인사가 틀이라면 인사의 틀 그대로 신명계가 찍혀버린다. 물건 같은 것을 부어 빼는 틀 있잖은가? 그걸 왜말로 '가다〔型〕' 라고 한다. 형벌 형刑 밑에 흙 토土 한 자가 틀이라는 형型 자다.
절대로 눈곱만큼도 틀림이 없다. 앞세상엔 꼭 그렇게 돼버린다.

성경신을 다하라

상제님 말씀을 빌어서 얘기하자면, 우리 일은 남 죽는 세상에 살고 나 살고 남 산 그 뒷세상에는 잘도 되자는 일이다. 살고 난 다음에는 잘 돼야 할 것 아닌가? 만날 남의 밑구멍만 쫓아다니는 것, 그것 못할 일이다. 아, 좀더 높은 자리에 가면 좋잖은가.
그러니 복을 쌓아라, 복을! 공을 쌓으란 말이다, 공을!
내가 아주 입이 닳도록 너무너무 많은 얘기를 해서 이제는 더 하고 싶지도 않다.
복록福祿도 성경신誠敬信이요 수명壽命도 성경신이라고, 상제님이 주문에까지 박아 놓으셨다. 복록도 수명도, 모든 게 다 성경신이 밑바탕이 되는 것이다.
공부해서 도통하는 것도 성경신誠敬信으로 된다. 도통하는 게 인사의 그 자리만큼밖에 안 된다. 절대로 더 되질 않는다.
그러고 또 인간성 못돼먹은 사람이 도통을 하면 뭘 하나?
여기 앉았는 종도사는 도통을 그렇게 원하지도 않는다. 왜 그러느냐? 도통을 하든지 않든지 간에, 사람이 진리 그대로 살고 진리 그대로 집행하면 도통해서 바르지 못한 일 하는 사람보다 낫기 때문이다.

도통을 하고 않고를 떠나서, 사람은 진리대로 바르게 살아야 한다. 종정하고 나하고 부자간에 앉아서 하는 소리가 있다. "아버지 생각에 맞는 건 진리고, 아버지 생각에 맞지 않는 것은 진리가 아니다."라고. 내가 얼마나 바른 사람이면 자식을 더불고 그런 얘기를 하겠나.

도통해서 좀 어떻게 해보려고 하는 사람은, 뭔가 딴 생각이 있는 사람이다. 도통 많이 해서 혼자만 다 알면 어쩌겠다는 건가. 내 이득을 위해 남 해치겠다는 것 아닌가. 그렇지?

"내 앞에다 큰 감 놔라. 내가 우선해야 되겠다. 나만 위해다오. 물건도 내 것은 내 것이고, 네 것도 내 것이다. 내 것은 원칙적으로 내 것이고, 네 것도 내 것이고." 이건 뭔가 잘못된 사람 아닌가. 어떻게 그럴 수 있나? 아니 도통하면 남의 것도 그냥 뺏어 오나?

사람은 도통 이전에 발라야 한다.

앞으로의 도통은 신통神通

또 하나, 도통하는 진리를 얘기해줄 테니 들어봐라.

내가 그 전에는 "막사선莫思善 막사악莫思惡하라, 즉 착하려고도 하지 말고 악하려고도 하지 말고 무아경, 내가 없는 경계를 가야 한다. 그래야 한 소식을 듣는다." 하고 문자로만 얘기했었다. 사실이 그렇지만 결론적으로 얘기하면 성경신을 바탕으로 공부해야 한다.

사람은 평소에 전혀 욕심 갖지 않고 성경신을 바탕으로, 공명정대한 진리 속에서 공명정대하게 살아야 한다. 절대 욕심 가지면 안 된다. 원형

이정元亨利貞이라고 할까, 사람은 사실 그대로 살다가 혹시 잘살 수 있으면 다행이고, 잘 못살아도 할 수 없는 것이다. 그렇게 낙천주의로 하늘의 뜻을 즐기며 살아야 한다.

또 남한테 너무 신세를 져도 못 쓴다. 언젠가는 그 공을 갚아야 될 테니까.

수승화강水昇火降을 통해 내 체질을 변화시켜 도통한다는 것은, 시간적으로나 정력적으로 아주 어려운 일이다. 속세에서 화식火食을 먹고사는 사람으로서는 더더욱 그렇다. 우리는 다 불 때서 익힌 음식을 먹고살지 않는가.

그렇게 해서는 힘이 들어 못 하는 게고, 한마디로 신도神道의 협조를 얻어야 도통을 한다. 신도가 감응感應해서 도를 통하게 되는 것이다.

내가 알기 쉽게 묶어서 얘기해줄 테니 들어봐라.

태모님이 하늘기운을 받아 도통을 하셨다. 하늘에서 기운이 돌 때는 그 기운으로 도통하는 수가 있다. 상제님이 도통하실 때도 두봉사니 안제암이니 하는 여러 사람들이 따라서 도통한 사실이 있다.

헌데 사람이나 속지 신명은 속질 않는다. 신명들은 그 사람이 무슨 생각하는 것까지 다 안다. 해서 내가 내 마음을 속이고 양심 속이는 사람은 절대로 신명한테 도움 못 받는다. 아, 신명이 환하게 알고 앉았는데 무슨 면목으로 신명을 상대하나. 제 양심 속이는 사람은 도통도 못 받는단 말이다.

다시 한 번, 내 솔직히 얘기해준다.

앞으로는 신통神通이다. 그게 비밀이 돼서 탄로를 안 시키려고 했다. 허나 나는 양판인 사람인지라 솔직히 얘기해주는 것도 괜찮을 것 같아서 하는 얘기다.

　앞으로는 신통을 받는다.

　하지만 신통 받으려고 하는 사람들이 양심을 속이면, 신명들한테 미움을 받아 안 된다. 이치를 생각해봐라, 그렇지 않겠나.

　그러니 여기 앉아 있는 우리 신도들은 절대로 양심 속이지 말고, 상제님 진리 그대로를 믿어라.

사람은 공명정대하게 살아야

　세상 진리라 하는 것은 공명정대한 것이다. 그러니 이 공명정대한 사회 속에서 사람은 공명정대하게 살아야 한다.

　한마디 얘기하자면, "지나간 세상에는 도통이 없었기 때문에 남에게 음해를 받았다. 하지만 앞세상에는 도통이 나기 때문에 남을 음해하려고 하는 사람이 먼저 해를 받는다. 앞으로는 일반 백성들도 자기 앞 꺼를 만큼은 다 도통을 한다." 바로 이게 상제님 말씀이다. 내가 상제님 말씀으로 귀결지어주는 것이니, 우리 상제님 신도들은 필요 이상 욕심 가지지 말아라. 그건 절대로 안 되는 것이다.

　그리고 그 사람이 알아주든지 몰라주든지 포교를 해라, 포교를. 그리고 일체 상제님 진리 중심으로 생활을 영위해야 한다.

상제님은 참하나님

　우리 상제님은 진짜로 참하나님이시다.

그 동안 내가 수많은 교육을 해왔기 때문에 그 허구한 얘기는 지금 이 자리에서 다 못 하지만, 왕고내금往古來今에, 지나간 세상서부터 지금까지 그저 알기 쉽게 성자聖者라고 할까 이인異人이라고 할까, 내도지사來到之事를 안 사람들이 참 많이 있었다.

예수도 상제님이 오실 것을 얘기했다. 내가 아닌 아버지가 오신다고 말이다. 기독교 진리를 제대로 몰라서 그렇지, 다 얘기했다.

석가모니도 제 아들보고 자기를 믿지 말고 미륵을 믿으라고 했다.

우리가 신앙하는 상제님이 바로 여러 천 년 인류역사를 통해 그토록 바라고 원한, 하나님 아버지이며 미륵불이시다. 그토록 기다리던 대망의 참하나님이시다!

왜 우리 신도들은 하나님을 믿으면서도 그 분이 하나님인 줄 모르는가! 우리 신도들이 진짜 우주의 참하나님이 오셔서 이 개벽기에 사람을 살리고 새 세상을 건설하셨다는 것을 제대로 알기만 하면, 아마 눈이 벌개져서 포교할 것이다.

헌데 그렇게 안 믿지? 그럴 것도 같고 아닌 것도 같고 그렇지?

우리 상제님이 참하나님이시다, 진짜 하나님.

생각을 바꿔라. 우리는 하나님을 믿는 것이다. 거짓말 같아?

우선 알기 쉽게, 상제님이 "내가 천지일월이니라. 내가 참하늘이니라."고 하셨다. 상제님이 그것을 얼마나 강조하셨는가?

한번 구호로 외쳐보자.

우리가 신앙하는 하나님은 참하나님이시다!

(복창) "우리가 신앙하는 하나님은 참하나님이시다!"

증산 상제님은 참하나님이시다!
(복창) "증산 상제님은 참하나님이시다!"
증산 상제님은 참하나님이시다!
(복창) "증산 상제님은 참하나님이시다!"

우리 상제님은 진짜로 참하나님이시다. 내가 백 번 천 번 강조하거니와, 우리 상제님이 참하나님이라는 것을 똑바로 알아둬라.

생명력 있는 신앙을 하라

참하나님이 이 세상에 오셔서, 지나간 세상에 철천지한을 맺고 간 모든 신명들을 해원解冤시키셨다. 상제님 천지공사 판 짜신 게 모두 해원을 바탕으로 한 것이다. 새 판을 짜서 원 다 풀어주고 평화스럽게 하면서 이 세상이 전개돼 나가도록 하신 것이다.

과거에 우매하던 우리 민족도, 아들 손자로 씨종자가 갈아 끼워지면서 오늘날 새 시대를 맞이했다.

제2변 때에 내가 우리나라 바지부대들하고 싸웠다. 그때 사람들은 바지부대다. 그 때는 우리나라가 농업국가로 국민의 7, 80퍼센트가 농민이었다. 내가 포교하던 사람들도 과반수 이상이 농민이었다. 얼마나 무식한지 그 사람들하고는 도저히 얘기가 되질 않는다. 헌데도 내가 우주변화원리를 가지고 포교했다.

제2변 때 사람들의 아들 손자들이 지금 여기 앉아 있다만, 이번 제3변 신도들은 그때 사람하고는 다른 인간형이다. 같은 핏줄인데도 완전히 다르다.

 허면 수용하는 사람도 그때 지식만 가지고는 안 되는 것 아닌가. 지금은 다들 지식인이 돼서 그때 사람들하고는 머리부터가 다른데! 그게 상제님의 공사내용이다.

 그러니 그 예리하고 강력한 비판력을 가지고, 상제님『도전』을 재검토하고 의심나는 것은 질문도 하고, 그렇게 생명력 있는 신앙을 해야 한다.

상제님을 믿으라

 우리 상제님은 150퍼센트, 아주 틀림없는 하나님이시다.
 그래도 머리가 열리지 않으면, 청수 모시고 두드릴 고叩 자 머리 두頭 자 고두라고, 땅바닥에다 머리 두드려가면서 재지 삼지 숙고熟考를 해라.
 증산 상제님은 진짜 참하나님이시다. 우주만물을 죽이기도 하고 살릴 수도 있는, 후천 5만 년 세상 판을 짜신 참하나님이시다. 이것을 알란 말이다. 이게 인정이 안 되니까 포교를 않는 것이다. 이런 답답한 일이 있나, 세상천지.
 나는 여덟아홉 살, 열 살 이전부터 상제님이 참하나님이라는 것을 알았다.
 "만국활계남조선萬國活計南朝鮮이요 청풍명월금산사淸風明月金山寺라. 일만 나라의 살 방법은 오직 남쪽조선에 있고, 맑은 바람 밝은 달 금산사더라."
 그때는 입춘서를 써 붙일 때다. 그 문구가 하도 좋아서 내가 그것을 모필로 써서 입춘서로 상기둥 나무에 붙여놨다.

　아니, 그 때 남조선 북조선이 어디 있는가. 헌데도 나는 그걸 믿었다. 상제님 진리를 전반적으로 다 믿었다. 나이는 어렸어도 "우리 상제님은 과연 참하나님이시다. 나는 하나님의 신도가 된다. 하나님의 사업을 한다. 하나님을 믿어서 이 개벽철에 사람을 살리겠다. 새 세상을 건설하겠다."는 확신과 포부를 갖고 신앙했다.

상제님과 조상, 천지신명께 감사하라

　이건 안 할 소리인데, 앞으로 자연재해도 많고 인재도 많고 지구촌에 정신 차릴 새 없이 별스런 일이 다 생긴다.
　우리 신도들은 좌고우면左顧右眄하지 마라. 왼쪽 돌아다보고 바른쪽 돌아다보고, 남의 일 간섭하지 말란 얘기다. 개벽철을 맞아 앞으로 별의별 게 다 터져 나오는데, 그것 다 간섭하다가는 내 일을 못 한다.
　그리고 포교를 많이 해라. 그래야 신명들한테 도움을 받는다.
　우리 신도들은 언제고 신명들이 보호하고 있다.
　쉽게 얘기해서, 만약 신도 누가 고속도로에서 차를 들이받혔다 해도 절대로 잘못되지 않는다. 그 동안 죽은 사람 하나도 없잖은가. 살덩이 하나 벗어진 사람도 없다.
　수많은 신명들이 신도들의 온 몸뚱이를 전후좌우, 앞으로 뒤로 좌측으로 우측으로 감싸면서 언제고 그렇게 주도면밀하게 살펴주는 것이다.
　사실 말이지 제군들이 상제님 신앙하는 것밖에 뭐 자랑할 게 있나. 우리 신도들은 오직 상제님 신앙을 하기 때문에 그런 천지신명들의 은총을 받는 것이다. 그러니 얼마나 고마운가!

　상제님을 진실로 믿는 신도 치고, 차 사고 나서 잘못된 사람 한 사람도 없다. 항상 천지신명들의 그 고마움에 감사드려야 한다. 내가 뭐 잘나서, 내가 세상에 좋은 일 많이 해서 그런가? 그런 생각 다 버려버리고, 사실을 바르게 알아야 한다.

　먼저 상제님께 더 한층 감사드려라. 식사할 때 반드시 상제님을 비롯한 조상과 천지신명들에게 "은총에 감사드리며, 감사히 밥을 먹겠습니다." 하고 지극한 식고食告도 드려라.

개벽을 한다

　우리나라 명사 중에 황수관이라는 사람이 있다. 연세대 의대 교수다. 그 사람은 자손들에게 다른 건 못 전해줘도 신앙만큼은 전해줘야 한다는 사람이다.

　그가 기독교 신도다. 예수 진리가 옳고 그르고를 떠나서 제군들도 신앙인이라면 의식이 그만큼은 돼야 할 것 아닌가. "돈은 못 물려줘도 신앙만큼은 물려줘야 된다." 그렇게 돼야 한다.

　그 사람들은 자고 일어나면 "주님, 오늘 하루 무사히 잘 지내게 해 주십사." 하고 기도한다. 우리 신도들 그렇게 해봤는가? 물론 그 이상 신앙 잘 하는 사람도 얼마고 있다.

　그렇게, 믿으려면 착실히 믿어라. 그렇지 않으면 이번 개벽철에 살 자격도 없다. 자기 스스로 양심에 가책돼서도 못 산다.

　개벽을 한다. 세상에 누가 이런 얘기하고 싶은 사람 있나. 내 개인적으로는 이런 얘기를 극히 하기 싫어하는 사람이다. 헌데 안 하면 안 되니까 할 수 없이 하는 소리다.

이번에는 상제님 말씀에 따르면 다 죽는다, 다!

우주원리, 자연섭리로 해서는 이 대우주 천체권 내에 한 사람도 살 사람이 없다. 가을철이 오면 풀 한 포기도 못 살잖는가.

새 세상을 건설한다는 것은 상제님의 화권으로 죽는 사람들 살려서 새 세상을 건설하는 것이다.

내 말을 한 구절도 놓치지 말고 잘 들어둬라. 이게 평범한 얘기 같아도 내가 사실 그대로를 얘기하는 것이다.

우주변화원리 같은 걸 덧들여 얘기하면 "야, 저건 참진리다." 해서 거기서 무슨 조화가 생기는 것 같을 테지만, 그건 그저 학문세계에서 학문으로써 얘기하는 것뿐이고, 나는 그냥 쉽게 표현하는 것이다. 하니까 그대로만 들으면 된다.

부지런히 포교하라

내가 어제 교육관 짓는 데를 가서 대강당에 올라가 봤다.

그게 신도들 교육하려고 짓는 것이지, 딴 목적은 아무 것도 없다. 그러니 부지런히 포교를 해라.

우리 일이라는 게 상제님 진리를 가지고 천지에 역사하는 역군을 만드는 것이다. 진리 전달을 잘해서 신도로 만들어 거기로 더불고 오면, 바로 그 때 등장해서 교육하는 인물이 여기 종도사다.

'80 늙은이가 무슨 소리를 하겠나' 생각할 수도 있겠지만, 나는 80 노인으로 보면 안 되는 사람이다. 나는 한 40대로 봐도 좋다. 내 건강이 제군들하고 똑같다. 하나도 손색이 없다.

상제님 진리로 인도하라

포교를 해라, 포교를! 내가 만날 포교 소리를 한다만, 포교를 많이 해라.

거두절미하고, 여기서 "꼭 육임을 짜겠습니다." 하는 사람들 손 좀 들어봐라. 100퍼센트인가? 가만있어, 손 안든 사람 없지?

야, 참 이제는 좀 일이 될라는가 보다. 하하하.

우리는 다 똑같이 한 상제님을 믿는 신도들이다. 종도사도 상제님의 신도요, 우리 신도들도 상제님 신도다.

우리 증산도가 일심단결해서 꼭 포교를 하려고 하면, 증산도는 잠깐이면 성장된다. 상제님 진리는 거짓이 없잖은가? 증산도는 사기치는 데가 아니다.

이 증산도는 국가와 민족, 전 인류를 위해, 또 사회를 위해 조금도 삐꾸럭길을 걷지 않는다.

또 증산도는 우리 시대환경에 꼭 들어맞는 진리다. 지금 우리 민족은 뿌리 역사를 잃어버려서 민족의 혼을 잃어버렸다. 증산도가 잘 되면 민족의 혼도 찾을 게고, 모든 게 다 잘될 게다.

아니 증산도보다 지식 더 많은 데가 어디 있나? 증산도는 백과전서다. 증산도가 잘될 것 같으면 대한민국은 세계에서 무엇으로든지 제1위가 될 것이다. 그건 아주 틀림없는 사실이다.

그 세세한 얘기는 다음으로 미루고, 우리는 그저 **첫째도 포교, 둘째도 포교, 다섯째도 포교, 열째도 포교다.** 포교해서 아주 참 성숙된 상제님 신도를 만들어야 한다.

그건 내가 만들어 줄 테니까 부지런히 포교를 해라. 지금은 주문만 하면 책도 별 게 다 나온다. 시간적으로 미처 손이 안 가서 그렇지, 앞으로 다양한 서적이 많이 나올 것이다.

세상사람들도 보는 눈이 있잖은가. 증산도는 참 반듯한 데다.

그러니 우리 신도들은 어지간하면 가족, 혈통들을 다 신도로 만들어라. 중학교 고등학교 초등학교 학생이라도 증산도에 들어오면 절대 삐꾸러지질 않는다. 진리 자체가 그렇게 되어 있다. 증산도는 극히 도덕적이고 정의롭고 윤리적이고 아주 사회보편적이고 누구 미워하지도 않고, 우주 이법 그대로를 집행하는 데다.

어려서부터 상제님 진리, 증산도를 접하게 만들어야 그 사람이 삐꾸러지질 않는다. 우리 민족의 혈통, 역사관, 정의관 같은 것 등 여러 가지를 뿌리 잡히게 만들기 때문에 절대로 삐꾸러지질 않는 것이다. 의통목 같은 것은 그만두고도 그렇다.

사람이 박사가 백 개라도 인간성이 삐꾸러지면 무슨 소용 있나? 초등학교만 다니고 말았어도 정의롭고 진실되게 틀이 확 잡히면, 박사 백 개 가진 사람보다 낫다.

『도전』을 봐야 진리를 안다

거듭 강조하거니와, 『도전』 안 보는 사람들은 증산도 신앙인이 아니다. 『도전』을 안 보고 무슨 신앙을 하나? 진리를 모르는데 어떻게 신앙을 해?

신앙을 하기 위해서는, 내가 유형과 무형을 다 바친 우리 하나님 진리가 어떻게 됐는지, 하나님이 이 세상에 어떻게 왔다 가셨는지, 오셔서 무슨 일을 하셨는지, 그걸 똑바로 알아야 한다.

우리 하나님은 돌아다니다가 주무실 데가 없으면 날 더울 땐 저 바위 밑이나 풀밭이나 아무 데서나 주무시고, 또 겨울에 추우면 저 초빈터에 가서 나래 몇 장 떠들고 송장 있는 데 코 박고 주무시기도 하셨다. 우리가 믿는 바로 그 하나님이!

우리는 그 하나님의 신도다. 허면, 하나님이 누구를 위해 그런 고생을 하셨겠나?

상제님은 후천 5만 년 동안 창생들 잘 살라고, 그 농사를 지어 놓으신 것이다.

우리는 그 고마우신 하나님을 믿어서 이 세상을 살고, 그 진리의 토대 위에 앞세상을 상제님 세상으로 만들어 자손만대 번창할 수 있는, 그런 홍복을 받은 사람들이다.

그래 얼마 안 남은 짧은 시간에 포교 좀 하라는데 그것도 않는다? 자기를 다 못 바친다?

그러지 말고, 유형도 바치고 무형도 바치고, 전부를 다 바쳐 신앙해라.

우리는 하나님의 신도, 육임을 짜라

상제님 진리는 무엇이고 잘못된 게 하나도 없다.

『도전』을 터지게 봐라. 『도전』을 보고 또 보고, 보고 또 봐라. 그렇게 해서 상제님이 이 세상에 오셔서 어떻게 한 생애를 살다 가셨나 하는 것을 아주 훤하게 알아야 한다.

우리는 하나님의 신도다.

헌데 상제님 9년 천지공사의 총결론이 의통醫統이다.

"모든 겁재는 다 물리쳤으나 오직 병겁만은 그대로 둔다. 천하창생의 생사가 너희들 손에 매여있다." 또 한마디로 "천지에서 십 리에 한 사람 볼 듯 말 듯하게 다 죽이는 때에도 종자는 있어야 되지 않겠냐?"고, 상제님이 얼마나 거듭거듭 말씀하셨는가.

다 죽는다는 말씀이다, 다!

우리가 함께 약속했으니까, 제군들은 반드시 육임을 짜라.

육임 다 짜면 내가 해인海印을 전수한다.

포교를 많이 하면 새 사람 된다

사람은 누굴 상대하고 싶어도 재료가 없어서 못 한다. 허나 상제님 진리 가지고는 남녀노유를 다 상대하고 접촉할 수가 있다. 상제님의 성스러운 진리를 업고 사람을 접촉하다 보면, 인격적으로 사교술도 늘고 구술도 참 훌륭하게 트이고, 사회 속에서 새 사람이 된다.

사람은 열 사람 접촉한 사람 다르고, 백 사람 접촉한 사람 다르고, 천 사람 접촉한 사람 다르다. 포교를 많이 하면 아주 환골탈태가 돼서 딴 사람이 돼버린다.

"듣고 안 듣고 세 번씩은 얘기해봐라." 하는 상제님 말씀이 있다.

우리 신도 중에 혹시 부끄럽게 생각해서 포교 못 하는 사람도 있지 않나 모르겠다.

개벽을 한다, 개벽을! 부끄럽게 생각하지 말고, 하여튼 불위야不爲也 언정 비불능非不能이라고, 안 해서 못하는 거지 꼭 하려고 하면 여섯 명 포교 못 할 사람 있겠는가.

헌데 포교도 꼭 쓸 사람을 포교해야 한다. 사람이 본래 아주 얄쭉얄쭉하고 꾀 많고 야박스럽고 지능적인 사람이 있다. 본래 바탕이 그렇게 생긴 사람은 못 쓴다.

인간은 첫째로 덕이 있어야 한다. 덕스러운 사람을 포교해라. 아, 좋은 사람이 신도가 돼야지, 부덕한 사람은 제대로 다룰 수도 없다.

여기는 만 분의 일 퍼센트도 거짓이 없는 데다. 거짓이 있을 수가 있나? 상제님 말씀, 전할 것도 다 못 전해주는데.

긍지와 자부심 갖고 신바람 내서 포교하라

이 자리에 앉아 있는 우리 신도들은 인류역사를 통해 가장 비전 많은 사람들이다. 지나친 평이라고 할는지 모르지만, 이 자리에 앉아 있는 사람들은 석가모니보다도 더 나은 사람들이고, 예수보다도 더 나은 사람이다. 개개 신도들의 위치가 그렇단 말이다.

앞으로 도성덕립이 되면, 제군들이 석가모니보다 더 나은 사람이 될 게고, 예수보다도 더 나은 사람이 된다. 잘못 믿으면 그렇지 않을 수도 있겠지만! 이건 절대로 부언浮言이 아니다.

하니까 그런 긍지와 자부심을 가지고 신앙해라.

나도 자꾸 "해라, 해라" 하고 싶질 않다. 아, "부자父子는 불책선不責善이라"고 아버지 부 자, 아들 자 자, 아닐 불 자, 책한다는 책 자, 착할 선 자, 아버지도 자식에게 자꾸 잘하라고 책하질 않는다는 것이다. 왜? 상할 상 자, 은혜 은 자, 상은傷恩이 되기 때문이다. 그래서 부자지간에는 "역자이교지易子而敎之" 한다. 즉, 자식을 바꿔서 남이 대신 가르친단 말이다.

 사람은 무슨 일이건 제 자신이 자부심과 긍지를 가지고, 스스로 신바람이 나서 해야 한다. 자기 스스로 하는 것과 남이 자꾸 하라고 해서 하는 것이 어떻게 같을 수 있는가.

 하니까 가서 『도전』 부지런히 보고, 시간을 금쪽 같이 아껴서 신바람 내서 포교해라.

 그리고 도장에서 아주 살림을 해라. 도장중심 생활을 하라는 소리다. 도장중심 신앙을 않는 사람은 제대로 신앙하는 사람이 아니다.

 마지막으로 내가 하나 부탁하고 싶은 것이 있다.

 첫째로 화합을 해라. 자기 소속도장에서 화합 못 하는 사람은 성질이 옹졸해서 사회에서도 버림받고, 자기 가정 하나도 잘 못 다스릴 사람이다.

 화합 연후에 도장도 성장되는 것이다. 화합 못 하는 도장은 절대로 성장 못 한다. 내 말을 명심해라.

 이상.

우주원리를 매듭짓는 증산도의 사명

도기 131(2001). 4. 8, 증산도대학교

천지 대운이 이제서야 큰 가을의 때를 맞이하였느니라.
천지의 만물농사가 가을 운수를 맞이하여
선천의 모든 악업이 추운秋運 아래에서 큰 병을 일으키고
천하의 큰 난리를 빚어내는 것이니
큰 난리가 있은 뒤에 큰 병이 일어나서
전세계를 휩쓸게 되면 피할 방도가 없고
어떤 약으로도 고칠 수가 없느니라.
(道典 7:28:4~6)

우주원리를 매듭짓는 증산도의 사명

우주변화원리는 누구나 알아야

　내가 근래에 와서 우리 신도들에게 우주 질서, 우주의 기본정신을 마무리해 주고 있다. 지금 개벽책이나 『도전』에 우주변화원리를 도표로 그려놓은 것 있지 않은가. 내가 스물다섯 살 먹었을 때 저 충청남도 아산군 배방면 남리라고 하는 데서, 한 부락 청장년을 모아놓고 처음으로 그 도표를 그려준 사실이 있다. 지금으로부터 55년 전의 일이다. 55년 전에 처음으로 우주질서 그려놓은 것을 요새 와서 내가 매듭지어 주는 것이다.
　그 동안 내가 우리 신도들에게 상제님 공사내용을 교육시켜 왔는데, 이제는 마무리를 지어줘도 될 때가 되지 않았나 해서 우주질서 교육을 마감하려는 것이다.
　하니까 제군들 잘 들어봐라.
　이건 비단 증산도 신도뿐만 아니고, 이 지구상에 생존하는 사람이라면 누구도 다 알아야 하는 문제다. 우주변화원리라 하는 것이 증산도에만 국한된 것이 아니잖은가. 이 대우주 천체권 내에 생존하는 모든 만유가 생장염장生長斂藏의 우주원리에 의해 세상에 왔다가는 것이다.

상제님의 공사내용이 어떻게 됐느냐 하면, 우주 질서, 천지일월, 사람의 역사를 전부 다 뭉쳐서 하나인 상제님 진리로 열매를 맺어 놓았다. 그 엄청난 얘기를 한꺼번에 다 하면 이해도 안 될 게다.

허나 그 동안에 내가 여러 천 시간을 통해서, 인류 역사에 천태만상으로 생성돼 온 수많은 얘기를 해내려 왔다. 해서 이 시간에는 '우주질서, 우주 변화원리가 본질적으로 지향하는 바가 무엇이냐? 천지일월, 인류역사라 하는 것이 도대체 무엇이며, 천지와 일월과 사람은 무엇을 위해 존재하냐?' 하는 것을 매듭지어 주려고 한다.

천지일월은 사람농사를 짓기 위해 존재한다

이번 개벽이라 하는 것은 우주에서 인간 역사를 통해 열매를 맺는 일이다. 어째서 그러냐 하면, "천지天地도 무일월無日月이면 공각空殼이요, 일월日月도 무지인無知人이면 허영虛影이다. 곧 천지도 일월이 없으면 빈 껍데기요 일월도 사람이 없으면 빈 그림자다."라고 하신 상제님 말씀과 같이, 천지일월이 사람이 없으면 빈 껍데기, 빈 그림자에 불과하기 때문이다. (道典 8:59:3~4)

천지와 일월과 사람이라 하는 것은 하나의 목적을 달성하기 위해서 존재한다. 다시 묶어 얘기하면, 천지일월은 사람농사를 짓기 위해서만 존재하는 것이다. 만일 사람농사를 짓기 위함이 아니라 하면, 천지일월은 하등의 존재 목적이 없을 것이다.

거듭 강조하거니와, 천지일월이라 하는 것은 사람 농사를 지어 가을철에 사람 열매를 추수하기 위해 있는 것이다. 이것은 우리가 살고 있는 지구의 일년과 똑같이 운행하는 우주의 일년, 12만9,600년을 기준으로 해서 하는 얘기다.

12만9,600년이라는 수치도 지구 일년 둥글어 가는 것과 똑같다.

지구 일년이 생장염장하는 과정을 보면, 봄에 씨 뿌리고 싹을 틔워서 여름철에 성장시켜 가을철에 추수를 한다.

그것과 같이 우주 일년은 사람농사를 짓는다.

원시시대에 사람 씨종자를 퍼뜨려서, 여러 천 년의 역사를 통해 풍풍우우風風雨雨에, 풍재니 박재니 여러 가지 인재니 하는 것을 다 겪어가며 성장해 온 것을, 가을이 되면 추수를 한다. 농부들이 '금년에는 풍년이 들었다 흉년이 들었다' 하듯이, 이 우주도 이번에 가을개벽을 하는데 사람 씨종자를 얼마만큼 추리느냐 하는 문제가 대단히 중요하다. 이번에 사람을 많이 살려야 우주질서에서도 "과연 참 수확이 많다. 풍년이 들었다."고 할 게다.

상제님은 우주원리를 집행하시는 참하나님

헌데 천지에서 수확을 할 때에는 반드시 하나님이 오시게 돼 있다. 그동안 내가 교육을 하면서 "상제님 진리는 우주원리다. 우주원리가 상제님 진리다." 하고 늘 단적으로 얘기했을 뿐이지만, 이 하추교역기, 개벽기에는 참하나님인 상제님이 오셔서 우주원리를 집행하시는 것이다.

우리 상제님은 지나간 역사과정의 성자들 마냥 그런 인간 성자가 아니다. 우주원리를 집행하시는 참하나님이시다. 우리 증산 상제님은 우리가 칭호를 드리는 것과 같이 상제님, 진짜 하나님이시다. 그 참하나님을 '상제

上帝' 라고 존호를 올리는 것이다.

시조 할아버지의 유전인자가 내 몸에 들어 있다

그러면 그 동안 여러 천 년 자자손손 내려오면서 50대조 할아버지, 100대조 할아버지 등 수많은 사람들이 얼마씩 살다가 죽어 넘어갔는데, 어째서 이번에 사람 살리는 게 천지에서 수확하는 것이냐?

잘 들어봐라.

지금 여기 앉았는 많은 사람들 성姓이 전부 다 각각이다. 혈통이 각각 이란 말이다. 김지 이지 박지 최지. 그 사람들 조상이 다 있다. 허면 그 조상 중에서도 처음 시조 할아버지가 있을 것 아닌가.

결론적으로 묶어서 얘기하면, 그 시조 할아버지의 유전인자가 내 몸에 들어 있다, 내 몸에!

동양문화는 한자 문화다. 한문 용어로 내 몸뚱이를 '유체遺體' 라고 하는데, 그 유 자가 끼칠 유 자다. 귀할 귀貴 자에 책받침辶 한 자. 헌데 그게 '유산遺産' 이라고 쓸 때는 유 자가 물려받을 유 자다. 그러니까 '유산' 이라 하면 '물려받은 재산' 이란 뜻이다. 할아버지 재산을 물려받았다, 아버지 재산을 물려받았다, 조상의 재산을 물려받았다 해서 유산이라고 한다.

그와 마찬가지로 사람 몸뚱이를 '유체' 라고 한다. 그러니까 유체는 '물려받은 몸뚱이' 란 뜻이다. 곧 조상의 유전인자를 물려받았다는 뜻이다.

사람의 수명이라 하는 것은 극히 제한돼 있다. 오래 살아봤자 기껏해야 한 백 년 산다.

  허나 우주의 수명이라는 것은 무제한하다. 인간의 생명체라는 것은 유제한하고, 우주원리라는 것은 무제한하다. 이 무제한한 우주의 이법 속에서 유제한한 생명이 살다 가는 것이다.

  헌데 사람의 수명은 유한하지만 자자손손 그 혈통을 물려받고 물려주고, 또 물려받고 물려주고, 그렇게 해서 백대 천대 만대가 내려간다. 그게 내내 처음 그 할아버지의 유전인자가 전해 내려가는 것이다.

  여기에 앉았는 모든 신도들은, '내 처음 시조 할아버지의 유전인자가 여기에 앉았다.' 이렇게 생각하면 아주 더도 덜도 없다.

  알기 쉽게 얘기하면, 이 지구상에 생존하는 만유라는 것이 초목도 그렇고 날아다니는 새, 기어다니는 짐승, 미물곤충도 그렇고, 그 유전인자는 절대로 못 바꾸는 것이다. 진달래꽃도 천 년 전의 진달래꽃이고, 할미꽃 도라지꽃도 천 년 전, 만 년 전의 그 할미꽃, 그 도라지꽃이다. 개똥벌레도 만 년 전 개똥벌레고.

  내가 언젠가 쇠똥벌레 얘기를 한번 한 사실이 있다. 쇠똥벌레는 엄지손톱 만한 새까만 벌레다. 아마 제군들도 그림에서 한 번씩은 다 봤을 것이다. 그 쇠똥벌레가 쇠똥을 뭉쳐서 앞발을 땅에 대고 뒷발로 쇠똥을 둥글리면서 가는데, 가다가 어디 만큼쯤 가면 정착을 한다. 물렁물렁한 흙이나 모래밭 같은 데가 있으면, 쇠똥을 둥글려서 그 속에 파묻는다. 그리고 암놈 수놈이 그 쇠똥덩어리를 파고 들어가 새끼를 치고 산다.

  언젠가 텔레비전에서 취재한 걸 봤는데, 얼마 후에 그 새끼가 쇠똥에서 나오더니 단번에 어디론가 날아간다. 그걸 사진 찍느라고 애도 많이 썼을 것 같거니와, 그 새끼가 한참을 날아간다. 그러더니 어디 쇠똥 근처에 가서 앉는다. 쇠똥 근처에 가서 앉았으니 쇠똥 찾기가 쉬울 것 아닌가. 그렇게 해서 쇠똥을 찾은 쇠똥벌레는 또 제 에미 애비가 하던 대로 쇠똥을 뭉쳐서 둥글리며 어디론가 간다. 새끼를 치러 가는 것이다.

자, 봐라. 그 작은 벌레가 여러 만 년 동안을 그렇게 해 오지 않았겠나, 여러 만 년을. 그렇게 만유의 유전인자라 하는 것은 처음 한 번 그렇게 되어지면 절대로 바꾸지를 못하는 것이다.

그 씨가 없어지는 걸 '멸종滅種된다'고 하는데, 그건 종자가 아주 완전히 없어진다는 말이다. 헌데 유전인자라 하는 것은 재생시킬 수가 없다. 한 번 이 우주공간에서 멸종되면 그것으로 끝이다.

사람도 그렇다. 5천 년이 됐든 만 년이 됐든, 처음 시조 할아버지의 유전인자가 계계승승繼繼承承해서 잇고 또 잇고, 전하고 받고, 이렇게 해서 내 몸까지 이어내려 온 것이다. 내가 그 유전인자에 의해 혈통을 이어받아 이렇게 생겨났단 말이다. 제군들, 이만하면 알아들을 만하지?

"예!"

자손이 하나라도 살아남아야 조상신들이 산다

이걸 내가 한두 개 도장에서 신도들 몇 앉혀놓고 얘기한 사실이 있다. 헌데 이 내용은 우리 신도들뿐 아니라 전 인류가 다 알아야 한다.

이것을 내가 55년 전에 처음으로 얘기해 줬다. 그 때 신도 중에 여기 증인이 한 사람 있다. 아산의 박제근이라고, 그 신도가 55년 전에 나한테서 우주변화원리를 배웠다. 55년 전에 입도를 했는데 지금까지도 쫓아다닌다. 그러니 참 오래도 쫓아다녔네.

헌데 그렇게 잘 믿으니까 반질반질한 대머리에 다시 머리가 난다. 잘 믿으면 오래 산다고 했더니, 머리가 새로 난다고 나에게 자랑을 한다.

상제님 천지공사 보신 신도세계만 가지고는 상제님 진리가 이 세상 사람들에게 잘 먹히질 않기 때문에, 우주원리를 바탕에 깔고 상제님 사업을 해야 한다.

허면 지금 내가 왜 이런 말을 하느냐?

조상들이 100대손 200대손 흘러 내려왔지만, 그 자손이 하나라도 살아남아야 그 조상신들도 다 산다는 걸 얘기해 주려는 것이다. 이 얘기는 내가 여러 달 전부터 가끔 한 사실이 있다.

어째서 그러냐?

한 천 년 묵은 고목나무를 봐라. 다 고목이 돼서 썩어버리고 수냉이(순) 한두 개 붙어있다. 헌데 그 조그만 가지에 붙어 있는 수냉이를 잡아 뜯으면 그건 다시 발아發芽도 못 하고 영영 고목이 돼버리고 만다.

그런 천 년 고목이라도 수냉이 하나 살아 있으면 거기서 새 뿌리도 생기고 다시 생을 도모하듯이, 사람도 자손이 하나라도 살면 그 시조 할아버지도 산다. 눈이 빠졌든 안팎꼽추가 됐든 팔다리가 없든, 어쨌든 사람 노릇할 수 있는, 남녀간에 관계를 맺어서 새끼 낳을 수 있는 정도의 자식이 하나라도 살면, 그 수많은 수백 대의 조상신이 신도세계에서 살아남는 것이다.

천 년 된 시조라고 할 것 같으면, 그 자손이 여러 백만 될 것 아닌가? 여러 백만 가운데 자기의 혈통 하나라도 추려야 그 수많은 조상신들이 살아나간다는 말이다.

해서 지금 천상에서 조상들이 난리가 났다.

"각 성의 선영신들이 천상공정에 참여해서 60년씩 공을 들였어도 자손 하나 살길을 얻어내질 못하는 자도 많다."고 하신 상제님 말씀이 있잖은가.

허면 과연 어떻게 해야 사느냐?

상제님이 삼계대권을 가지고 사람 살리러 이 세상에 오셨기 때문에, 상제님의 영향권에 들어와 상제님을 신앙해야 개벽철에 살아남을 수 있다.

사람으로서는 제 조상이 하나님

상제님이 "선영의 음덕蔭德으로 나를 믿게 된다."라고 하셨다. 상제님을 믿어야 이번 개벽철에 사는데, 상제님을 믿는 게 조상의 음덕으로써 믿게 된다는 말씀이다. (道典 8:28:4)

사람으로서는 자기 조상이 이 대우주 천체권내에서 가장 으뜸가는 절대적인 존재다.

어째서 그러냐?

생명체를 가진 사람으로서 이 세상에 가장 존귀한 게 뭐냐하면 바로 자기 자신이다. 자기 몸뚱이가 있음으로써 국가도 있고 민족도 있고 사회도 있고 부모도 형제도 만유도 있는 것이지. 내 몸뚱이가 없으면 천지도 일월도 아무 것도 있을 수 없잖은가.

그러면 가장 존귀한 내 몸뚱이를 낳아준 사람이 누구인가? 그 근본이 무엇인가?

바로 내 조상이다. 내 조상으로 인해 내 몸뚱이가 태어난 것이니, 하니까 사람으로서 조상은 하나님보다 더 높은 존재다. 벼슬을 하는 사람에게도 임금이 자기 조상보다 더 높은 존재가 될 수 없고, 신분의 귀천을 막론하고 자신의 위치에서는 자기의 조상이 가장 존귀하고 절대적인 존재다. 그러니 사람은 조상을 잘 받들어야 한다.

하나 예를 들면, 주나라 문왕의 아버지가 왕계王季라고 하는 사람이다. 왕계, 임금 왕 자, 말제 계 자. 벼 화禾 밑에 아들 자子 하면 말제 계 자다.

문왕이 자기 아버지가 죽었는데 옥황상제하고 같이 짝을 해서 아버지 제사를 지냈다. 아, 한 개인의 아버지를 어떻게 하나님과 같이 짝해서 제사를 올릴 수 있나. 그러나 그에게는 자기 조상이 하나님이다. 해서 인류 역사를 통해 그것을 시비 건 사람이 한 사람도 없다.

그러니 자기 조상에게는 반천무지攀天撫地로, 천지에 제사지내는 것 모양 큰절을 하며 제사 지내도 괜찮다. 사실은 그렇게 제사를 지내야 한다. 하나님을 받들 듯 큰절로 자기 조상을 받들어야 한다. 하나님 이전에 자기 조상이 더 큰 하나님이란 말이다. 알아들었는가?

"예!"

조상의 음덕으로 상제님을 믿는다

허면 이번 개벽기에 살아남는 사람은 어떤 사람이냐?

그 조상 시조 할아버지가 100대조 할아버지라고 가정할 때, 100대 시조 할아버지가 세상살이를 하면서 그른 일을 얼마만큼 하고, 좋은 일을 얼마만큼 하고 갔느냐 하는 것을 채점을 한다. 또 99대 할아버지, 98대 할아버지, 97대 할아버지, 96대 할아버지, 95대 할아버지 쭉 계계승승

해서 내려오면서, 그 수많은 조상들이 얼마만큼 천지에 공을 쌓고 얼마만큼 못된 일을 많이 했는지, 그것을 플러스 마이너스해서 공 반 죄 반으로 평가를 하는 것이다.

그게 뭐와 같으냐? 봄에 심어서 여름철에 가꾸면 가을에 가서 열매를 여물잖는가.

그것과 마찬가지로, 공은 얼마만큼 쌓았고 죄는 얼마만큼 지었는가 하는 죄악론을 가지고 플러스 마이너스해서 그 결과를 내는 것이다.

그래서 상제님이 "조상의 음덕으로 나를 믿게 된다"고 하신 것이다. 상제님 말씀대로, 적악가의 자손이 들어오면 "너는 네 조상의 죄악으로써 추수해서 열매를 여무는 이 장소에는 절대로 참예를 못 한다." 해서 앞이마를 쳐서 내쫓고, 적덕가의 자손이 들어왔다가 나가려 할 것 같으면 "너는 네 조상에서 많은 음덕을 베풀었는데, 여기를 벗어나면 너의 조상서부터 아주 끝이 난다. 하니까 절대로 여기를 빠져나가면 안 된다." 하고 등을 들이민다. 결론적으로, 적덕가의 자손만이 증산도에 들어올 수 있는 것이다.

모든 문제가 조상의 음덕에 달려있다. 그렇기 때문에, 사람은 상제님 진리 그대로 상생의 도로써 상대방을 위하고, 꿈에서라도 절대 해를 붙이지 말고 좋게 대해야 한다, 좋게!

사람이라 하는 것은 군중 속에서 서로 더불어 사는 것이다. 상대방이 잘 살아야 나도 잘 살 수 있다. 아니, 상대방이 못 사는데 어떻게 나만 잘 살아지나.

하니까 사람은 남에게 좋게 대하면서 살아야 한다. 다시 얘기해서, 정의롭게 살아야 하다는 말이다. 상호부조相互扶助해서 서로 도와줘 가면서 더불어 살아야지, 내 이득을 위해 수단과 방법을 가리지 않고 뺏어먹고 훔치고 눈 속이고 갖은 못된 짓을 다한다면 그건 안 되는 일이다.

상제님을 신앙하기 이전에 조상을 받들어야

헌데 조상신들은 평생을 쫓아다니면서 자기 자손을 보살펴 준다. 그 이치를 한번 생각해봐라, 그렇겠나 안 그렇겠나.

하나 예를 들어 줄 테니 들어봐라.

예전에는 저 종로 4가가 열 십十 자 거리였다. 종로 3가하고 5가쪽으로 가는 거리, 동숭동에서 저 남산으로 오는 길, 해서 사거리다. 헌데 어떤 애기 엄마가 피 빨간 애기를 떡 안고 그 길을 건너는데, 아 버스가 온다. 순간적으로 거리를 재보니 도저히 어머니와 애기 둘 다 살 수 없게 생겼다. 하니까 "애기나 살리고 나는 죽는다." 하고서 엄마가 애기를 냅다 집어던져 버리고 자기는 버스에 치어 죽었다.

이와 같이 사람은 자식을 위해 전부를 다 바친다. 생명을 걸고 자손을 키우는 것이다.

조상은 신명이 되어서도 마찬가지다. 신명계에 가서도 자손만을 위해 활동을 한다. 제군들은 이걸 알아야 한다.

헌데 근래에는 윤리가 타락하고 사람들이 못돼먹어서 조상 같은 걸 알지 못한다. 조상은 생각도 않는다.

사실을 그대로 얘기하자면, 상제님을 신앙하기 이전에 제 조상을 더 먼저 받들어야 한다. 제군들, 알겠는가?

"예!"

자기 조상이 그렇게 중차대한 존재다. 가정에 효도하는 사람이라야 국가에 충성도 한다. 가정에서 효도 못 하는 놈은 절대로 국가에 충성 못한단 말이다.

동서고금을 막론하고, 사람은 가정에 효도하고 국가에 충성하고 사회에 의로운 사람이 되면, 그 이상 더도 덜도 없는 것이다.

5백 석과 바꾼 아들의 생명

다시 또 얘기하거니와, 조상들이 자자손손 내려오면서 얼마만큼 공을 쌓았느냐 하는 조상의 음덕으로 상제님을 믿게 된다.

어떤 가정에는 사람 백 명 죽인 조상도 있을 게고, 천 명 죽인 조상도 있을 게고, 또 천 명을 살린 조상도 있을 것이다. 그것이 이번에 총 결론을 맺는다.

천지의 농사짓는 비법이 이렇게 되어져 있다. 그게 상제님이 말씀하신 생장염장의 이치다. 봄여름 생장 과정의 모든 것이 가을에 수렴이 된다.

역사, 우주질서라 하는 것이 그렇게 단편적인 게 아니다. 처음 시조 할아버지에서부터 지금 내 몸에 이르기까지의 죄 반 공 반, 그걸 전부 다 총체적으로 결산해서, "이 종자는 이번에 살아남을 만하다." 하는 것을 신명들의 입회하에 결정하는 것이다.

하나 예를 들어, 내가 서산 사람인데 태안이 서산 옆이다. 태안에 김교행金敎行이라고 하는 적덕가가 있었다. 그가 한 5백 석 추수를 했다. 그 시절에 5백 석이면 부자다.

한데 그가 그 재산을 어디다 썼느냐 하면, 오는 사람 가는 사람에게 다

퍼주었다. 내인거객來人去客 누구라도 그 집에 가면 한 달도 묵을 수 있고, 두 달도 묵을 수 있다. 그렇게 선대를 해 준다. 옷 없는 사람 옷도 해 주고, 또 그 집에서 묵고 갈 때는 담배도 넣어 준다.

옛날 일정日政 때에 장수연이라는 목침 만한 담배가 있었다. 그 놈을 칼로 사분四分해서, 콩풀 먹인 부시쌈지라고 있는데 그걸 하나 뚝 떼어 거기다가 담배 한 쌈지 담아 주고, 그러고 또 가다가 배불리 점심을 사 먹을 수 있도록 여비도 준다. 또 조선표 성냥이라고 있었는데 그 당성냥을 큰 궤통으로 사놓고, 사람들이 갈 때 한 갑씩 넣어 주었다.

그러니 그걸 당하는 수가 있나. 그러다 재산을 다 떨어먹어 버렸다.

그 후 하루는 김교행 씨가 마루에 앉아 있는데, 자기 집에서 3년 동안 있던 사람이 집 토방 밑으로 지나가면서, 얼굴을 이렇게 부채로 가리고 가더라네. 아니 3년을 그 집에서 밥을 먹었는데 "참 뵈온 지 오랩니다." 하고 인사 한 번 한다고 해서 고개가 빠지지도 않을 게고, 쓰러지지도 않을 텐데 말이다. 그게 세상 인심이다.

그러건 저러건, 그 사람은 자기 할 일을 다 했다.

그 사람에게는 아들이 하나 있었다. 6.25 동란때, 인민군이 들어오자 그 아들이 부역을 한 모양이다. 그래 공산군이 물러간 뒤에 그 아들이 인공人共에 부역했다고 해서 잡혀가 "따콩" 하고 총살을 당하게 생겼다. 헌데 면민들이 모두 "그 집안 씨종자는 그 사람 하나뿐인데 그걸 죽이면 되겠느냐? 아버지를 생각해서라도 그 사람은 살려주자." 하고 들고 일어나서 그 아들이 살게 됐다. 아버지 덕으로 꼭 죽을 걸 살아난 것이다.

덕이라는 게 그런 것이다.

그러니 김교행 씨는 재산 5백 석하고 아들 생명을 바꾼 것이다. 사람들이 모두 그렇게 얘기한다.

그 아들이 지금 아들딸 몇이나 낳았는지 궁금하다. 5백 석하고 생명을 바꿨는데 그 후손이 어떻게 됐을지. 그런 사람이 이 증산도에 들어오면 오죽이나 좋겠나.

조상의 음덕이라는 게 그런 것이다. 그런 음덕으로 자손이 살아간다.

개벽철 씨종자를 추리는 우리의 사명

묶어서 얘기하자면, 우주질서라 하는 것은 사람농사를 짓는 것이다. 우주의 운행질서, 법도, 천지의 이법이 그렇게 되어져 있다.

증산도는 바로 이 천지의 이법을 집행하는 단체다. 하늘땅 생긴 이후로 우리 신도들보다 더 큰 비전을 가진 사람이 없다.

허면, 이러한 비전을 가지고 있는 우리 신도들의 사명과 의무가 무엇인가?

상제님 진리를 60억 인류에게 널리 선포하고, 상제님 신도를 많이 만들어서 이번 개벽철에 씨종자 하나라도 더 건지는 일이 바로 우리 신도들의 사명이다. 우리 신도들 외에 세상에서 개벽철을 아는 사람이 어디 있는가. 모르니까 옛날 묵은 성인들에게 매달려 있는 것이지.

그렇다고 그 사람들이 나쁜 사람들인가? 아니다. 그 사람들도 한 세상 죄 안 짓고 편히 살려고 그러는 것이다. 사실 갈 데가 없잖은가. 유불선 서교밖에는. 그래서 그들 역사적인 성자들에게 매달려서 "살려주십시오, 죽여주십시오." 하고 있는 것이다.

그네들이 또 오죽이나 잘 믿나? 잘 믿는 사람을 보면, 참 울고불고 별

짓을 다 한다.

사실 진리를 알고 보면 우리 상제님에게 와서 줄을 서야 하는데, 그걸 모르고 있으니 얼마나 한심한가!

하니까 우리 신도들은 '나는 천지이법을 집행하신 참하나님, 상제님의 성도가 됐다.'는 긍지와 자부심을 가지고, 전부를 다 바쳐서 최소한 육임六任만은 짜야 한다. 아, 참하나님의 신도로서 육임도 못 짜고 앉아서 구경이나 한다면, 그건 말이 안 되는 일 아닌가.

우주의 이법이 우주의 봄여름에 인간 씨를 뿌리고 길러서, 인류역사를 통해 이 하추교역기에 와서는 추수를 한다. 씨종자를 추린다.

자 이만큼 얘기했으니, 총체적으로 우주정신이 어디서 시작해서 어디에서 매듭이 지어진다는 게 다 이해가 될 게다.

개인주의, 독선주의를 버려라

제군들은 '내가 상제님 신앙을 하는 것은 우연이다. 그저 우연히 들어와서 상제님 신앙을 하게 됐다.'고 단적으로 생각하지 말아라. 제군들은 여러 백대 수많은 조상들의 염원과 인류에 대한 책임감, 그 무거운 짐을 지고 신앙을 하게 됐다는 사명감을 똑똑히 알아야 한다.

그걸 모르고 게으르게 살면서 제 주장이나 내세우고, 하찮은 것 때문에 서로 의사가 맞지 않는다고 틀어지는 건 있을 수 없는 일이다.

내가 유교 문자 하나를 들어서 얘기할 테니 들어봐라.

유교 문자에 "수신제가치국평천하修身齊家治國平天下"라는 말이 있다. 사람이라 하는 것은 수신修身한 연후에 제가齊家를 하고, 곧 내 몸을 다스린 다음에 집안도 다스리고, 제가한 다음에 치국治國, 나라도 다스리고, 나라를 다스린 다음에 평천하平天下도 하는 것이다.

그런데 제 몸뚱이 하나 수습 못 하는 주제에 어떻게 단체생활을 하는가. 그것 참 답답한 일이다.

그러니 제군들은 개인주의, 독선주의는 다 버려 버려라.

사람은 누구에게도 도움을 주며 살아야 한다. 내가 입버릇처럼 노냥 하는 얘기지만, 상대방에게 적응 못 하는 사람은 저 혼자 살아야지 방법이 없다. 사회생활을 할 수가 없다. 그런 사람이 어떻게 세상살이를 하나, 무슨 재주로.

아까 내가 집에 앉아서, 어떤 신도가 상제님 말씀을 들어 호한呼寒과 신천信天이라는 새에 대해 얘기하는 소리를 들었다.

남 잘되는 것을 부러워 말고, 남은 복이 많으니 남은 복을 구하라. 호한과 신천이 오히려 죽지 않느니라. (道典 9:62:4~5)

헌데 그와 비슷한 새로 탈고조脫袴鳥라는 새가 있다. 벗을 탈 자, 바지 고 자, 새 조 자. 바지를 벗은 새란 얘기다. 탈고조는 털이 하나도 안 나서 살덩이만 있는 새다. 그래서 탈고조라고 한다.

그러면 탈고조는 어떻게 사느냐?

그 새는 커다란 활엽수 밑에 붙어서 산다. 그렇게 털 하나 없는 새도 살아나간단 말이다.

사람은 이 세상에 의로운 일을 하기 위해 생겨난 존재다. 미물곤충도 각자 제 몫이 다 있다. 사람은 세상에 좋은 일 하러 생겨났지, 지능이 발달돼서 누구를 해 붙이기 위해 생겨난 존재가 아니다.
 남에게 해 붙이는 건, 막말로 자기 조상도 잡아먹고 제 자손도 망치는 일이다. 내가 잘 해야 내 조상 은혜에 보답하고 내 자손들이 잘 되는 것이다. 내가 착하게 살아야 자손에게까지 복이 미치는 것이니, 남을 돕고 좋게 살아야 한다. 꿈에라도 남을 해치는 사람은 절대 복을 못 받는다.

지축이 틀어진다

 내가 구구절절 이 얘기를 하지만 "장차 천지에서 십 리에 사람 하나 볼 듯 말 듯하게 다 죽일 때에도 종자는 있어야 하지 않겠느냐."(道典 8:7:7) 하는 말씀은, 사람을 많이 살리라는 상제님의 절규絶叫다. 끊어질 절 자, 부르짖을 규 자!
 상제님이 그렇게 참 가슴아픈 절규를 하셨는데, 상제님을 신앙하는 신도들로서 그걸 저버리고 저 혼자만 산다는 건 있을 수 없는 일 아닌가.
 상제님 진리로도 그렇고, 자연섭리로도 그렇고, 이번에는 개벽이다! 다 죽는다.
 우선 지축이 틀어진다. 그 동안에는 우리가 주역周易세상을 살았다. 타원형 궤도의 지구! 이런 지구에서 역사가 조성됐다. 앞으로 다가오는 세상에는 계란형의 지구가 정원형, 공 같은 형으로 궤도수정을 한다.
 서양의 예언가 루스 몽고메리(Ruth Montgomery, 1912~)가 책에다 뭐라고 썼느냐 하면, 앞으로 1억1만 명이 산다고 했다. 그런데 1억1만 명을 어떻게 살리겠나? 그건 지축 틀어지는 것 갖고 얘기한 것이다.
 헌데 그렇게 다 죽는다고 해서 세상을 허튼 수작하듯 그렇게 살라는 건 아니다.

내가 늘 입만 열면 하는 소리 있잖은가. 학생들은 공부 더 잘 하고, 직장 가진 사람들은 직장에 더 충성하고, 그러면서 상제님 신앙을 잘해라. 그렇게 일심으로 신앙하다 보면 다른 일도 자연 다 잘 풀리게 된다.

자신의 책임을 생각하라

제군들은 무엇보다도 『도전道典』을 잘 읽어라. 모든 게 『도전』 속에 다 들어 있다. 『도전』을 다만 몇십 번이라도 봐야 한다. 재주 있는 사람은 밥 먹으면서 읽어도 한 번 본 건 어지간하면 안 잊어버리잖는가.

『도전』을 읽다 보면 자연스럽게 진리체계가 세워진다. 왜 개벽이 오느냐, 개벽이 온다면 신도의 의무는 무엇이냐 하는 것들을 알게 된다.

내가 얘기를 들어보면 증산도 신도들에게는 무슨 비전 얘기가 그렇게 많다. 결론을 얘기하자면, 하늘땅 생긴 이후로 여기보다 더 큰 비전을 가지고 있는 곳이 없다.

우리 신도들은 천지의 열매다, 우주의 열매! 제군들은 자신이 우주의 열매라는 걸 모르는 것 같은데 이건 더도 덜도 없는 사실이다.

그러니 우주의 열매 노릇을 제대로 해야 할 것 아닌가!

이 열매 하나를 맺기 위해서, 여러 만 년 동안 얼마나 전쟁도 많고 사건들이 많았는가. 선천역사라 하는 게 한마디로 전쟁사다. 스탈린 같은 사람은 공산주의를 실현하기 위해서 여러 천만을 죽였다. 또 진시황 같은 사람은 육국을 멸망시키고 만리장성을 쌓는데, 그 만리장성 쌓아 놓은 것을 봐라. 그 때 세상에 사람을 얼마나 많이 죽였겠나.

그런 허구한 과정을 통해 내려와 이제는 씨종자를 추리는 것이다.

다시 한 번 말하거니와, 상제님께 매달린 우리 신도들은 우주의 열매다. 그런 비전을 가진 사람들이니 어떻게 천지에 보답할 것인지, 제군들의 책임을 한번 생각해 봐라.

내가 늘 입버릇처럼 얘기하지만, 의통목이 지나고 나면 포교하고 싶어도 포교할 대상이 없어서 못 한다. 그 때는 짐승밖에 남은 게 없다. 허면 짐승 더불어다 놓고 포교할 텐가? 알아듣지도 못하는데?

진리를 닮으라

하늘땅 생긴 이후로 주역 공부한 사람들이 오죽이나 많은가. 아마 수수만 명은 될 것이다.

헌데 지금으로부터 55년 전에 내가 인류 역사상 처음으로 우주변화원리를 도표로 알기 좋게 그려놨다.

그 55년 후인 지금에 와서 '우주변화원리의 결론이 이렇다!' 하고 마무리를 지어주는 것이다.

하니까 '증산도는 우주질서를 집행하는, 인종씨를 추수하는 단체.' 하는 자부심을 가지고, 전부를 다 바쳐서 한번 뛰어 봐라. 생각하면 그 얼마나 영광된 일인가!

내가 구호 하나를 외칠 테니 따라 해봐라.

천리는 때가 있고, 인사는 기회가 있다!
(복창) "천리는 때가 있고, 인사는 기회가 있다!"

천리는 때가 있고, 인사는 기회가 있다!
(복창) "천리는 때가 있고, 인사는 기회가 있다!"
천리는 때가 있고, 인사는 기회가 있다!
(복창) "천리는 때가 있고, 인사는 기회가 있다!"

멸사봉공하자!
(복창) "멸사봉공하자!"
멸사봉공하자!
(복창) "멸사봉공하자!"
멸사봉공하자!
(복창) "멸사봉공하자!"

 제군들은 이 구호대로 실천역행實踐力行해라. 신앙을 하면서 '서자서아자아書自書我自我'로, 진리는 진리대로 나는 나대로 할 것 같으면 그건 신앙 않는 것하고 똑같다.
 제군들은 이제부터 다시 태어나라. 신앙이라 하는 것은 본질적으로 내가 부족한 것을 고쳐서 진리를 닮아가는 것이다. 진리를 닮지 않으면 그 시대를 진리대로 살아나갈 수가 없다. 상제님 진리는 앞으로 새 세상을 살아나갈 새로운 진리다.
 기존 문화라는 것은 생활하고는 동떨어진 문화였다. 쉽게 얘기해서, 진리는 진리대로 생활문화는 생활문화대로 각각 놀았다. 하지만 상제님 진리는 그 속에 생활, 정치, 경제, 문화, 종교, 사회 등 모든 부문이 전부 다 함축돼 있는, 사람이 생활하는 데 전혀 손색이 없는 총체적인 생활문화다. 상제님 진리는 그런 성숙된 진리다.

세상은 상제님 진리 그대로만 된다

날 좀 봐라.

이 세상은 상제님 진리 그대로만 된다. 상제님이 천지공사 보신 이후로, 상제님이 천지공사에서 바탕을 정한, 바탕 질質 자 정할 정定 자, 질정 해놓은 그대로, 프로를 짜놓으신 그대로, 꼭 그대로만 국제정세가 둥글어 왔다.

헌데 그게 앞으로는 달라지나? 꼭 그대로 간다. 그 궤도 그대로다. 궤도라면 기차가 다니는 레일을 말한다. 수레바퀴 궤軌 자, 길 도道 자. 기차가 그 궤도를 벗어나면 '탈선한다'고 한다. '선을 벗어났다'고. 그러면 기차는 전복돼버리고 만다.

지금까지도 그 궤도 그대로, 프로그램 그대로 세상이 둥글어 내려왔고, 앞으로도 그 궤도 그대로 간다, 그대로!

상제님 진리가 어디 머리털만큼이라도 틀린 게 있는가. 세상에서 몰라서 그렇지, 이 세상은 상제님이 판을 짜놓으신 그대로만 둥글어 간다. 헌데 그걸 아무도 모른다. 대통령도 모르고, 국무총리도 모르고, 세계 어느 지도자, 어느 학자고 아무도 상제님 진리를 모른다.

옥황상제님, 참하나님이 지구, 그 중에서도 이 대한민국 땅에 오셔서 세상 판도를 세운공사 도운공사로 짜놓으셨다. 이 세상이 바로 그 진리 그대로만 되는 것이다. 어디 상제님 진리하고 틀린 것 있으면 가지고 와 봐라.

포교는 하려고만 하면 되는 것

　사람은 의분심義憤心과 공분심公憤心이 있어야 한다. 사람이 의분심과 공분심이 없으면 인간으로서는 실격자다.
　상제님 천지공사 내용이념으로 볼 때, 지금 시간이 박도했다. 세계 정세 돌아가는 걸 보면 대략 짐작할 게다.
　천재지변을 봐라. 지금도 구제역이다, 광우병이다 해서 짐승들 싹 쓸어가고 있다. 아니, 소가 다 죽어 넘어가는데 이 좋은 세상에 왜 그걸 못 고치나.
　헌데 이제 사람에게도 그 차례가 온다.
　제군들은 각자 도장에서 맡은 직책을 충실히 수행해라. 그 도장의 성여불성成與不成, 성공하느냐 못 하느냐 하는 것은 그 인적 자원이 어떻게 돼 있나를 보면 안다.
　또 입도를 시켜 놓으면 반드시 교육을 해라. 그래서 나보다 더 잘 믿는 신도를 만들면, 포교를 하지 말라고 해도 한다. 상제님의 정의로운 진리, 천지공사 보신 내용이념을 잘 교육할 것 같으면 안 믿을 사람이 없다. 근래 사람들 지식 수준이 얼마나 높은가. 지금 이 세상을 사는 사람들은 다 박사다. 초등학교만 나왔어도 다 박사 수준이다. 듣고 보는 게 다 교육이다, 시청각 교육. 아침에 일어나 잠들기 전까지 눈뜨고 보고 듣는 게 다 교육이다.
　요즘 저 산골에 사는 사람들 지식도 무시 못 한다. 도시사람에 못지 않다. 그 사람들보고 요새 대통령이 뭘 발표했는데 어떠냐고 물어봐라. 아주 도시사람 찜 쪄 먹게 잘 안다. 말도 잘하고 경제문제에도 환하다. 무엇이 잘못됐는지, 조목조목 들어가면서 얘기를 한다.

또 대한민국 아들딸들 치고, 지금 운전 못 하는 사람이 없다. 내가 엊그제 식목일에 우리 아버지 어머니 산소에 갔다왔다. 헌데 내가 차 많은 줄은 알았지만, "야 대한민국 참 부자다" 하는 소리가 저절로 나온다. 차가 앞으로 가질 못하고 그냥 서 있다. 길 전체가 주차장이다. 그러니 날아가나, 어떡하나. 지금 세상이 이런 세상이다.

그래 이지가 발달되지 않으면 사회생활도 못하고 이 세상을 살 수가 없다.

아직 우리 신도들 의식구조가 성숙이 안 돼서 포교를 안 하려고 하니 그렇지, 사람들 붙잡아놓고 차근차근, 객관적인 견지에서 우주원리 같은 걸 설명해 주면 누구도 다 알아듣는다.

포교가 왜 안 되나. 하기만 하면 다 되는 것이다.

우주원리부터 말해 주라

사실 우주원리 같은 것은 누구도 알아야 한다. 다 같은 하늘밑에 사는 사람 아닌가. 다 똑같이 산소호흡을 하고 말이다. 내가 호흡하는 산소가 저 사람이 하는 것과 다른가? 충청도 산소 다르고 부산이나 서울 산소가 달라?

누구도 똑같은 하늘밑에서, 똑같은 자연섭리 속에서 사는 것이다.

그러니 우주원리를 얘기하는데 싫다고 할 사람이 없다. 우주원리는 객관적인 것이다. 우주원리서부터 차근차근 얘기해 주면 상제님 진리도 쉽게 받아들인다.

우리 신도들은 내가 얘기한 것만 가지고서도 다 박사가 됐을 게다. 내가 지방도장에 근 90여 회를 출강했다. 지금은 종정하고 둘이 다니니까 그렇지, 혼자 다닐 때는 한 번 자리 잡으면 여섯 시간, 여섯 시간 반을 강의한다. 짧게 할 때가 세 시간, 네 시간이다. 게다가 어떤 도장은 한 열 번까지 갔는데, 그만큼 들었으면 껄도 좀 벗었을 게란 말이다.

내 얘기는 알아듣기도 쉽다. 또 내 말은 아주 100퍼센트 확신하는 말이다. 뭐 그럴 것 같다는 둥, 그렇게 풀이가 된다는 둥 그 따위 말은 난 입에 붙이지도 않는다. 난 확실한 얘기만 한다. 그것도 아주 확실하게!

더욱이 우주원리라는 게 자연섭리인데, 그 이상 확실한 얘기가 어디 있나.

첫째도 포교, 열째도 포교

사회생활을 얼마 안 해서 표현력이 부족한 사람은, 도장에서 5분 발표회 같은 것 가지면서 훈련을 해라. 옛말로 토막돌림으로 순번을 정해서 한 5분씩 그렇게 몇 번 발표해 보면 상제님 진리가 어지간히 뚫린다. 그렇게 말문을 열어버릇해야 포교도 할 수 있다.

요즘 엠비시(MBC)에서 일요일 아침마다 하는 〈사랑의 스튜디오〉라는 프로그램이 있다. 청춘남녀들 중매해 주는 프로다. 하루는 내가 잠깐 보니까 어떤 아가씨가 나와서, "나는 술을 소주 두 병 반을 마시는데, 결혼하게 되면 신랑 친구들하고 같이 어울려서 밤새도록 놀아줄 거다." 한다. 그러니까 그 아나운서가 "참, 걱정되누만." 한다.

그런데 그 여자를 좋아하는 남자가 있다. 그 여자가 무슨 노래를 부르니까 그 남자가 나와서 그냥 그 여자를 안고 앞으로 뒤로 돌아가며 춤추고 뛰고 난리다. 그 여자애가 노래하고 몸짓하는 것을 보니 준 탤런트다. 그러니 그런 과정에서 연애도 많이 해봤을 것 아닌가. 벌써 하는 짓이 그렇다. 세련될 대로 세련돼 있다. "나는 내 평생 술도 마시고 할 거니까, 나를 더불어 가고 싶으면 더불어 가고, 그렇지 않으면 말아라." 하고 아주 깨놓고 말한다. 지금 이 세상 사람들이 다 그렇다.

허면, 우리 신도들이라고 어디 우물 속에서 살다 왔나? 증산도 신도가 됐으니 행동을 자제해서 그런 짓을 안 할 뿐이지, 다 그런 사람들하고 똑같이 지식도 있고 세련돼 있다.

하니까 제군들은 그 발랄한 정신, 그 지식을 활용해서 포교해라.

이 세상에 살 수 있는 길이 여기 말고는 아무 데도 없다. 상제님 문화는 앞으로 돌아오는 새 세상의 문화다. 이 좋은 문화와 큰 비전을 가지고 왜 포교를 않는가!

딴 생각은 두었다가 해라.

사람은 백 살 먹어서 죽어도 할 일을 다 못 하고 죽는다. 인류 역사를 통해 자기 하고 싶은 일 다하고 소원 풀고 죽은 사람 한 사람도 없다. 하니까 딴 일은 다 나중으로 미뤄라. 상제님 도성덕립 된 다음으로. 그 때 되면 내가 기회를 주겠다.

그리고 무엇보다 먼저 포교를 해라. 제일 급한 게 포교다. 단체가 성장해야 의통목에 사람을 많이 살릴 것 아닌가.

첫째도 포교, 둘째도 포교, 셋째도 포교, 열째도 포교다!

증산도 신앙을 하면 좋은 사람이 된다

나쁜 사람도 상제님 진리권에 들어오기만 하면 다 좋아진다. 우리 신도들, 자녀들 가정교육 시키려고 따로 애쓸 것 없다. 증산도를 신앙하게 되면 누구도 가정에 효도하고, 국가에 충성하고, 사회에 의로운 사람이 되고 다 좋은 사람이 된다.

"엄마, 아빠" 말할 때부터 태을주를 읽히면, 기가 막히게 잘 한다. 반항하는 애가 한 사람도 있을 수가 없고, 나쁜 애가 하나도 나올 수 없다. 상제님 신앙을 하면 성장하는 과정에서 자연 좋은 사람이 된다. 나쁜 사람들, 사회에서 싹바구리도 증산도에 들어오면 하나같이 다 좋은 사람이 된다. 증산도 신도 쳐놓고 나쁜 사람 한 사람도 없잖은가.

또 태을주 잘 읽고, 청수 잘 모시고, 진심으로 신앙 잘 하는 증산도 신도 쳐놓고 차 사고 나서 죽은 사람 하나도 없다. 전국에 우리 신도들이 오죽 많은가. 다들 차 타고 다니는데, 증산도 신도 어디 사고난 사람 있나?

만일 차 사고 나서 죽었다면, 그건 신앙을 잘못 한 사람이다. 말로만 신앙합네 했을 뿐이지 진짜로 신앙한 사람이 아닐 것이다.

기회는 두 번 다시 오지 않는다

내가 늘 이런 얘기를 하는 것은 제군들이 하나님을 잘 믿어서 당장에도 복을 받을 뿐 아니라, 영세 만년토록 전지자손, 자자손손 대복을 받아 잘 살라는 거지 딴 것 아무 것도 없다. 결론적으로 그것이다.

내가 떡 떼먹듯 늘 얘기하지 않는가. 내 나이 여든 살이다. 80 늙은이가 이렇게 슬플 애哀 자, 하소연할 소訴 자, 애소를 한다, 하소연을. 아니, 내가 뭘 얻겠다고 이렇게 제군들에게 애소를 하나.

이번에는 다 죽는다. 아무 것도 없다, 아무 것도! 80 늙은이가 뭐 하려고 시한부로 거짓말을 하겠는가.

나는 불의하고는 타협을 않는 사람이다. 본질적으로 슬슬 거짓말이나 하는 사람하고는 숫제 상대를 안 한다.

하니까 제군들은 나중에 후회하지 말고, 종도사 교육을 액면 그대로 받아들여라. 100퍼센트 그대로! .

아까 내가 구호로 외친 바와 같이, 천리는 때가 있고 인사는 기회가 있다. 천리라 하는 것은 때가 있어서, 그 때를 놓쳐 버리면 아무 소용이 없다. 또 인사라 하는 것도 바로 그 기회가 있다. 그 기회를 포착하지 못하면 두 번 다시 기회는 찾아오지 않는다. 후회해도 소용없다.

이 좋은 기회는 우리 전 신도에게 주어진 기회요, 전 인류에게 주어진 기회다. 왜 이 좋은 기회를 놓치는가! 천지에 공을 쌓을 수 있는 기회, 천지 대복을 받아 잘 살 수 있는 기회를!

우리는 우주원리를 매듭짓는 우주의 열매

"세상 사람들이 물건 장사 할 줄만 알지 천지공사 뿌리장사 할 줄은 모르는구나." "장사는 뿌리장사가 제일이다." 하신 상제님 말씀이 있다. (道典 9:62:6)

상제님을 신앙하는 것은 **뿌리장사**다. 우주원리, 우주질서를 집행하는 바로 그 뿌리장사! 그 나머지는 전부 다 지엽적인 일이다.

그러니 제군들은 전부를 다 바쳐서 생명력 있는 신앙을 해라!

우리 일은 12만9,600년만에 오직 한 번 있는 하추교역기에 우주의 열매를 맺는 일이다. 제군들이 바로 그 우주의 열매다.

문화로 해서는 상제님 문화가 우주 문화의 열매다. 이번에 제군들이 5만 년 비전을 걸머지고, 인종씨를 추린다. 이런 자부심과 긍지를 갖고 '아, 종도사님 말씀과 같이 과연 내가 우주의 사명을 띠고 우주 원리를 매듭짓는 우주의 열매인가?' 하는 걸 재삼 숙고해 봐라. 생각해 보면 '얼마나 기적 같은 일인가!' 할 것이다. 돈 천억 만억이 아니라 그 무엇과도 바꿀 수 없는 행운이다.

우연히 증산도에 들어왔는데, 알고 보니 '야, 과연 내가 천지에 역사하는 우주의 열매인가?' 하는 마음에, 자기 자신도 깜짝 놀라서 '이게 진짜인가?' 할 것이다.

한데 이건 진짜다, 진짜!

내가 하는 말을 듣고 그냥 흘려 넘길 것이 아니라, '나라는 사람이 진짜 우주의 열매인가? 과연 그런가? 다시 좀 생각해보자.' 하고 머리를 두드려 가면서, 그 동안에 교육받은 지식 가지고 다시 한 번 생각해 봐라.

상제님은 우주를 결실하러 오신 추수관이시다. 그리고 그 개벽장 하나님에게 붙은 제군들은 진짜 우주의 열매다!

『우주변화의 원리』는 증산도 책

한동석 씨가 우리 증산도를 위해 『우주변화의 원리』를 썼다. 세상에서 대학을 진리의 전당이라고 한다. 헌데 무슨 대학교수고 누구고, 딴 데서는 그 책을 보질 못 한다. 『우주변화의 원리』를 소화하고 활용할 수 있는 곳은 오직 증산도뿐이다. 한마디로 그 책은 우리 증산도를 위해 펴낸 책이다.

내가 스물다섯 살 먹어서 처음으로 우주변화원리를 도표로 그려냈는데, 그 도표 안에 있는 게 바로 『우주변화의 원리』 책에 쓰여져 있는 내용이다. 사실 나는 책을 쓸 수도 없고, 그럴 시간도 없지 않은가. 내가 그 도표를 그린 지 20여 년 후에 한동석 씨가 나를 대신해서 그 책을 쓴 것이다. 한동석 씨는 살아 있어도 나보다 저 아래다. 그러고 보면 내가 참 오랜 옛날 사람이다.

알기 쉽게 얘기해서, 신명들이 한동석 씨에게 "저 안 종도사가 우주원리를 가지고 상제님 사업을 하는데 네가 대타로 글을 써라." 하고 시킨 것이다.

그 때 그가 대학 교수로 있었는데 그 책을 쓴다고 하니까 교수들이 하나같이 못 쓰게 했다고 한다. 그래서 사표 내고 남은 평생 그걸 써놓고 죽었다.

세상에서는 그가 너무 많이 알기 때문에 신명들이 데려갔다고 한다. 그 책을 보면, 조금도 잘못된 것 없이 아주 잘 써 놨다.

우리는 후천 인종 씨알 거두는 역군

증산도 진리는 상제님 천지공사만 가지고서는 포교가 잘 안 된다. 우주변화원리를 바탕에 깔아놓고 해야 한다. 그래서 내가 할 수 없이 우주변화원리 도표를 그렸다. 그렇게 해서 제2변 때 그 수많은 사람을 포교했다.

내가 그 동안에 지엽적으로, 그저 종으로 횡으로, 여러 가지 방법으로 여러 천 시간을 통해서 많은 얘기를 했는데, 이제는 우리 신도들이 어지간히 성숙됐고, 이걸 매듭지어줄 시기도 된 것 같고 해서, 오늘 그 결론을 얘기해 주는 것이다.

전 신도들이 우주질서의 생장염장, 이 원리를 다 알아야 한다. 이건 몇 번이고 들어야 한다. 몇 번이고 들어서 "아, 과연 그렇구나!" 하는 것을 절감해야 한다.

내가 이 기회를 통해서 하나 얘기할 테니 들어봐라.

인류역사를 통해서, 이 우주정신이 무엇을 위해 존재하고 무얼 지향하느냐 하는 것을 아는 사람이 이 지구상에 한 사람도 없다.

지금 내가 그것을 매듭지어주는 것이다.

이건 세계 박사를 다 모아놔도 모른다. 내가 이렇게 쉽게 얘기한다고, "저 종도사는 맨날 하는 소리가 그 소리다." 이렇게 듣지 말아라. 이건 하찮은 소리 같지만, 돈 억만 냥을 주고, 지구와 바꾼다고 해도 들을 수 없는 소리다.

우주정신이라 하는 것은 천지·일월·사람이 삼위일체가 되어서, 이 하추교역기에 사람농사 지은 것을 추수한다. 그 때 살아남는 사람은 바로 자기 시조서부터 자자손손 100대, 200대 내려오면서 죄 지은 것은 얼마나 되고, 공 쌓고 덕 쌓은 것은 얼마나 되는지 그것을 플러스 마이너스해서, 거기서 씨알이 될 만한 사람으로 추려진 것이다.

허면 그 때 추수관이 누구냐?

바로 하추교역기에 인간으로 오셔서 우주원리를 집행하신 상제님과 그 상제님을 신앙하는 우리들이다. 우리는 후천 씨알 거두는 역군이다. 상제님이 천지공사로 이 증산도 종도사한테 그 추수관을 맡기셨다. 태모님이 도통하시는 순간에 차경석 성도에게 "내 생일은 3월 26일이라. 나는 낙종落種물을 맡으리니 그대는 이종移種물을 맡으라. 추수秋收할 사람은 다시 있느니라."고 하셨다. (道典 11:16:8) 제군들도 이제는 내가 그 추수관이라는 것을 믿을 것이다. 내가 지금 추수를 하려고 이렇게 발버둥치고 있다.

제군들의 사명을 통감하고 전부를 다 바쳐 신앙하라

내가 한 15년 전에 서울에 있는 박씨 종친회 간부를 만나서, "서울에 박씨 일가가 얼마나 사느냐?"고 물으니까 "약 백만 됩니다." 한다. 그러니 박혁거세 이후로 얼마나 많이 퍼졌는가.

그러면 백만 중에서 몇만 산다면 너무 서운하다고 할 텐데, 사실 몇만이 살아도 박씨들 조상이 춤을 출 것이다. "야, 우리는 자자손손에 그 신명들이 다 살았다!" 하고. 허나 실상은 거기에서 다만 몇 알 건지는 것이다, 몇 알.

차마 이런 것을 얘기할 수 없지만 우주의 생장염장, 우주질서, 그 변화원리, 우주의 목적 등을 얘기하다 보니 얘기를 않는 수가 있나. 게다가 난 우리 신도들 교육을 해야 하는데.

그만하면 우주질서를 알겠는가?

이게 그저 하찮은 얘기 같지만 지구상의 모든 학자를 모아놓고 결론을 내도, 아무도 모르는 얘기다. 이건 증산도 종도사만 아는 사실이다.

55년 전에 이걸 도표로 그려놓고, 55년 후인 지금에 와서 내가 매듭을 지어준다.

이제 전국 신도들이 다 알 때까지, 이 얘기는 몇 번 더 해야 한다. 이건 듣고 또 듣고, 그래서 "아, 과연 그렇구나!" 하고 완전히 알 때까지 들어야 한다.

이걸 알아야 한다. 이걸! 상제님 매듭진리에 매달린 사람들이 그 결론을 알아야 할 것 아닌가. 이게 인류 역사의 결론이요, 우주정신의 총체적인 결론이다.

이걸 모르면 헛세상 살다 가는 것이다. 그냥 우연히 태어나서 흐지부지 꿈결 속에서 살다 죽고 마는 것이다. 왜 왔다갔는지도 모르고, 우주정신이 어떻게 된 건지도 모르고 말이다.

하니까 상제님 신도로서 제군들의 사명을 통감하고, 전부를 다 바쳐서 생명력 있는 신앙을 해라. 공중 나중에 후회하지 말고. 알겠는가!

"예!"

이상!

봉사정신을 갖고 포교하라

도기 132(2002). 5. 5, 증산도대학교

대장부 일을 도모함에 마땅히 마음을 크고 정대히 가져
'내가 죽어도 한번 해 보리라.' 하고
목숨을 생각지 말아야 할지니
작은 일에 연연하면 큰일을 이루지 못하느니라.
일꾼이 일을 도모함에 무서워서 못하는 것은
의기義氣가 부족한 연고니라.
내 일을 하다가 곤란은 있을지언정 그릇 죽지는 아니하리라.

(道典 8:14:1~4)

봉사정신을 갖고 포교하라

성숙된 매듭진리를 열어주신 상제님

　내가 이 시간에 교육시키고 싶은 것은 증산도의 사명이 무엇이냐, 즉 이 세간에는 2천 년, 3천 년 된 기존 문화권이 허구하게 많은데도 왜 증산도가 출현해야 되느냐 하는 것이다.
　지금 이 시대는 선천문화를 종합 정리한 새로운 열매 진리, 성숙된 진리, 하나인 진리, 후천 새 문화 새 문명을 여는 절대적인 매듭진리가 요청되는 때다. 바로 그 새로운 진리를 열어주시기 위해, 참하나님이신 상제님이 오시게 되었다.
　기존 문화권의 성자들은 상제님처럼 허구한 과정을 거쳐서 온 것도 아니다. 결론부터 얘기하자면, 상제님이 이 세상에 오신 것은 우주원리로 볼 때 필연적인 귀결점이다.
　봄여름의 생장生長이라는 것은 가을에 열매 하나 맺기 위한 과도기적 현상이다. 다시 얘기해서, 생장이란 가을에 성숙 수렴하기 위한 하나의 과정이란 말이다. 이건 우리 신도들이 잘 알고도 남을 게다. 자연섭리, 우주변화원리가 그렇게 되어져 있다.
　선천 봄여름 시간대를 통해 참 잡다한 성자들이 왔다갔다.

헌데 그네들의 진리를 엄밀히 따져 보면, 그 진리는 한마디로 절름발이 진리, 미완성된 진리다. 바로 그 때문에 지구상 오대양 육대주 권에 사는 사람들 의식이 통일이 안 되는 것이다.

세상이 통일되려면 우선 전 인류가 성숙된 하나인 문화권 안에 결집돼야 한다.

헌데 현실을 봐라. 오늘날 갈등과 투쟁이라는 것은 묶어서 보면 종교문화 전쟁이다. 요새 이스라엘과 팔레스타인 전쟁, 뉴욕 쌍둥이 빌딩 폭파 사건 같은 것도 다 그런 이질적인 문화에서 기인한 것이다.

앞으로 오는 새로운 세상에는 인류역사도 열매로 매듭지어져야 하고, 성숙된 하나인 문화권이 나와야 한다. 그건 자연섭리의 결론이자 우주변화법칙의 대명제다. 자연섭리라 하는 것은 사람의 능력으로써는 어떻게 거부할 수 없는, '꼭 그렇게 돼 있는' 대전제다.

상제님이 이 땅에 오시기까지

그러한 명제에 의해 상제님이 이 세상에 오셨다.

헌데 참하나님이 이 세상에 오시기까지는 선천문화권의 성자들과는 아주 다른 역사적 사건이 있었다.

우리 성도들도 잘 알고 있겠지만, 상제님이 오시는 데에는 지금으로부터 4백여 년 전, 이태리 사람 마테오 리치 신부의 공덕이 있었다. 리치 신부는 공자보다도 나은 사람이고, 예수를 믿었지만 예수보다 나은 사람이고, 석가모니, 마호메트보다도 나은 사람이다. 아, 자식이나 손자가 할아버지, 아버지보다 나은 사람이 얼마고 있지 않은가.

리치 신부가 역사적으로 예수보다 천수백 년 뒤떨어져 나온 사람이지만, 예수를 믿으면서 그렇게 훌륭했다.

그 사람이 자기의 출세를 위해 그렇게 평생을 떠돌이 생활한 게 아니다. 왜 구라파 사람이 동양 한 보짝 귀퉁이인 중국에까지 와서 중국민족을 받들어 모시려고 했겠나?

종교문화로써 처음 어느 민족 틈에 파고들려 할 것 같으면, 우선 그 사람들을 받들어 모셔야 한다.

리치 신부도 처음에는 '나는 신을 모시는 사람이니까 세속사람과는 달리 맨발 벗고 뛰어야 되겠다' 하고, 중국에 와서 10년 동안을 맨발로 뛰었다.

헌데 10년을 포교하고 나서 자기가 착각했다는 걸 알았다. 맨발 벗고 뛰었으니 중류 이상 상류사람은 접촉이 안 됐을 것 아닌가. 포교해놓고 결과를 보니 하등사람, 우리로 말하면 농사짓는 그런 사람들만 모였던 것이다.

해서 '아, 내가 착각을 했구나.' 하고 그 때부터는 옷도 좋은 걸로 지어 입고 가죽신 신고 다니면서 중류 이상 사람, 상류사람을 접촉했다.

그렇게 그는 전부를 다 바쳐 중국문화 속에 파고들어서, 사서삼경 등 동양문화 우주원리에 통투해 가지고 24절후 같은 것도 만들고, 중국문화를 라틴어로 번역해서 구라파에 수출하기도 하고 서양문화도 수입했다.

그러다 생로병사라는 자연섭리에 의해 늙어 죽어버렸다. 그래 지금까지 그 백골이 중국 땅에 묻혀 있다.

헌데 그는 죽어 신명이 돼서도, 인간세상에서 못다 한 일을 하기 위해 오대양 육대주를 다 돌아다니면서 모든 것을 섭렵하고, 별나라 같은 데도 가서 좋은 문명의 이기를 따내려 서양의 과학자들에게 알음귀를 열어 주었다. 해서 오늘날 서양 과학문명이 발달한 것이다.

헌데 기술문명은 하늘을 찌를 듯이 발달했건만, 오히려 인간들은 더 오만해진다. 리치 신부로서는 자기 능력이 한계에 부딪힌 것이다. 그래 그것만 가지고는 안 되겠다 해서, 동서양 문명신들을 찾아다니며 상의도 해보고 좋은 방법을 모색도 해봤다. 헌데 그래봤댔자 아무런 방법이 없다.

그네들과 의논한 끝에 천상에 계신 참하나님께 등장하여, 거기서 해결점을 모색하는 수밖에 없겠다 해서, 리치 신부가 동서양 신성 불보살들을 전부 거느리고 하늘나라 옥황상제님께 나아가 "우리의 능력으로써는 세상을 구제할 좋은 방법을 창출할 수가 없으니 직접 하나님께서 인간세상에 내려가시어 좋은 세상을 개창해 주십시오." 하고 하소연을 한 것이다.

그래서 상제님께서도 그 말씀을 하셨잖은가. "리치 신부가 동서양 신성 불보살들을 거느리고 내게 와서 하소연을 하기 때문에 할 수 없이 이 세상에 내려왔다"고. 제군들이 다 아는 거니까 중간 얘기는 약한다.

상제님은 인간으로 오셔서 이 세상을 좋은 세상으로 만들려고 천지공사를 보신 것이다.

증산도의 사명은 개벽철에 사람 살리는 것

허면 우리 증산도의 사명이 무엇이냐?
바로 이 개벽철에 사람 살리는 것이다.

그런데 지금 우리 신도들의 의식구조가 어떻게 돼 있느냐?

조금 전에도 외친 바와 같이, 증산도의 구호가 '상제님의 혼이 되자, 증산도의 수호신이 되자.'는 것이다. 신도들 개개인이 아주 참 입버릇처럼 이 구호를 외친다.

이 '상제님의 혼이 되자, 증산도의 수호신이 되자'고 하는 건 '상제님이 못다 한 것을 신도의 위치에서 상제님의 혼이 되어 반드시 매듭짓겠습니다. 신도들에게 부탁하신 그것을 꼭 이루겠습니다!' 하고 다짐하는 것이다.

허나 말과 신앙 행태가 아주 동떨어진 게 지금 우리 신도들의 실상이다. 이율배반적이다. 글쎄, 좋게 덕담을 하면 구복求福신앙이라고나 할까? 그저 내게 복 줘서 잘 살게 해주십시오, 만사 형통하게 해주십시오 하고 비는 신앙 행태를 하고 있단 말이다.

그런데 기존의 구복신앙도 그렇게 해서는 안 된다.

하나 예를 들면, 이 자리에 앉은 우리 신도들도 한 시대 한 환경 속에 살면서 똑같이 볼 텐데, 벌써 수삼일 전부터 불교신도들이 거리마다 등을 매달아놨다. 옛날말로 볼 관觀 자, 등이라는 등燈 자 관등놀이라고도 문자를 쓰는데, 내 지금도 차 타고 오면서 보니까 거리마다 등을 안 매단 곳이 없다. 아주 큰 거리까지도 총총히 매달아놨다.

허나 우리나라에서 볼 때 불교는 이질적인 문화 아닌가. 부처가 도대체 어느 나라 사람인가?

또 12월 25일에는 예수 탄일이라고 해서, 언제부터인지 우리나라에서도 집집마다 거리마다 번쩍번쩍 불을 켜놓고 행사를 하는데, 아마 불교보다 한술 더 뜨지 않나 모르겠다.

게다가 부처 탄일은 여태도 한참 남았다. 부처가 4월 초파일날 태어나고 않고 그런 걸 떠나서, 4월 초파일이 아직도 한 달이나 남았는데, 벌써부터 그렇게 야단을 떨고 있는 것이다.

제군들!

사실 며칠 후면 우리 태모님 성탄절이다. 불과 3, 4일밖에 안 남았다. 헌데 태모님 성탄절이라고 제군들이 뭐 하나 준비한 것 있나? 아무 것도 없지? 마음의 준비나 됐나 모르겠다.

불교나 기독교 등 딴 단체 같으면 아마 수십일 전부터 행사 준비하느라고 난리를 쳤을 게다. 그걸 한번 생각해봐라.

읍호는 개성인데 하폐문고

증산도는 사람 살리는 단체다. 앞으로 개벽하는데 사람을 살리기 위해 육임六任도 짜는 것이다.

다시 얘기해서, 육임 조직은 구호대 조직이다.

상제님이 "나를 믿는 자는 매인이 육임을 짜라, 육임을 정하라."고 하셨다. 허면 뭘 위해서 육임을 정하라고 하셨겠나?

내가 가끔 하는 소리지만 여기 김삿갓, 김립金笠을 모르는 사람은 없을 것이다. 그가 삿갓 쓰고서 방랑 삼천 리를 했다. 그 사람은 집도 없고 아무 것도 없다. 해서 그의 시집을 보면 이런 시가 있다. "조소수혈개유거鳥巢獸穴皆有居한데 고아평생독자처顧我平生獨自處라", 곧 "새도 둥지가 있고 짐승도 저 사는 구멍이 있는데, 내 평생을 되돌아보니 나는 나홀로 스스로 처하는구나."라고, 김립이 자탄하는 소리다. 그가 생각해보니 제 몸뚱이 하나 오갈 데가 없더란 말이다.

그 다음 "망혜죽장로천리芒鞋竹杖路千里에 추풍사립秋風簑笠으로 입금강入金剛이라"고 했다. "떨어진 짚신에 대지팡이 짚고 갈 길은 천릿길인지 만릿길인지, 가을바람에 도랭이와 삿갓 쓰고 금강산에나 들어가자. 갈 길이 없으니 금강산이나 구경가자." 하는 내용이다.

또 하나 그의 자탄시가 있다.

한번은 그가 개성에 갔다. 그도 사람이니 밤에 한둔은 못 하잖는가. 남의 집 신세를 지는 수밖에.

우리나라 집 구조를 보면 보통 행랑채는 밖에서 직접 마루를 거쳐 들어가도록 돼 있다.

헌데 개성은 집 구조가 어떻게 됐냐 하면, 대문을 거쳐 안으로 해서 사랑채로 들어가게 되어져 있다. 어느 집도 다 그렇다. 그러고 거기는 집집마다 들창문이라고, 위에다 돌쩌귀 두 개를 달아놓고 위로 들어올려 여는 문이 있다. 밖에서 누가 찾거나 하면 그걸 열면서 요렇게 얼굴부터 내민다.

김립이 어떤 집에 가서 하루저녁 신세를 지려고 문을 딱딱 두드리니까, 들창문이 열리면서 "뉘쇼?" 하고 얼굴이 요렇게 나오거든.

하니까 김립이 "지나가는 과객인데 하루저녁 좀 쉬어갑시다." 했다. 그러자 "주인 없소." 하고 문이 탁 닫히며 얼굴이 들어가 버린다. 들창문은 들었다가 놓으면 탁 하고 닫히지 않는가. 헌데 그 문은 한 번 닫히면 죽는 시늉을 해도 다시는 안 열린다. 아, 주인이 없다고 했으니 열릴 리가 있나.

헌데 문 닫은 그 사람이 바로 주인이다.

김립이 온 동네를 다 다녀봐도 마찬가지다. 그래 김립이 자탄하면서 쓴 시다.

"읍호邑號는 개성開城인데 하폐문何閉門고", '고을 이름은 성문도 활짝 열어놓는다는 개성인데 어찌하여 문을 닫느냐?' 하는 말이다.

열 개 자, 재 성 자, 고을 이름은 성문도 열어 젖힌다는 뜻 아닌가.

그리고 "황혼축객黃昏逐客이 비인사非人事라", '해가 뉘엿뉘엿 넘어가는 황혼녘에 손님을 쫓아버리니, 과연 이게 어느 동네 인사냐?', '사람 사는 세상에 이런 데가 어디 있느냐? 그러면 밖에서 얼어죽으라는 소리냐?' 하는 뜻이다.

김립이 그런 시를 읊은 사실이 있다.

상제님 신앙은 개벽신앙

우리 증산도 신도들이 지금 종도사 종정의 말씀 듣고, 개인적으로 복 많이 빌어서 후천 세상에 좀더 잘 살자는 교육을 받으러 왔는지, 아니면 상제님 사업을 하기 위해서 왔는지 모르겠다만, 상제님 신앙은 개벽신앙이다. 진리 자체가 개벽진리다. 죽는 세상에 나도 살고 내가 사는 성스러운 진리로 남도 살려주고, 나 살고 남 산 그 뒷세상에는 잘도 되자는 그런 진리란 말이다!

헌데 김립의 시에 적중한 사람들이 바로 지금의 우리 신도들이다.

읍호는 개성인데 하폐문고, 황혼축객이 비인사라.

상제님 진리는 개벽진리이니 개벽신앙을 해야 하는데, 그리고 반드시 육임을 짜야 하는데, 우리 신도들이 육임을 안 짜거든. 그러니 그게 어디

개벽철을 사는 사람의 도리냔 말이다.

지금은 우리 증산도 세가 굉장히 크다. 거짓말 조금 보태면 전국에 콩알 틀어박히듯 신도가 퍼져 있다.

제 자식, 제 부모 포교하는 건 아주 지당지당 우지당, 대지당한 일 아닌가. 헌데 우리 신도들이 포교를 않는다.

또 포교를 했으면 제대로 된 신도를 만들어야 하는데, 뭐 썩은 동아줄로 묶었다고 할까, 포교를 해놓고 내던져둔다. 한마디로 말하면 그런 신앙은 이율배반적인 신앙이다.

읍호는 개성인데 하폐문고, 고을 이름은 성문도 활짝 열어놓는 개성인데 왜 문을 닫느냐? 신앙이 개벽신앙이고 진리가 개벽진리인데, 또 개벽하는 시기를 만났는데, 어떻게 가만히 앉아만 있을 수 있는가 말이다.

현룡見龍은 재전在田하니 이견대인利見大人이라

개벽은 증산도에서만 하는 소리가 아니다. 예수도 새 하늘 새 땅을 찾았다. 묵은 하늘 묵은 땅은 없어지고 개벽해서 새 하늘 새 땅이 열린다고, 2천 년 후에 가서는 개벽장 하나님, 참하나님이 나와서 지상천국을 연다고, 2천 년 전에 다 예언했다. 우리 성도들은 이런 얘기를 하도 많이 들어서 잘 알 게다.

한마디로 예수도 새 하나님이 와서 새 세상을 창출한다고 했고, 또 석가모니 부처도 자기 자식보고 앞으로 미륵님, 참하나님이 오시니 자기 진리를 믿지 말고 그 진리를 믿으라고 했다.

기존 성자들이 하나같이 다 얘기했다.

내가 너무너무 안타까워서, 지난 달엔가 언제인가 우리 신도들에게 주역周易의 결론이라 해서 글자 여덟 자를 얘기해 준 사실이 있다.

우리가 지금 살고 있는 세상은 주역세상인데 앞으로 다가오는 세상은 정역正易세상이 된다. 그 주역의 최종적인 결론, 주역의 정답을 내가 이렇게 얘기해줬다.

"현룡見龍은 재전在田하니 이견대인利見大人이라",

현룡은 재전하니, '나타난 용은 밭에 있으니', 이견대인이라, 여기서 이로울 이 자는 살 이 자라고, 내가 그 뜻까지 풀이해줬다. '사는 것은 대인을 봄에 있다.' 그 대인을 만나면 5만 년 동안 전지자손傳之子孫해 가며 자손만대 씨앗을 뿌릴 수가 있다. 잘하면 수백 만 명, 수천 만 명 자손도 두지, 또 자기 역사적인 조상신까지도 다 구제해 주지, 이 얼마나 큰 복인가.

현룡은 재전하니 이견대인이라, 이게 주역의 매듭이자 총체적인 결론이며 정답이다! 허면 주역 나온 지가 언제인가? 그 때부터 주역의 정답을 다 써놨다. 아니, 하늘땅 생긴 이후로 주역의 정답까지 평해준 사람이 어디 있나? 내가 우리 성도들에게 참말로 물질로는 환산할 수 없는, 물질로 말하면 여러 백조, 천조 원 짜리 정답을 가르쳐 준 것이다.

나는 평생 상제님을 받들며 외길 인생을 살았다. 내가 80이 넘어 90줄에 들어서도록 좋은 신도들을 만났든지 좀 부족한 신도들을 만났든지, 그저 내가 농사지은 건 이게 다다. 뭐 좋아도 할 수 없고 글러도 할 수 없다. 마지막에 가서 이런 신도들을 만났으니 별 수 있나.

아, 사람으로서 어느 누가 좋은 자식을 두고 싶지 않겠는가? 허나 그게 마음대로 안 되는 게거든. 자식 복 없으면 코빽빽이도 낳고 안팎꼽추도 낳고, 눈 먼 놈도 생기고 그렇듯이 말이다.

육임은 상제님의 유훈

 헌데 앞으로 다가오는 세상은 정역의 세상이다. 주역과 정역을 크게 대분할 때, 주역의 세상은 지구 궤도 자체가 계란 같은 형, 타원형으로 생겼다.
 타원형이라는 게 무슨 소리냐? 타椿 자는 나무 목木 옆에 수나라 수隋 한 자로 나무그릇 타 자다. 나무라 하는 것은 기다랗고 크다. 그래서 나무그릇은 으레 길쭉하게 만든다. 그 나무로 만든 그릇과 같이 길쭉하니, 계란같이 생겼다는 게다.
 헌데 앞으로 다가오는 세상은 지구가 공 같은 형으로 궤도수정을 한다. 축구공 같은 것은 동그랗잖은가. 바를 정正 자, 둥글 원圓 자, 형상 형形 자, 아주 똑바로 동그란, 정원형 궤도의 지구가 된다.
 정역에 그 정원형 세상의 전형적인 우주의 순환법도까지 그대로 써놨다.
 그 세상이 되면 일출월몰日出月沒, 해 나오면 달이 지고, 월출일몰月出日沒, 달 나오면 해가 떨어진다. 또 무대소지월無大小之月로 크고 작은 달이 없다.
 춘하추동 사시도 주역 세상 춘하추동 사시와 정역 세상 춘하추동 사시가 다르다. 무춘하추동사시無春夏秋冬四時로 춘하추동 사시가 없이 만날 봄이다.
 그걸 보면, 전자에 우리가 살고 있는 세상과 앞으로 다가오는 세상은 한 하늘, 한 땅덩이 같으면서도 판도가 전혀 다르다. 지금 우리는 그런 세상을 맞이하고 있다.

그건 우리가 우리 마음대로 안 될 일을 억지로 바라는 것도 아니고, 자연섭리가 그렇게 돼 있다. 이 대우주 천체권이라는 틀, 자연섭리라 하는 것은 그렇게 밖에 될 수 없고, 그렇게만 둥글어 가는 것이다. 그러니 우리도 자연섭리에 적응해서 살아야 되고, 또 살고 나서는 잘도 돼야 한다. 상제님 우주원리가 그렇고, 상제님 진리가 그런 것이다.

해서 여기 증산도 종도사 종정이 그것만 교육하고 있고, 우리 신도들은 그런 교육을 받고 있다. 바로 그 세상을 넘어가기 위해 신도로서 육임을 짜야 한다.

그게 상제님이 그렇게 하고 싶어서 그러시는 것도 아니다. 그 세상을 가는 행보가 반드시 그런 과정을 거쳐야 하기 때문에 상제님도 그렇게 지시하신 것이다.

그러니 종도사도 상제님의 유훈遺訓, 상제님 진리에 따라 그렇게 지시할 수밖에 없다. 사실이 그렇기 때문에, 우리 성도들은 신도의 위치에서 반드시 그 명을 따라야 한다.

그렇건만 그걸 어기고 이율배반적인 신앙을 한다면, 그건 말이 안 되는 게다.

서로 화합하라

헌데도 포교하는 걸 보면 만날 하는 사람만 한다. 어떤 포감은 혼자서 여럿도 하는데, 안 하는 사람은 또 만날 고만이다. 아니 생각해봐라. 딴 사람들 포교할 동안 왜 고침안와高枕安臥, 높을 고 자, 베개 침 자, 높은 베개 베고, 편안할 안 자, 누울 와 자, 편안하게 누워서 콧노래나 부르고 있나. 신도니까 태을주는 읽겠지만.

허나 착각하지 마라. 그러면 아마 자연섭리가 그 비위를 안 맞춰줄 게다. 아니, 자연섭리가 어떤 객쩍은 한 사람의 비위를 맞춰줄 리 있나.

내가 경종을 울리거니와, 절대로 착각하지 말고 절대 화합하고 도장 중심의 신앙을 해라. 화합하지 않으면 산통 깨져서 다 어긋나고 만다.

한 가정에서도 화합 못 하면 산통이 깨지는 법인데, 하물며 각아배자식들, 핏줄이 다르고 혈통이 제각각인 사람들이 뭉쳐 있는 도장이니 화합을 안 할 것 같으면 산통 깨질 게 뻔하잖은가.

또 어느 세상에 생겨나 한 세상을 살든지 간에, 사람은 그시 그시 상대방을 수용할 줄 알아야 한다. 상대방을 수용할 줄 모르는 사람은 묶어서 얘기하면 제로다. 영점 이하라고 봐야 한다.

세상보고 내 비위 맞춰달라, 천지보고도 내 비위 맞춰달라, 단체 조직 속에서도, 가정에서도 내 비위 맞춰달라 하는 사람은 다시 얘기해서 천치天癡다.

하늘 천 자, 어리석을 치 자, 천치. 병 기疒 안에 의심 의疑 자를 넣으면 어리석을 치 자다. 아무 것도 모르는 사람을 바보천치라고 하지 않는가.

이 세상을 살기 위해서는 내가 상대방에게 적응을 해야지 누가 제 비위를 맞춰주지 않는다. 아니, 천지가 제 비위 맞춰주기 위해 생겨 있나? 이 사회가 어떤 개인 비위 맞춰주기 위해 있어?

사람은 내가 살기 위해서라도 세상에 적응해야 한다. 그렇지 않은 사람은 가정과 사회 속에서 잡음이나 일으키는, 절대 쓸모없는 사람이다. 이

단체에서도 마찬가지다. 그런 사람은 신앙인 자격도 없고 조직에 참여할 수도 없다.

가을은 천지에서 죽이는 때

우리 신앙의 번지수가 지금 어디까지 왔느냐?

지금 세상 사람들이 새로운 문화권이 없어서 여러 천 년 전부터 역사 속에 뿌리내린 기존 문화권에 매달려 있지, 그 문화권 가지고 이 세상 인류를 통합시킬 수 없다는 건 누구도 다 알고 있다.

헌데 우리 신도들 신앙하는 본질이 그네들만도 못하다. 우선 행동으로 나타나는 게 그렇다.

더욱이 상제님 진리는 두 마음 가지고 신앙해서는 안 되는 진리 아닌가.

이건 내가 입버릇처럼 노냥 하는 얘긴데, 오늘 한 번 더 해야겠다. 상제님 진리가 우주원리고, 우주원리가 상제님 진리다.

그러면 지금 우주원리와 상제님 진리가 어떻게 돼 있는가? 바로 개벽이 있다. 이 하추교역기는 우주의 대개벽기다.

그걸 다시 한 번 밝힌다면, 춘생추살春生秋殺이라는 천리가 있다. 봄 춘, 날 생, 가을 추, 죽일 살. 봄에는 물건을 내고 가을에는 죽여 버린다. 그게 천지의 이치다. 가을에는 죽고 싶건 살고 싶건, 내 의사를 떠나서 강제로 죽이는 것이다.

허면 어떻게 할 것인가? 이게 천지에서 정해놓은 이법이자 법칙인데, 이 천리, 이 법칙을 어떻게 할 참인가? 무슨 방법이 있어? 방법 있는 사람 손들어봐라. 이의가 있을 수 없지.

지금은 그렇게 추살하는 때, 천지에서 죽이는 정사만 하는 때다. 그래서 개벽이고 또 상제님 진리가 개벽진리이다!

증산도는 후천으로 넘어가는 가교

그러면 추살하는 때에 전 인류가 살아날 방법이 뭐냐?

그 방법을 다 얘기하자면 열 시간을 해도 못 할 테니 그만두고, 묶어서 얘기하면 봄여름 주역세상에서 가을겨울 정역세상으로 넘어가는 데는 오직 길 하나가 있다.

알아듣기 쉽게 얘기하면, 증산도라는 놋다리를 타고서만 봄여름 세상에서 가을겨울 세상으로 건너갈 수 있다.

참하나님이 이 세상에 오셔서 봄여름 세상 역사적인 문제서부터 모든 문제를 총체적으로 정리하여, 가을겨울 세상으로 넘겨주는 진리를 만들어 놓으셨다. 증산도는 바로 그 진리를 집행하는 단체이고 그런 문화다.

춘하에서 추동으로 넘어가는 가교, 그것이 증산도다.

증산도는 공명정대한 곳

내가 단언하거니와, 하늘땅 생긴 이후로 증산도보다 더 공명정대하고 건전한 단체가 없다. 그건 아마 여기 있는 우리 신도들이 잘 알 것이다.

이 증산도를 운영하는 종도사는 해부대상에 올려놓고 금강이도金剛利刀로 째서 분석해 보면, 삿된 거라고는 0.1퍼센트도 없는 사람이다. 나는 그저 참하나님이 오셔서 짜놓으신 진리를 100퍼센트 그대로 집행할 뿐이다.

그렇건만 신도들이 그걸 잘 받아들이지 못하는 것 같다.

그러지 마라.

우리는 신도인지라 상제님 진리를 알고 있고, 인정하고 이해하고 있잖은가. 그래야만 될 것도 알고 말이다. 나도 알고 너도 알고 누구도 알고, 사회 사람보고 이야기해 주면 그 사람들도 다 알아들을 수 있다.

상제님 진리는 무엇과 같으냐?

제 생각을 표현할 수 있는 말 배운 애들 더불어다 놓고 손가락 꼽으면서, "요건 하나다.", "요건 둘이다." 하면 "하나, 둘" 따라할 게다. 그러고 다시 "하나" 하면서 "요 하나하고 둘 하고 합하면 얼마냐?" 하고 물으면 "하나, 둘, 셋" 요렇게 세고는 "셋이요." 할 게거든.

상제님 진리도 그것하고 똑같다. 아무리 멍청한 사람이라도 "하나에 둘을 보태면 셋이요." 하고 알 수 있는 것처럼, 증산도는 그렇게 극히 수학적이고 과학적인 이치를 가르쳐 주는 곳이다.

우주원리서부터 풀어서 교육하고 교육받고 하는데, 거기에 무슨 거짓이 있겠나.

호생오사好生惡死는 인지상정人之常情이라

상제님 천지공사 보신 모든 행적이 수록된 증산도『도전道典』을 보면, 우주변화원리서부터 이 세상 둥글어갈 틀을 다 써놨다.

묶어서 얘기하면, 증산도의『도전』은 세상 둥글어가는 비결이다. 전 인류가 알고 싶어하는 것들이 거기 다 나와 있다.

이 세상은 대수색 시대다. 찾을 수搜 자, 찾을 색索 자. 오대양 육대주 권내에 사는 60억 전 인류가 이 세상 둥글어 가는 것을 알고 싶어하고, 이 세상이 어디를 지향해서 무엇을 목적으로 둥글어 가는지 그 해답을 찾고 있다.

날 봐라. 한 일고여덟 살 먹은 어떤 재주 있는 아이가 있는데, 하루는 이놈이 한밤중에 자다 말고 일어나서 서럽게 울더란다. 그래 왜 우느냐고 하니까 "난 안 죽을래!" 그러더라네. 사람은 누구나 살다가 죽는 건데, 저는 안 죽을란단다고. 죽는 게 억울하고 원통하고 섧단 말이다. 어린애가 자면서 사람은 왜 죽는지를 생각한 게거든.

어떤가? 그게 사람이다. 사람은 수화금목토水火金木土 오행기운을 다 타고났다.

허면 여기 앉은 우리 성도들은 연령적으로 볼 때 다 나이 지각도 있고, 사회 속에서 지식을 갖춘 식자識者들 아닌가. 이목구비고 뭐고 전부 다 갖추어진 사람들이다. 그러니 너무너무 잘 알 게다.

다음에는 종도사가 웃으면서 우리 성도들 참 잘한다고 좋은 얘기하도록 만들어라.

반드시 육임을 짜라

첫째 포교를 해라, 포교를. 우선 정육임正六任부터 짜라.

아니, 세상을 사는 사람으로서 전부를 다 붙여 포교활동을 할 것 같으면 육임 못 짜는 사람이 어디 있겠나.

불위야不爲也언정 비불능非不能이다. 안 해서 안 되는 것이지 꼭 하려고만 하면 육임 못 짤 사람은 하나도 없다.

육임을 짜라, 육임을! 그건 가능하잖는가. 만일 누가 우리 성도들보고 너는 육임 짤 자격이 없다, 그런 격이 못 되는 사람이다 하면 누구도 다 "어떻게 인간을 그렇게 무시할 수 있냐?"고 잔뜩 성을 내면서 씩씩대고 달려붙을 게다.

육임을 짜면 우선 병겁 때 해인海印을 받는다. 또 그만큼 사람도 많이 살릴 수 있다. 그러면 진짜 천지의 역군이 되는 것이다. 죽는 세상에 살고, 조직 속에서 크게 보탬이 되는 일꾼이 된단 말이다.

물론 포교를 안 해도 우리 신도인 것만은 사실이다. 하지만 육임을 완수하면 한 조직의 키포인트를 틀켜줜 사람이 되는 것이다.

세상에 육임 못 짤 사람 없다. 하니까 반드시 육임을 짜라.

반드시 책을 읽혀 포교하라

내가 포교하는 방법을 다시 한 번 애기할 테니 잘 들어봐라.

포교할 때는 반드시 책을 읽혀서 포교해라. 증산도 책은 우주원리를 담은 책이다. 이 우주원리는 거짓으로 짜 맞출 수도 없는 게고, 거짓으로는 단 한 줄도 쓸 수 없는 게다.

그러니 하다 못해 저 『다이제스트 개벽』이라도 읽히고, 나아가서는 『이것이 개벽이다』니 『강증산과 후천개벽』 같은 것도 읽게 해라. 여기 책이 굉장히 많지 않은가. 무당 점쟁이 집에 잘 다니는 사람이라면 『태을주로 개벽된 나의 생명, 나의 인생』같은 책을 줘도 좋고 말이다. 그건 누가 봐도 "야, 이 태을주 참 조화속이다"라고 할 게다.

사실이 태을주는 천지조화다. 무엇으로써도 해결하지 못하는 것도 태을주만 읽으면 다 해결된다.

폐일언하고, 신앙은 반드시 진리를 알고서 신앙을 해야 한다. 그러니 포교할 때는 책 읽히는 것을 본위로 해라.

하면 된다

자, 우리 성도들, 하면 되는 거니까 열심히 한 번 뛰어봐라.
오늘 구호 한 번 외쳐야겠네. 따라 해봐라.

하면 된다!
(복창) "하면 된다!"
하면 된다!
(복창) "하면 된다!"
하면 된다!
(복창) "하면 된다!"

꼭 해 보자!
(복창) "꼭 해 보자!"
꼭 해 보자!
(복창) "꼭 해 보자!"
꼭 해 보자!

(복창) "꼭 해 보자!"

오늘 맹세한 대로 틀림없겠지?
"예!"
하면 된다, 하면. 하면 되는데 왜 않느냔 말이다.
"읍호는 개성인데 하폐문고", 고을 이름은 개성인데 왜 문을 닫느냐.
"황혼축객이 비인사라", 황혼에 손님을 쫓으니 이게 참 어느 세상 인심이냐?

상제님 진리는 개벽진리고 우리들은 개벽신앙을 하는데, 천지의 역군이 된다고 자처하면서도 사람 살릴 생각은 않는다? 나 혼자만 산다? 그건 참 인심이 바짝 마른 경우다. 상제님 진리로 개벽세상에 살면서, 어떻게 그럴 수가 있나. 자기 몸뚱이 하나 있기 위해서는 부모 형제 처자 모든 인아족척이 있건만 나 혼자만 살고 너희들은 죽어라? 그 사람들 죽여서 뭐 시원할 것 있나. 같이 살아야지, 같이! 세상사람들은 상제님 진리를 모르잖는가.

하니까 포교를 해라. 그 사람들이 좀 잘못됐어도 용서를 하고 말이다.

확신을 갖고 신앙하라

그리고 공중 입으로 몇 마디 해서, 내 정책으로 포교해서 입도시키지 말아라. 증산도는 상제님 진리를 신앙하는 데니까, 반드시 상제님 진리를 써놓은 책을 읽게 하여 그 사람의 머릿속에 상제님 진리를 입력시켜서 자기 스스로 즐거이 입도하게 만들란 말이다.

그렇게 해서 입도를 하면 또 책을 읽혀서 진리를 성숙시켜라.

우리 신도들이 포교를 않는 것은 교육이 제대로 안 됐기 때문이다. 진짜로 성숙된 상제님 진리를 주입시킬 것 같으면, 포교하지 말라고 해도 한다.

우리 신도들에게 내가 입이 닳도록 이런 얘길 하는 것은, 내가 성숙된 진리교육을 못 했기 때문에 우리 성도들이 포교를 않는 거로구나 하고, 십분 양해를 하기 때문이다. 그래 자꾸 한 소리 또 하고 또 하고, 수도 없이 되풀이하는 것이다.

그러고 또 제군들 먼저 확신 있는 신앙을 해야 제군들이 포교한 사람도 확신 있는 신앙인으로 만들 수 있다. 포교할 때 제군들 자신부터 확신 있는 신앙을 해야 말도 확신 있는 말을 할 것 아닌가.

특히 종교 포교라고 하는 것은, 확신을 갖고 상대방에게 얘기해줘야지 불확실한 얘기를 해주면 포교가 되지도 않는다.

지금 여기 우리 신도들은 전부 다 준 간부들이다. 지방에 나가 신도들 교육할 때도 확신을 갖고 해라. 확신 있는 교육을 안 했기 때문에 진리가 성숙 안 돼서 포교가 안 된다는 걸 명심하고. 그건 틀림없는 사실이다.

포교의 밑바탕은 봉사

또 절대로 사욕 같은 건 다 버려라. 이 세상에 내 욕심 채워주기 위해 있는 건 단 하나도 없다.

내가 다시 한 번 그 핵심을 추려서 얘기할 테니 들어봐라.

아까 내가 개구벽두에 리치 신부가 중국사람을 받들어 모시기 위해 활동을 했다 하는 얘기를 했다. 그네들은 남을 받들어 모시기 위해 맨발 벗고 10년을 뛰었다. 말이 그렇지 맨발 벗고서 어떻게 10년씩이나 뛰나, 세상천지.

지금 기독교 같은 곳은 2천 년이라는 유구한 역사를 가지고 있다. 헌데도 그네들이 어디 가서 교회 하나를 열기 위해 어떻게 하느냐?

처음에는 재정능력도 없고 자기 혼자서는 뭘 어떻게 할 여지가 없지 않은가. 그래 그들이 처음 하는 게 봉사활동이다. 누가 무거운 것을 들고 가면 대신 들어다 주고, 애들이 가다가 자빠지면 일으켜 흙도 떨어주고, 또 길 잃어버린 사람 있으면 길도 찾아준다.

묶어서 얘기하면, 그렇게 그 사회 속에서 여러 가지 각도로 공기구 노릇을 하는 것이다.

그렇게 한 달 두 달, 일 년이 지나면 그 동네 사람들이 전부 다 일동一洞이 소공지所共知로, '아, 저 사람은 참 이 동네에서 없어서는 안 될 사람이다. 참 고마운지고. 다 못 믿어도 저 사람은 믿는다. 저 사람은 천진한 사람이다. 인정스런 사람이다. 거짓이 없는 사람이다. 저 사람에게는 무엇을 다 맡겨도 좋다.' 하고 인정을 한다.

그들은 그렇게 '아, 내가 집에다가 자물통을 채우고 어디 한 달쯤 갔다 와야 하는데 그걸 좀 잘 지켜달라고 열쇠까지 줘도 괜찮을 사람이다.' 라고 믿음을 줄 정도로 봉사를 한다.

글쎄, 그게 어느 정도 믿어야 그리 되는 건지는 모르겠지만, 설령 도둑놈 마음을 가지고 있다 해도, 어쨌든 현실적으로는 그렇게 행동을 한다. 그렇게 인정받은 다음 하나씩 포교를 한다.

사실 그렇게 하기 전에는 절대로 포교가 안 된다. 예수 진리는 인정을 할는지 모르지만 사람을 인정 않기 때문에 안 되는 것이다.

봉사자가 되라

우리 증산도 신도들도 그런 봉사자가 돼야 한다.
묶어놓고 보면, 우리 참하나님 상제님도 이 세상에 봉사를 하러 오셨다. 후천 5만 년 전 인류를 위해, 또 선천 역사적으로 한 세상을 살다간 수많은 신명들을 위해 봉사하신 것이다. 권위는 다음으로 두고 그 밑바탕은 봉사다. '널리 신명도 건지고 사람도 살린다', 그게 봉사 아닌가.
봉사奉仕란 다시 얘기하면 받들어 모시는 것이다. 봉사의 봉 자가 받들 봉 자다.
그러니 무엇보다 우리 성도들은 봉사정신부터 가져라.
그 진리가 얼마만큼 좋은가 평가하기 이전에, 성자라고 하는 사람들의 행적이라는 게 사실 다 봉사 활동이다.
공자도 철환천하轍環天下를 했다. 철환천하가 무슨 소리냐? 철환이란 수레바퀴 철 자, 고리 환 자, 동그란 고리를 말하는데 수레바퀴 모양 뺑뺑 돌아다니는 것을 말한다. 그 당시는 판이 좁은 세상이니, 그 때 천하라면 중국 테두리를 말한다.
공자가 평생 동안 중국천지를 다람쥐 쳇바퀴 돌듯 만날 쫓아다녔다. 얼마나 쫓아다녔던지 "공석孔席이 미란未煖이라"고 했다. 만날 요기 조금 앉았다가 딴 데로 갔다가 그렇게 쫓아다니니, 공자가 앉은자리가 미란이라, 아닐 미 자, 더울 란 자, 앉은 방석이 더울 새가 없다는 말이다. 그게 다 봉사하러 쫓아다닌 것이다.

그가 하도 많이 쫓아다니다 보니 이런 욕도 먹었다. "공자는 상가지구 喪家之狗라", 공자가 초상 상 자, 집 가 자, 갈 지 자, 개 구 자, 초상집 개 같은 사람이라는 뜻이다.

옛날에는 초상이 나면 돼지도 잡고 그러잖는가. 그 때는 푸줏간 같은 게 없는 세상이니 그저 개인이 돼지를 먹여 기르다가 큰일 있을 때마다 냅다 두드려 잡아 일을 치른다. 그러면 개라는 놈은 사람들이 먹고 버린 뼈다귀 하나라도 찾으려고 쿨쿨대고서 냄새맡으며 쫓아다니거든.

공자가 그런 초상집 개 모양 쫓아다닌다고 욕을 한 것이다. 그게 다 세상에 봉사하는 게 아니고 무엇인가.

받들어 모시는 정신을 갖고 신앙하라

우리는 상제님 진리를 전하여 세상 사람들 마음을 충족시켜서, 개벽하는 세상에 한 생명이라도 더 건지려고 하는 사람들이다. 그러니 자존심 내세우고 거만 떨면 안 된다.

여기 종도사를 봐라. 내가 최근 2년 동안만 해도 지방 순회강연을 근 2백 회를 했다. 아니, 나이 80 넘은 사람이 뭘 얻어먹겠다고 2백 회씩이나 지방을 돌아다니며 소리를 지르겠나. 이게 내가 신도들과 세상에 봉사하는 것이다.

제군들도 받들어 모시는 정신을 갖고 신앙해라.

내가 가끔 테레사 수녀 얘기를 하지만 테레사 수녀가 행려병자들 거두어 똥 싸면 똥 닦아주고, 죽을 때까지 그 일을 했다. 그러다 죽으니까 세상 사람들이 국제장을 치러주었다. 불자들도 가서 깍듯이 조문을 하고.

진리를 떠나 그는 전 인류의 봉사자다. 우리 신도들도 테레사 수녀가 행려병자들 똥 닦아주는 것 마냥 국제적인 인류의 봉사자가 돼라. 좋고 복 받는 건 그 다음 문제다. 그렇게 하지도 않으면서 뭘 되기를 바라나.

진리가 암만 좋다 하더라도, 세상에서는 상제님이 참하나님인 줄도 모르고, 또 우주법도가 어떻게 돼 있는지를 모른다. 지금 우주법도가 주역 세상이 끝나고 정역세상이 창출되는 하추교역기이건만 그걸 우리 증산도 신도들만 알지 증산도 테밖의 사람들은 한 사람도 모른다. 이건 거짓말이 아니다. 이런 기가 막힌 세상이다.

허면 제군들이 상제님 진리를 모르는 판 밖의 사람들을 위해 봉사자가 돼야 할 것 아닌가.

그 사람들은 아무 것도 모르는 코흘리개 애들하고 같다. 그런 사람들에게 뭘 따지나. 돈이 암만 많고 지위가 암만 높고 모든 게 훌륭한 사람이라 하더라도, 그들은 참 철도 모르고 아무 것도 모르는 갓난애하고 같은 사람들이다. 맞지?

"예!"

그러면 그 사람들에게 알맞게 상대해야 할 것 아닌가. 그 사람들은 박사가 백 개라도 모르는데 무슨 재주가 있나.

시대상황에 적응해서 포교하라

리치 신부 같은 절세의 훌륭한 분도 사람들 마음을 사려고 평생 봉사를 했다.

하늘땅 생긴 이후로 상제님을 제외하고 리치 신부보다 더 훌륭한 사람이 없었다. 인격적으로 그랬다. 그분은 그렇게 재주 있고 기억력 좋고 신앙심이 두터웠다.

그런 분도 중국에 와서 중국 사람들 비위 맞추어 가톨릭 신앙을 하도록 만들려고 맨발 벗고 10년을 뛰었다. 그리고 죽고 나서도 지금 이 시간까지 전부를 다 바쳐 전 인류를 위해 봉사, 공헌하고 있다.

우리는 현실을 사는 사람으로서 다 같이 지금 이 시대상황에 잘 적응해서, 이 시대에 알맞은 행동을 하며 세상 사람들에게 포교를 많이 해야 한다. 지구상에 사는 사람들은 인종은 다를지 몰라도 전부가 한 하늘 밑, 오대양 육대주권 내에서 사는 사람들이다. 앵글로색슨족이니 슬라브족이니 뭐니 다 똑같은 사람들인데 그런 거 가릴 수 없잖은가.

어쨌든 사람을 많이 살려놓고 봐야 한다.

개벽을 한다

허나 우리가 암만 많이 살리고 싶다 해도 천지에는 살 사람들이 이미 다 정해져 있다. 천지의 이치로 정해져 있는 건 어떻게 바꿀 수가 없다. 또 이치에 벗어나는 일은 하려고 해도 되어지지도 않는 게고.

헌데 지금처럼 하다가는 포교 몇 명 하다가 세상 다 넘어가 버리고 만다. 살 사람도 다 못 살리게 생겼다.

그걸 생각하면 내 스스로가 부끄러워 등에서 식은땀이 다 난다. 아니 사람으로서 어떻게 그럴 수 있는가.

그렇다면 나는 '내가 신도들 교육도 잘못 하고, 조직관리도 잘못 해서 증산도가 성장을 못 한다. 참 종도사인 내가 값어치가 없는 사람이다. 내가 못난쟁이다.' 그렇게 자처하는 수밖에 더 있나.

정신 좀 차려서 포교를 해라, 이 사람들아.

세상 사람들은 모르지만, 이 세상은 개벽을 한다, 개벽을!

그 사람들 다 죽어도 좋은가? 도대체 뭘 버티나?

사람은 사회 속에서 잘나고 못나고, 지능이 발달되고 좀 바보스럽고 그런 차이는 있겠지만, 홀딱 벗겨놓고 보면 여자고 남자고 다 똑같은 사람이다. 세상에 처음 날 때는 다 똑같다.

개벽하는 세상에 돈이 많으면 뭘 하고 지위가 높으면 뭘 하는가. 무얼 재나?

그러지 말고, 사욕 같은 건 다 떼어내 버리고 신앙을 잘 해라.

증산도는 가장 비전 많은 곳

하늘땅 생긴 이후로 가장 비전 많은 데가 증산도다. 시간적으로 보면 이건 후천 5만 년을 가는 비전이다.

지금 우리가 살고 있는 이 세상의 정치제도는 민주주의다. 요새도 대통령 선거를 한다고 시끄러운데, 저 난리 치면서 한 번 당선되면 몇 해를 하나? 내가 말 안 해도 잘 알잖는가. 4년 아니면 5년이다. 그저 대동소이 하다.

헌데 상제님 진리권에 들어온 우리 신도들은 이제 세상 시시껍적한 한스러운 것 다 풀어버리고 좋은 진리 만나서, 후천 5만 년 자손만대를 이 땅에 심을 뿐 아니라 조상신 전부를 건지게 됐다. 우리 성도들은 신앙 잘 하면, 아니 어지간히 해서 개인신도만 돼도 5만 년을 약속 받는 것이다.

게다가 또 내가 하기에 따라 별스런 게 다 천지하고 약속이 된다. 그건 누가 뺏어가지도 못한다. 그런 무궁무진한 비전이 있다.

제군들은 증산도에 입도할 때부터 하나님과 천지 자연섭리에게 이미 그런 비전을 약속 받은 사람들이다. 그리고 그 약속은 반드시 실행되어질 테니 얼마나 좋은가! 생각해 보면, 허리띠 끌러놓고 흠흠하게 '아이구, 나는 12만9,600년 둥글어 가는 대우주 천체권 속에서 해원을 했다. 휴우~.' 하고 안도의 한숨을 쉴 일이다.

허면 그런 비전 속에 파묻혀 있는 사람들이 천지의 은공도 좀 갚을 줄 알아야 할 것 아닌가.

포교를 않는 사람은, 혹독하게 얘기하면 불의한 사람들이다.

솔직히 종도사가 못마땅해서 하는 얘기거든. 내가 이 시간 서두에 교육이라 하고 달려붙었다. 전달하는 얘기가 아니고 교육을 하겠다 하고. 그런 전제하에 내가 하는 소리다.

아, 종도사가 볼 때도 제군들 하는 게 못마땅한데 신명들이 볼 때는 어떻겠나? 그걸 한번 생각해봐라.

내가 억압으로 하는 소리가 아니지? 증산도 종도사는 순리대로 얘기하지, 억만 분지 일 퍼센트라도 억압적으로 얘기한 사실이 없다. 그런 통과 안 되는 소리를 왜 하겠나.

나는 진리의 사도로서 진리를 대변하는 것뿐이다. 진리를 대표해서 내가 증산도의 진리, 자연섭리의 실체 그대로를 교육시키는 거니까, 그런 줄들 알고 전부를 다 바쳐 신앙해라.

천지이법은 바꿀 수 없다

내가 오늘 진리의 아주 고갱이, 진짜배기를 얘기해줬다.

거듭 얘기하거니와, 내 얘기는 머리털만큼도 사견 가지고 한 게 없다.

아, 주역이 생긴 지가 언제인가? 우리나라 조상 태호 복희씨가 주역의 시획팔괘始劃八卦를 했다, 곧 비로소 팔괘를 그었다 하는 것은 삼척동자도 다 아는 바다.

그 때부터 주역의 결론은 "현룡見龍은 재전在田하니 이견대인利見大人이라"는 글자 여덟 자다. 이건 대자연 섭리의 원 바탕, 틀로서 이 대우주 천체권이 형성될 때부터 이렇게 둥글어간다는 게 정해져 있다. 이건 무엇으로써도 고칠 수 없다. 인간의 과학문명이 아무리 첨단을 걷고 별스런 재주가 있다 하더라도 절대로 깨부술 수 없다. 그리고 인류문화라 하는 것은 다만 자연섭리가 성숙됨에 따라 자연섭리에 준해서 진행될 뿐이다. 차안이 부재라, 그 이상 더도 덜도 없다.

오늘 내가 상제님 진리의 대원칙을 얘기해줬다.

그만 한다. 이상!

천지에 공 쌓는 진짜 신앙인이 되라

도기 132(2002). 8. 4, 증산도대학교

形於天地하여 生人하나니 萬物之中에 唯人이 最貴也니라
형어천지　　생인　　　　만물지중　　유인　　최귀야

天地生人하여 用人하나니
천지생인　　　용인

不參於天地用人之時면 何可曰人生乎아
불참어천지용인지시　　하가왈인생호

하늘과 땅을 형상하여 사람이 생겨났나니
만물 가운데 오직 사람이 가장 존귀하니라.
하늘 땅이 사람을 낳고 길러 사람을 쓰나니
천지에서 사람을 쓰는 이 때에 참예하지 못하면
어찌 그를 인간이라 할 수 있겠느냐!

(道典 2:23:2~6)

천지에 공 쌓는 진짜 신앙인이 되라

치천하오십년공부종필

　세속 중생들이 상제님 진리를 알 턱이 있나. 해서 상제님이 이런 말씀을 하셨거든. "세상 사람들이 물건 장사 할 줄만 알지, 천지공사 뿌리장사 할 줄은 모르는구나. 천지공사 이 남는 줄을 모른다." 하는. (道典 9:62:6)

　또 요새 내가 몇 번째 이런 얘기를 하는데, 상제님 말씀이 "평천하平天下는 내가 하리니 치천하治天下는 너희들이 하라. 치천하 오십년공부종필治天下五十年工夫終筆이라."(道典 8:55:5)고 하셨다. 천지공사의 틀을 한마디로 매듭지어서 하신 말씀이다.

　'치천하오십년공부종필'이라는 말씀은 천지의 비밀이다. 허나 상제님 진리에 성숙한 신도라면 이미 그 뜻을 알고도 남을 게다. 하니까 제군들끼리 물어서 알든지 말든지, 그건 본인들에게 맡긴다. 그걸 내가 알려줘도 좋지만, 그러면 개벽 시간대가 탄로 나지 않는가. 하하. 허면 사욕도 생기고 다소 부작용이 생길 수 있다.

　그 정답을 알고 보면 아주 하찮기도 하고 재미도 나는데, 그런 건 본인이 알아야 한다. 보면 다 알 수 있는 문제다.

'오십년공부종필'에서 '종필終筆'이란 붓을 내던진다, 글을 그만 써도 된다는 뜻이다. 상제님이 거기다 사오미巳午未 개명開明까지 덧들여 놓으셨다. 여러 가지를 종합해 볼 때 정답이 그대로 드러난다.

그걸 스스로 풀 해 자, 얻을 득 자, 해득解得, 풀어서 이해할 수 있는 경지라면 상제님 진리의 역군이 될 수 있다. 하기 때문에 본인들의 이해에 맡기는 것이다.

천지공사는 뿌리장사

그러면 뿌리장사 이 남는다는 말씀이 무슨 말씀이냐?

상제님이 '천지공사 뿌리장사'라고 하셨는데, 천지공사는 과연 뿌리장사다.

우리 상제님은 우주의 주재자主宰者이시다, 우주를 주재하시는 분! 해서 상제님은 이 대우주 천체권 내의 모든 헝클어진 문제를 전부 간추리고 정리하여, 선천 5만 년 상극의 역사 속에서 철천지한을 맺고 간 수억 조의 인간들을 전부 다 해원시키셨다. 해원을 통해 상생으로 해서 보은줄이 찾아 들어오도록, 천지공사 내용이념이 그렇게 되어져 있다.

다시 얘기해서, 이 세상 모든 헝클어진 문제를 바로잡는 키포인트가 바로 상제님 천지공사 내용이념에 들어있단 말이다.

상제님은 우주를 주재하러 오셔서 당신의 권능으로써 신명정부를 건설하시고, 거기서 세상 둥글어 가는 틀을 정하셨다. 신명정부는 다시 얘기해서 조화정부造化政府다. 상제님은 크고 작은 모든 일을 신도神道로 이화以化해서 현묘불측지공玄妙不測之功, 즉 말로써 다 표현할 수 없는 공을 이루신 것이다.

사실 이 세상은 상제님 사령탑이 정해놓은 그대로만 둥글어간다.

우리는 상제님이 판 짜놓으신 기틀을 아는, 천기天機를 걸음하는 사람이다. 하늘 천 자, 기틀 기 자, 하늘 기틀을 걸음해서 나가는 사람. 그러니 우리의 앞날이 얼마나 호호창창하겠는가!

우리는 글로써 천하를 얻는다

상제님 사업은 무슨 총칼로 싸워서 승리하는 게 아니다. 상제님이 "한漢 고조高祖는 마상馬上에서 득천하得天下했으나 우리나라는 좌상坐上에서 천하를 얻는다."라고 하셨다. (道典 5:6:7) 한 고조는 항우項羽하고 4년여 동안 수십 번을 싸워서 천하를 얻었다. 그 4년 풍진에 수많은 신민을 다 죽이고서야 겨우 천하를 얻은 것이다.

했지만 상제님을 신앙하는 우리 성도들, 다시 얘기해서 우리나라는 좌상에서 득천하한다, 앉아서 천하를 얻는다는 말이다. 상제님 일꾼들의 무기라는 것은 요 입이다, 입. 우리는 입 하나로 사람을 설득하고 붓으로 글을 써서 천하를 얻는다.

헌데 "치천하오십년공부종필"이다. 필설筆舌, 즉 말과 글발로써 상제님 진리를 펴는데, 50년이 되면 붓대를 꺾어 내던져도 좋다, 쓸 것 다 쓰고 상제님 진리 얘기하고 싶은 것 다 했으니 그 정도면 글을 그만 써도 된다는 말이다.

왜 그러냐?

그 때쯤 되면 세상에서 상제님이 과연 누구인지를 알기 때문이다.

어떻게 아느냐?

국제 꽃 박람회, 한일 피파(FIFA) 월드컵 이전만 해도 지구상에서 대한민국을 아는 나라가 25퍼센트밖에 안 됐다. 그런데 월드컵 잔치를 치르고 나서는 지구상에 생존하는 사람이라면 대한민국을 모르는 사람이 없다고 해도 과언이 아니다. 저 흑인종 사는 동네를 가도 다 안다는 것이다.

지금은 세계 자유화가 돼서 아무 데고 다 가잖는가? 그 전에는 돌아다니면 우리나라 사람보고 으레 일본사람이냐고 했는데, 지금은 한국에서 왔느냐고 하면서, "대~한민국 짝짝짝 짝짝!" 그런다네. 하하하. 아니, 월드컵 치른 지 얼마나 됐나? 그 짧은 기간에 우리나라 이미지가 완전히 바뀌졌다는 얘기다. 그렇게 금세 괄목할 만큼 대한민국 홍보가 됐다. 아마 한 95퍼센트는 대한민국이 소개됐는가 봐. 그러니 100퍼센트 된 거나 진배없지.

그것과 마찬가지로, 이제 사오미巳午未 지나고 포교 50년 공부가 끝날 때쯤 되면, "대~한민국 짝짝짝" 하듯 "증~산도 짝짝짝"하게 된다.

그러니 더 이상 글을 쓸 필요가 없지 않겠는가.

상제님 진리만 남는다

사실 이젠 아무 것도 남은 게 없다. 다 끝났다. 지금은 사람들이 다 건져먹고 국물만 남은 김칫독에 빠져서 허우적거리는 게지 무엇이 있나, 세상천지. 부처 진리도 끝났고 예수 진리도 끝났고, 공자 진리는 끝난 지 벌써 오래다.

하나 더 예를 든다면, 마호메트 믿는 사람보고 인도 가서 소 믿으라고 해 봐라. 안 믿는다. 인도사람들이나 풍속도로서 소를 믿는 게지. 그 사람들은 차 타고 가다가 소 하나님이 길에 가서 떡 누웠든지 섰든지 하면, 언제까지고 꼼짝도 못 하고 멈춰 서 있다. 백 대, 천 대 쭉 해서 몇 킬로까지 밀려 서 있다. 아니, 가든 안 가든 소 하나님 마음이니 소를 어떻게 쫓아? 어떻게 하나, 소를 믿는 사람들인데.

그런 종교는 이제 지구상에서 전부 마무리가 된다. 다시 얘기하면, 자연도태가 되는 것이다. 누가 뽑아 내던지려고 안 해도 저절로 뽑혀버린단 말이다.

이게고 저게고, 선천문화권이라 하는 것은 이것으로써 만세 부르고 만다. 만세 부른다는 소리 알아듣지?

"예."

그러고서 다만 상제님 진리만 남는다.

헌데 세상에서 상제님 진리를 어떻게 아는가? 그건 상제님 진리가 지구상에 소개되니까 아는 것이다.

지금 세계 각국어 『도전』 번역 작업도 거반 끝났다. 이제 그 책들이 각국 도서관이고 종합대학이고 연구진들에게 돌아가면, 누군가 한두 사람이라도 읽어볼 것 아닌가. 그러면 '야, 이 세상은 인위적으로 서로 치고받고 해서 역사가 이루어지는 줄만 알았는데, 그게 아니고 대한민국이라는 나라에 진짜 하나님, 우주의 주재자가 오셔서 벌써 100여 년 전에 이 세상이 이렇게 둥글어가게끔 틀을 짜놓으셨구나. 야, 이걸 참 처음 알았다.' 하고, 학자들끼리 서로 다투어서 발표할 게다. '참말로 신기하고 기적적이고, 내가 이런 것을 선두주자로 먼저 알았다' 하고 말이다.

허면 지금은 세계 정보화 세상이니 잠깐이면 홍보가 돼서 저 위성을 타고 순간적으로 싹 돌아갈 것이다. 그러니 글을 그만 써도 된다는 게다.

상제님 진리는 천지에 공 쌓는 사람들의 것

우리 성도들은 누구도 그 시기를 기다리고 또 기다리고 있을 텐데, 그때가 되면 게으름뱅이들에게는 차례 갈 게 없다.

상제님 말씀이 "제갈, 장량이 두름으로 날지라도 어느 틈에 끼인지 모르리라."고 하셨다. 제갈량은 제군들도 잘 아는 유비의 모사謀士이고, 장량이라는 사람은 초한楚漢시대 한 고조의 모사다. 그런 제갈량, 장량 같은 뛰어난 사람들이 몇 두름씩 날지라도 어느 틈에 끼인지 모른다는 말씀이다. 아, 세간에 훌륭한 사람들이 얼마나 많은가.

그러니 제군들은 공중 그때 가서 후회하지 말고, 정신 차려 신앙 잘 해라.

지금도 잘 하는 사람은 참 나름대로 신앙을 잘 한다.

앞으로 제군들은 더 분발해서 '아, 과연 진취적이고 의욕적이고 천지의 역군이 될 만한 사람이다. 과연 이 사람은 상제님 천지공사의 뛰어난 일꾼이 될 수 있는 사람이다' 하는 사람이 돼라. 그런 사람은 어제 들어왔든, 한 달 전에 들어왔든, 앞으로 들어올 사람이든지 간에 적극 인재로 등용할 것이다. 또 품계 승급도 굉장히 빨라질 게다.

내가 가끔 얘기하듯이, 상제님 진리는 어떤 한 사람이 전매특허 맡은 바가 없다. 꼭 누구라야만 상제님 사업을 할 수 있는 게 아니다. 이 세상 누가 상제님 진리를 전매특허 맡아 산 사람 있나.

또 내가 노낭 하는 말이 있다. "값없는 청풍淸風이요 임자 없는 명월明月이라." 하는.

상제님 진리는 천지의 공도公道가 돼놔서, 돈 한 푼 내지 않고 일심만 가지면 누구도 다 공짜로 차지할 수 있다.

다시 말해서 상제님 진리는 적극적으로 달려붙어 상제님을 믿고, 상제님 사업을 하고, 그렇게 해서 천지에 공 쌓는 사람의 진리란 말이다. 그걸 차지한 특정인이 있을 수 없다. 또 누구한테 제지받을 것도 없고 제지할 사람도 없다.

상제님은 다만 공도公道에 입각해서 전 인류를 위해, 5만 년 생명을 위해 천지공사로써 틀을 그렇게 짜놓으신 것뿐이다. 상제님이 "누구도 나를 찾는 사람에게는 유루遺漏없이, 빠짐없이 다 전하여 준다"고 하신 말씀이 그 말씀이다.

진짜 신앙인이 돼야

상제님 진리는 그렇게 지공무사至公無私하다. 그렇기 때문에 지구상에 사는 사람이라면 누구도 아무 구애받음 없이 신앙하고 공도 쌓을 수 있다.

하나 예를 들면, 이 자리에 앉은 종도사의 아버지가 한평생 청수 모시고 태을주를 읽으셨다. 했는데 불행히도 일본인 세상에 사시면서, 독립자금을 바쳤다고 해서 갖은 고초를 당하셨다.

그 당시 대한민국 임시정부가 상해에 있었다. 그런데 역사적으로 밝혀지질 않아서 그렇지, 임시정부에서 필요한 자금이 거개가 보천교를 통해

들어갔다.

헌데 독립자금 조달하다가 사달이 나면 일본인들한테 매맞아 죽지 않는가. 독립기념관에 가봐라. 독립운동 한 사람들이 얼마만큼 매를 맞았나. 다만 죽지 않았을 뿐이지 생명이 다하도록 악형을 당했다.

우리 아버지도 예외가 아니었다. 너무너무 두드려 맞아서 식물인간처럼 되어 감옥에서 쫓겨나셨다. 그러고는 집에 오셔서 조금 사시다가 돌아가셨다.

그렇게 때를 못 만났으니 얼마나 한스러운가? 다만, 순교자殉敎者의 한 사람으로 남았을 뿐이다.

지금 여기 앉았는 우리 성도들은 거개가 10년도 못 믿은 사람들이다. 10년 믿은 사람은 더러 있겠지. 허나 20년 믿은 사람은 별로 없다.

그러니 거저 얻는 것 아닌가.

가위 진짜 신앙인이라면 신앙이라 하는 게 뼛속까지 스며들어서 꿈속에서도 신앙 그대로 살아야 하는 게다.

내 말을 각골명간刻骨銘肝, 새길 각 자, 뼈 골 자, 새길 명 자, 간이라는 간 자, 뼈에다 새기고 간에다 새겨서, 진실로 진짜 신앙인이 돼야 한다.

지난至難했던 제2변 도운 시절

내가 요새 와서 가끔 이런 얘기를 한다.

"이 몸이 죽고 죽어 일백 번 죽어져서 넋이야 있고 없고."

옛날 충신 열사들이 한 소리다.

상제님 사업도 그런 마음으로 해야 한다. 바로 그런 사람이 여기 앉아 있는 증산도 종도사다.

엊그제 상제님 어천절에 참석한 신도가 여기 다만 몇십 명이라도 있을 것이다. 그 치성석에서, 내가 스물다섯 살 먹어서 도를 전해준 박제근이라는 신도에게 표창장을 주었다. 당시 그 사람은 스물한 살이고 나는 스물다섯이었다.

그 때는 포교 정책이 무더기 포교였다.

나는 어느 동네고 가면 한 사람 붙잡고 얘기를 안 한다. 한 사람씩 붙잡고 언제 그 얘기를 다 하나. 으레 한 동네를 다 소집해 버렸다.

그건 내가 아니면 하지도 못했다.

왜 그러냐?

그때는 하지 중장이라는 사람이 군정장관이라 해서 우리나라를 통치할 때다. 당시 우리나라는 연합군 덕에 8.15 해방만 됐지 무정부 상태였다.

헌데 그때 나라 정세가 어떻게 돼 있었느냐?

요 예산 땅에 박헌영이라는 사람이 있었다. 그가 모스크바 대학을 나온 사람인데, 묶어서 얘기하면 공산주의자다. 그가 조국인 우리나라에 와서 공산당을 조직하려고 했다. 헌데 일본인들 제국주의 정책하에서는 그게 허용이 안 되거든. 그래 여운형이고 누구고 다 잡아들였다. 허나 박헌영은 잡히질 않았다. 그가 저 전라남도 광주에서 질그릇 만들고 벽돌 찍는 데에 숨어 있었다. 머리는 장발을 하고 수염도 안 깎고 얼굴에 숯검정을 칠하고, 헌 누더기 입고 병신노릇을 하고 있으니 그를 무슨 재주로 잡나.

그는 변장술이 아주 뛰어난 사람이다. 하루에도 열두 번 변장을 한다.

금방 신사도 되고 나무꾼도 되고, 엿장수도 되고 말이다. 그런 요술을 부렸다.

그 사람이 8.15와 더불어 이발 싹 하고 목욕하고 좋은 양복에 넥타이 매고는 "여러분, 내가 박헌영이다!" 하고 나섰다. 아, 일본인들도 쫓겨 들어갔으니 누가 제동 걸 사람이 있나.

그 사람이 남로당을 조직했다. 남로당은 우선 경제체제가 통제경제다. 시장경제하고는 영 상극이다.

지금도 우리나라 국시國是가 반공이지만 그때는 헌법이 없었으면서도 더 강력했다. 해서 셋 이상 다섯만 모이면 빨갱이라 해서 잡아갔다. 잡혀가면 그건 법도 없다. 그냥 사정없이 발길로 차이고 맞아서 병신 되고 뼈도 부러지고 했다. 내가 포교할 때가 바로 그런 판이었다.

그러니 그런 것 저런 것 가리면서 어떻게 상제님 사업을 이 지구촌에 실현하겠는가!

상제님을 향한 내 일편단심

해서 나는 언제든지 죽을 준비를 하고 일했다. '나는 강증산 사업 하다가 죽어도 좋다. 상제님 일을 위해 유형도 바치고 무형도 바치고, 정신도 바치고 육신도 바친다!' 하고.

내 정신은 '이 몸이 죽고 죽어 일백 번 죽어져서 백골이 진토되어 넋이야 있고 없고, 임 향한 일편단심 가실 줄이 있으랴' 하는 상제님을 향한 일편단심뿐이었다.

그렇게 해서, 그런 판국에도 각 지방을 돌아다니면서 무더기 포교를 했다. 한 부락에 열 명 있으면 열 명 포교하고, 스무 명이면 스무 명 포교하고. 나중에는 한 부락 사람들만 가지고 시간 보내기가 너무나 아까워서, 두세 부락 사람을 합동으로 모아놓고 포교했다.

젊은 사람들에게는 "너 아무 부락에 김지 이지 박지 최지, 이렇게 훌륭한 사람들이 있는데 한번 만나보고 싶지 않으냐?"고 하면 "그렇지 않아도 얘기 들었습니다. 저도 그 사람을 만나고 싶었습니다." 한다. 그래 이번 계제에 내가 만나게 해줄 테니까 아무 부락으로 아무 날 모여라 하면 뭐 40명이고 50명이고 모였다. 사실 거기서 잘못 하면 잡혀가 맞아 죽는데도, 눈짓 콧짓 해가면서 그냥 소리지르면서 포교했다. 그렇게 해서 이 몸뚱이 하나 가지고 한 나라를 굽이쳤다.

그 얘기를 다 하려면 한도 없지만, 지금 생각해도 내가 그런 참 장렬한 활동을 했다.

그런 장본인인 증산도 종도사가 지금 우리 성도들 포교하는 것을 앉아서 지켜볼 때 '참, 저럴 수가 있나' 싶다. 제군들 하는 게 내가 꿈속에서 하는 턱도 안 된다.

나는 하루 활동을 하고, 저녁이면 '내가 오늘 하루 열 사람 몫을 했는가'를 생각해 본다. 헌데 뭐 저녁이랄 게 있나, 난 사나흘 잠 안 자는 때도 많은데. 어떤 때는 가다가 눈 위에 쓰러져서 잤다. 그렇게 한 10분이나 15분 눈 좀 붙이면 피가 쉬니까. 그러고서 새 정신이 돌면 다시 또 포교 행각에 나섰다. 내가 그런 무서운 활동을 했다.

아니 세상천지, 8.15 직후에 뭐가 있나? 강증산이 사람인지 소인지 돼지인지조차도 몰랐다. 또 우리 국민들이 무식하기 짝이 없었다. 해서 숫제 바지부대라고 그랬다. 그런 사람들을 더불고서 그렇게 무서운 활동을 한 것이다.

나는 포교를 하면 그 자리서부터 활동을 시켰다. 뜸들일 시간이 어디 있나.

일꾼의 격을 갖추라

일꾼은 선천적으로 바탕부터 돼야 신앙생활도 하고 뭐라도 하는 게다. 정치인이 됐든 종교인이 됐든, 먼저 격부터 갖춰야 한다.

상제님 사업은 무에서 유를 창조하는 일이다. 한마디로 사상운동이다. 내가 80평생 동안 이 사상운동으로 외길 인생을 살았다.

다른 사람들은 시간이 흐름에 따라 서른 살까지 무슨 공부를 했네, 서른다섯 살까지 무슨 공부를 했네 하는데, 나는 그게 아니다. 나는 성장과 더불어 세상 속에서 단련을 받은 사람이다.

그만하면 이제 우리 신도들 교육도 많이 받았다. 아직 진리에 성숙되지 않은 사람들은 좀더 정신 차려서, 서이필지書而筆之하여 책도 많이 읽고 열심히 교육받아라. 지금은 얼마고 교육을 해주니 팔 짚고 헤엄치는 것 아닌가.

우주만유는 자연섭리에 따라 생성된다

인류역사를 통해 국초 국말, 즉 한 세상이 끝나고 새 세상이 개창되는 때가 역사적으로 성공할 수 있는 기회다. 승평昇平세상, 곧 평화스러운 세상에는 아무리 경천위지經天緯地, 하늘 쓰고 도리질하는 뛰어난 사람이라 하더라도 그건 초목과 더불어 그냥 썩어지는 수밖에 없다. 아, 그 사람 하나 성공하기 위해서 세상에 난리를 꾸미고 수많은 사람을 죽인다는 건 있을 수 없는 일 아닌가.

헌데 지금은 어떤 철인哲人보고 물어봐도 "이 세상은 앞으로 큰 변화가 온다"고 한다.

허나 앞세상 일을 제대로 아는 사람이 없다. 그저 '위험하다, 무엇인가 변한다' 하는 정도로 알고 있을 뿐이지.

상제님 일은 역사적으로 개인의 성여불성成與不成에 그치는 일이 아니다.

요새 도장에서 우주변화원리를 교육하고 있다. 지구상에서 우주원리를 아는 데도 없고, 교육하는 데도 없다. 이 우주원리 교육이라는 것은 그 가치로 볼 때 물질로써는 환산할 수 없는, 몇백 조, 몇억 조보다도 더 진가가 나가는 교육이다. 우주원리 아는 사람이 어디 있나. 우주원리를 교육하는 데가 있어? 노벨상 탄 사람, 별스런 학자를 더불어다 놓아도 우주원리 가르치려면 하나에서부터 다 새로 알려줘야 한다.

우주원리를 알고 보면, '아, 요 하추교역기에는 그렇게 상제님이 오셔서 상제님 진리로 개벽될 수밖에 없구나. 그것은 누가 막을 수도 없고, 붙잡을 수도 없고 저항할 수도 없는 것이구나.' 하는 것을 안다.

그래 내가 입버릇처럼 노냥 하는 소리가, 상제님 진리가 자연섭리요 자연섭리가 상제님 진리라는 것이다.

상제님은 우주변화 법칙이 그렇지 않은 걸 억지로 거슬러서 만드신 게 하나도 없다.

상제님 말씀에도 "천지의 대덕大德으로도 춘생추살春生秋殺, 봄에는

물건 내고 가을철에는 죽여버리는 은위恩威로써 이루어진다."라고 하셨다. (道典 8:37:2)

상제님 진리는 천리天理와 지의地義와 인사人事에 의해 그렇게 될 수밖에 없는 진리다!

천리와 지의가 음양오행의 원리로 이루어졌다면, 그리고 음양오행원리가 자연섭리라면, 인사人事문제도 천리와 지의에 합치되는, 음양오행 자연섭리에 합치되는 행위가 이루어져야 한다. 그래야 세상에서 제지당하지도 않고 천리를 그대로 집행할 수 있다.

그래서 상제님 진리는 천리와 지의와 인사에 합리적인 자연섭리인 것이다. 아, 자연섭리를 사람의 능력으로써 어느 누가 제지하고 막을 수 있나.

어디 사람뿐이리요! 자연섭리라 하는 것은 만유에게 다 똑같이 적용된다. 이 대우주 천체권 내의 모든 만유가 그저 자연섭리에 순응해서 생성生成, 왔다 가는 수밖에 없는 것이다.

상제님 진리는 성숙된 열매 진리

지금은 우주의 하추夏秋가 교역하는 대개벽기다.

천지의 이치라 하는 것은, 크게 묶어서 봄에는 물건을 내고 가을철에는 죽이는 것이다. 살리고 죽이고 살리고 죽이고 살리고 죽이고, 10년이면 살리고 죽이는 것을 열 차례 반복한다. 작년에도 춘생추살, 봄에 물건 내고 가을철에 죽이고, 5년 전에도 그랬고, 10년 전에도 그랬고, 금년에도 그럴 게고 명년, 10년 후에도 역시 그럴 게다.

그게 우주원리다. 사람은 자연섭리 속에서 왔다 가는 우주만유 가운데

오행정기를 골고루 타고난 대표적인 존재다. 그런지라 우주원리를 알고 슬기롭게 우주원리에 발맞추어 시의에 맞는 행위를 해야 한다.

뭐 기존 문화권을 '반쪼가리 진리다, 극히 제한된 진리다' 하고 원망만 할 게 아니다. 그 세상은 봄여름 세상 과도기이기 때문에 그렇게 제한된 인물, 제한된 이념이 나오는 수밖에 없었다. 봄에 꽃 피었다고 해서 거기서 성숙된 열매가 여무는 게 아니잖은가.

마찬가지로 성숙된 진리라 하는 것은 오직 가을철에 가야만 나올 수 있는 게다. 가을이 돼야만 통일된 진리, 열매 진리, 껍이 누렇게 벗어져서 익은 냄새가 물씬물씬 나는, 그런 오곡백과 같은 진리가 여물어지는 것이다.

그 열매 진리가 바로 상제님 진리다! 하나인 상제님 진리권 내에는 정치, 종교, 경제, 문화, 사회, 모든 각색 부문이 다 함축돼 있다.

상제님의 군사부 진리로 도성덕립된다

또 역사적인 과정을 자연섭리로 보면, 황皇 · 제帝 · 왕王 · 패覇 · 이적夷狄 · 금수禽獸로 돌아간다.

헌데 지금은 천황天皇 · 지황地皇 · 인황人皇의 황 시대를 거쳐 오제五帝, 왕패이적을 넘어서 막다른 금수세상이다.

그러고서 이제 다시 황 · 제 · 왕 · 패 · 이적 · 금수로 올라붙는다. 앞으로는 추동운秋冬運이 돼서, 상제님의 군사부君師父 진리로 한 번 매듭짓고 나면, 그대로 도성덕립道成德立이 되고 만다. 다시는 변동이 없다.

앞세상은 상제님 진리 하나로 통치하니까 상제님이 군주도 되시고 스승도 되시고, 죽는 세상에 살려주시니 상제님이 아버지도 되신다. 그래

태모님께서 후천 사람들을 대표해 상제님을 "너희들의 아버지"라고 하신 것이다. 우리 신도들은 그런 걸 풀이할 줄 알아야 한다.

앞으로 후천 5만 년 세상을 사는 사람은, 전부가 다 상제님 태모님의 아들딸이다.

『도전』을 보면 "천황지황인황후天皇地皇人皇後에 천하지대금산사天下之大金山寺라"는 문구가 있다. (道典 3:69:6) 여기『도전』에 아주 익숙한 성도들이 천황 밑에다가 '상제님'이라고 써놓고, 지황 밑에다는 '태모님'이라 써놓고, 인황 밑에 '누구'라고 써놨다. 하하, 어떻게 그렇게들 잘 아는지 말이다.

천지에 공 쌓는 게 천지공사 뿌리장사

거듭 강조하거니와, 가을에 한 번 매듭지으면 그걸로 끝나고 만다.

내가 왜 이 얘기를 자꾸 하느냐?

진리도 그렇거니와, 우리 성도들이 이번에 매듭짓는 것은 후천 5만 년을 결실하는 것이기 때문이다. 열매는 10월에도 여물고, 동짓달에도 여물고, 그렇게 두고두고 여무는 게 아니다. 결실하고 성숙되는 때에 못 여물면 아무 소용이 없다.

게다가 그 중에는 반 여무는 것도 있고, 빈 쭉정이 되는 것도 있고, 80퍼센트 여무는 놈, 70퍼센트 여무는 놈이 있다.

내가 우리 성도들더러 가능하면 좋은 열매를 맺어 복 받으라고 하는 소리다.

그러니 제군들은 포교를 해서 집을 지어라, 집을. 집을 지어 천지에 공 쌓은 것만큼 나중에 천지에서 보답을 한다. 공功 중에 천지에 공 쌓는 것보다 더 큰 공이 없다. 이건 내가 상제님 진리의 대변자로서, 상제님 말씀을 대신해서 하는 얘기다.

내가 개구벽두에 천지공사 뿌리장사 얘기를 했는데, 천지에 공 쌓는 일이야말로 천지공사의 뿌리장사다.

그러니 내 얘기는 우리 성도들 모두 선천 5만 년 역사과정의 모든 헝클어진 것을 정리해서, 앞으로 좋은 현실선경, 지상선경, 조화선경을 개척하는 데 전부를 다 바쳐 역사하고, 그런 좋은 진리로 나도 살고 세상사람도 살려서, 원도 없고 한도 없는 만족스러운 세상을 살라는 소리다. 또한 개인으로서는 천지에 쌓은 공력으로 자손만대 계계승승 5만 년 동안 영락을 누리는, 그런 행복스러운 삶을 살라고 하는 덕담이다.

사실 내 개인적으로 잘 되고 못 되는 것을 떠나서, 우리는 음양오행의 정기를 골고루 타고난 사람인지라 인간이라는 대의명분, 또 상제님 성도라는 대의명분, 민족이라는 대의명분에 입각해서 반드시 이 일을 해야만 한다.

아, 이 몸 하나를 바쳐 국가와 민족을 위해, 인류를 위해 복리를 증진할 수 있다고 할 것 같으면, 그것 못 할 사람이 어디 있나?

이번에 자리가 정해지면 전지자손傳之子孫한다

인간이라 하는 것은 가치관을 바탕으로 해서 살아야 한다. 진리에 살다 진리에 죽으면 그 이상 더 값진 것이 없는 게다. 진선미眞善美가 인간의 본능 아닌가!

상제님 일은 개인의 영리를 떠나서도 사람이라면 누구도 다 신바람 내서 할 수 있는 게다.

왜냐? 상제님 일은 개인적으로 볼 때 남 죽는 세상에 살고, 나 사는 성스러운 진리를 가지고 남도 살려주고, 또 나 살고 남 산 뒷세상에는 잘도 되는 일이기 때문이다.

어떻게 잘 되느냐?

자기가 사는 동안에 높은 지위 갖고 좋은 궁궐에서 천하를 호령하며 사는 것은 당연하고, 그게 자기 자자손손 이어진다. 이번에 위치가 정해지면 전지자손傳之子孫한단말이다.

내가 이런 소리까지는 말아야 하는데, 이번에 자리가 정해지면 대물림해서 천추만세千秋萬歲에 혈식血食을 받는다.

그래서 상제님이 "우리 일은 남조선 배질이라. 혈식천추血食千秋 도덕군자道德君子가 이 배를 배질하고 전명숙이 도사공이 되었느니라. 천추에 혈식을 받는 신명들에게 어떻게 하면 천추에 혈식을 받을 수 있냐 하고 물으니까 그 신명들이 대답하기를 모두 일심一心에 있다고 대답한다. 일 안 되는 것을 한하지 말고 일심 못 가진 것을 한해라. 일심만 가지면 못 되는 일이 없다."고 여러 가지 말씀을 하신 것이다.

증산도 성장을 위해 절대 화합하라

우리 일은 천지에서 사람농사 지은 것을 추수하는, 천고에 비교할 데가 없는 천지의 역사役事다.

때문에 증산도는 한마디로 천지 역사를 하는 곳이다. 우리가 천지를 대표해서 인간을 추수하는 것이다.

상제님이 이 세상에 인간을 추수하러 오셨다. 다시 얘기해서 개벽장으로 오셨단 말이다. 헌데 상제님이 "평천하는 내가 하리니 치천하는 너희들이 하라."고 하시면서 우리에게 인사문제를 맡기셨다. 그래서 우리가 상제님을 대신하여 역사하는 것이다.

그러니 우리 증산도는 반드시 성장해야 한다. 이건 증산도가 잘 되고 못 되고 그런 데에 국한된 문제가 아니다. 이 세상과 전 인류를 위해, 또 작게는 국가와 민족을 위해, 상제님 사업은 반드시 성장해야 한다.

증산도가 빨리 성장하려면 어떻게 해야 하느냐?

내가 요새 와서 입버릇처럼 교육하는 소리지만, 첫째로 각기 소속도장에 가서 화합을 해야 한다. 만일 화합 분위기를 깨는 신도가 있다면 그는 신도가 아니다.

증산도는 무슨 종도사라고 해서 종도사의 사견私見으로 자의自意에 의해 운영하는 게 하나도 없다.

상제님 진리는 증산도 종도사가 정책 개발하는 것 이상으로 아주 강력하다.

어떻게 강력하냐?

『도전』을 보면 상제님이 유찬명 성도와 김자현 성도를 불러놓고 각기 10만 명씩을 포교하라고 하신다. 헌데 유찬명 성도는 "예!" 하고 대답을 했는데, 김자현 성도는 머뭇거리고 대답을 않거든. 그래 재촉을 해서 상제님이 반 강제로 대답을 받으셨다.

허면 상제님 진리가 그럴진대, 이 종도사도 신도들에게 수단과 방법을 가리지 않고 다그쳐서 판을 짜게 만들어야 하지 않겠는가.

헌데 증산도 종도사는 그렇게 강압으로 뭘 하는 게 없다. 그저 매사에 순리대로, "우리는 이런 위치에 있고, 천도天道가 이렇고, 지도地道가 이렇고, 인사人事문제가 이러니까 우리는 신도의 한 사람으로서 가능한 한도 내에서 이렇게 해야 될 거 아니냐? 하면 반드시 될 게다." 하고 얘기할 뿐이다.

그러니 상제님께 볼기 맞을 만하지.

증산도 종도사는 상제님께 끌려가면 "예끼, 이놈!" 하고 볼기 맞을 사람이다. 그런 줄 알면서도 그렇게 좋게만 한다.

정육임을 짜라

그러니 종도사 볼기 맞는 것 보지 말고, 제군들이 좀 서둘러서 증산도를 성장시켜라.

내가 하는 소리는 그저 정육임正六任을 잘 짜라는 것뿐이지 더 바라질 않는다. 내 일하는 방식이 그렇다. 먼저 정육임을 잘 짜라.

정육임은 뭘 말하느냐? 여섯 사람이 다시 육임을 짤 수 있는 육임을 말한다. 다시 얘기하면, 포교를 해서 나보다 더 잘 믿는 신도 여섯 명을 만들라는 소리다.

그 다음, 신도들 교육을 잘 해야 한다.

한 도장에 신도들이 얼마나 많은가. 포감, 부포감, 간부들을 비롯해서 일반신도에 이르기까지 교육을 해라, 교육을.

그리고 상제님 일은 문화사업이다. 문화사업을 일명 계몽사업이라고도 한다.

내가 가끔 얘기하지만, 계몽啓蒙이라고 할 때 몽 자를 어릴 몽, 가르칠 몽이라고 하거든. 왜 가르칠 몽이라고 하느냐?

어린애들이 처음 어머니 뱃속에서 떨어져 나와 젖을 먹으며 생각을 한다. '이게 우리 엄마인가보다', '아, 이 사람은 우리 아빠인가 보다' 하고. 그러면서 의식이 성장한다.

그 아이에게는 이 세상 물건이라는 게 전부 다 새로운 것이다. 섬마섬마 하면서부터 보는 것마다 다 새로우니까, 만날 엄마 치마꼬리 붙잡고 "엄마, 이게 뭐야? 엄마, 저게 뭐야?" 하고, 오늘도 내일도 끊임없이 물어댄다. 그래 "이건 오빠다, 저건 언니다, 아저씨다, 고모다." 거기서부터 시작해서, 세상만사 아는 데까지 다 가르쳐줘야 한다.

그런 걸 생각하면 어머니가 참 고맙고 불쌍하다. 그 숱한 것, 수수 만 번 백만 번 대답을 해줘야 되니 얼마나 성가신가. 그렇다고 시끄럽다고 야단치면 안 되잖는가, 좋게 가르쳐 줘야지. 그렇게 해서 사람이 성장을 하는 게다.

그래서 계몽에 어릴 몽 자를 쓰는데, 상제님 사업은 문화사업으로서 계몽 운동이다.

우주원리를 깨주어라

그러니 우리 신도들은 어린아이를 가르치듯이 세상 사람들이 상제님 진리를 납득할 수 있을 때까지 혓바닥이 닳도록 가르쳐야 한다.

"자, 상제님 진리는 자연섭리, 천지이치다. 해서 이럴 수밖에 없는 게다." 이렇게 한 번 머릿속에 넣어주면, 암만 못돼먹은 사람이라도 거부

못 한다.

"너 하나에서 둘 보태면 얼마냐?" 하면, 누구도 "셋이요!" 하지 않겠는가. 이건 누가 셋이 아니고 넷이라고 해도 곧이 안 듣고, 둘이라고 해도 곧이 안 듣고, "하나에서 둘 보태면 셋이다" 하고 틀림없이 확신을 한다.

그것과 마찬가지로, 우주원리를 알려주면 신앙을 하지 말라고 해도 한다. 우주원리를 깨줄 것 같으면 인간이 죽고 사는 것도 알게 되고, '천지에서 농사짓는 이치가 이렇다. 일년 초목농사 짓는 이치가 이렇고, 우주에서 사람농사 짓는 이치가 이렇다' 하는 것을 알게 된다.

또 '현재까지는 주역의 세상이었고 앞으로는 정역세상이 된다', 좀더 나아가 학술적으로 '하도수 55, 낙서수 45 그 합이 100인데, 하, 이렇게 해서 백 년이 지나면 인류역사가 요렇게 마무리를 한다, 그래서 상제님 공사내용이 이렇게 됐다' 하는 것을 알게 되는 것이다.

그게 어려운 것 같지만 잘만 얘기해주면 그 사람은 불교 믿으라고 해도 안 믿고, 기독교 믿으라고 해도 안 믿는다. 그저 상제님 진리는 과연 참 성숙된 매듭진리, 열매 진리다 하는 것을 아주 확신하게 된다.

또 그걸 알고 나면 선천 종교에 대해 비판도 안 한다. 아, 그때는 그런 진리밖에 안 나올 때다 하는 걸 알기 때문이다.

아니, 여름철 꽃피는 시절은 껍이 부연해 가지고 날내 나고 그런 때인데, 사람도 진리도 그런 것밖에 더 나오겠나? 문화권으로 말하면 불교 같은 것, 무슨 기독교니 유교니 이슬람교 같은 잡다한 종교밖에 안 나온단 말이다. 가을이 안 됐는데 어떻게 열매 진리가 나오는가.

교육은 기술

하니까 그런 걸 잘만 얘기하면, 아무리 딴 신앙을 하고 있는 사람이라 해도 얼마든 포교할 수 있다. 그런 게 정책이다. 그래서 교육은 기술이라고 하는 것이다.

교육은 기술이다.

정책을 훌륭하게 세우고서, 기술적으로 딴 신앙하는 사람들에게도 상긋상긋 웃으며 잘 대해주면서 포교해 봐라. 그 사람 얘기도 잘 들어주고 "아, 맞다"고 수긍하면서, "그때는 자연섭리가 바로 그런 진리가 나올 때다." 하고 하나하나 짚어주란 말이다.

또 "세상이라는 것은 자꾸 발전하는 것 아니냐. 지금은 문명이 극에서 극을 달리는 극치의 문명시대다. 더 말할 것 없이 이 세상은 창조의 경쟁시대다. 우리는 이 창조의 경쟁시대를 살고 있으니, 그보다 더 나은 진리를 찾아야 할 것 아니냐? 만일 더 나은 진리가 있다면 우리도 반드시 찾아야 될 게고, 세상사람들도 그것을 찾아 믿어야 할 게다."

아, 이렇게 슬슬 그 사람의 정신을 유도하면서, "맞지?" 하면 "아, 맞다" 하고 대답할 게란 말이다. 그렇게 하나하나 납득시키면 왜 포교가 안 되겠나.

그 사람이 믿는 종교를 자꾸 못쓴다고 하면, 그 사람이 거부감을 갖는다. 제 이권을 옹호하려는 게 인간의 본능이기 때문이다.

하니까 다른 종교 믿는 건 안 된다고 선을 긋지 말아라. 그 사람의 마음을 헤아려, 그 사람의 가슴을 열게 하고 상제님 진리의 맛을 살짝 보여 줘라. 그러면 참 달콤하고 기가 막히게 좋게 여겨지지 않겠나.

그렇게 해서 상제님 진리를 알고, 이 세상이 창조의 경쟁시대라는 것만 알아도, 그 사람이 다른 신앙 안 한다. 그렇게 해서 좋은 사람들 좀 많이 살려주어라.

사회 속에서 단련 받은 것만큼 성숙한다

헌데 기존 문화권에 매달린 사람들이 얼마만큼 우월감을 갖고 있는 줄 아는가. 우월감이라는 게 자기 이상이 없다는 것이다.

그 사람들은 어디 갈 때도 보란 듯이 성경을 가슴에 딱 붙이고 냅다 팔 흔들어가며 다닌다. "봐라, 나는 하나님을 믿는다" 하고 자랑하는 것이다.

그런 사람들이니 정책적으로 좀 잘 해보란 말이다.

포교하는 방법은 자기 격에 맡겨야지, 그걸 어떻게 다 일일이 설명해 주나, 이 바쁜 시간에.

사람은 천 명 다뤄본 사람 다르고, 5백 명 다뤄본 사람 다르고, 2천 명 다뤄본 사람 다르다. 세상에 남 한 번 때려 줘 본 사람 다르고 매맞아 본 사람 다르고. 성패가 다단하면 사람은 그것만큼 깨이는 것이다.

사람은 사회 속에서 단련 받은 것만큼 껄도 벗어지고 깨진다. 내가 껄 벗기 위해서라도, 다시 얘기해서 성숙되기 위해서라도, 사람은 사회 속에서 자꾸 사람을 상대해 봐야 한다.

헌데 사람을 상대하려면 재료가 있어야 하지 않겠는가.

우리 상제님 진리는 아주 성숙되고 좋은 진리, 창조적인 진리다. 해서 상제님 진리만 가지면 세상 누구도 상대할 수가 있다.

모든 것은 자기 하기에 달려 있다. 하니까 최선을 다해서 포교해라.

일꾼 될 사람을 포교하라

일하는 비결과 포교하는 방식 등 여러 가지 하고 싶은 얘기가 많은데 참 시간 없는 것이 한스럽다.

하나만 더 얘기하겠는데, 포교할 때는 정말로 일할 수 있는 사람을 포교해라.

사람은 무식한 사람보다 더 무서운 게 없다. 무식한 사람하고는 타협도 안 되고 흥정도 안 된다. 왜 그러냐 하면, 제 자신의 바탕, 틀이 무식하고 아는 게 없으니 무슨 얘길 해도 만날 제 얘기만 하기 때문이다.

그게 무엇과 같으냐?

내 고향에 가면 동갑내기 친구들 중에 다 죽고 한 놈이 살아있다. 국민대 약학과를 나와 중학교 교장을 했는데, 지금은 정년퇴임 하고 약장사를 하고 있다. 그가 아주 찰귀먹쟁이어서 아예 보청기를 꽂고 산다.

헌데 내가 가면 좋다고 나를 그 옆에 있는 다방으로 더불고 가서 얘길 하는데, 들어가면서부터 헤어질 때까지 제 얘기만 한다. 하하하. 그래 냅다 큰 소리로 "왜 네 얘기만 하느냐?"고 하니까 남의 얘기는 못 들으니 그걸 메우느라고 제 얘기만 한다는 것이다. 그래도 자기가 하는 소리는 들린다네.

그것과 같이, 무식한 사람은 만날 제 얘기만 한다. 열흘을 얘기해도 똑같다.

그러니 그런 사람들은 포교하지 말고, 같은 값이면 쓸 사람, 일꾼이 될 만한 사람을 포교해라.

육임은 의통구호대, 틀을 잘 짜야

육임이란 다시 얘기하면 의통목 때 사람 살리는 구호대다. 그러니 그 틀을 잘 짜야 한다. 병든 틀을 짜면 그만큼 고랑때를 먹는다.

아, 쓸 사람을 포교해서 좋은 사람들을 더불고 나가 사람을 살리면 얼마나 좋겠는가. 지금 사람들은 어지간하면 지식이 다 박사 수준이다. 상제님 진리로는 오히려 그런 사람들 포교하기가 좋다. 세상에 올바른 길을 찾다찾다 못 찾은 사람들. 동으로 가도 막혔고, 서쪽도 막혔고, 남쪽도 벽이 쳐졌고 해서 지금 그들은 어디 갈 데가 없다.

그 사람들에게 드문드문 상제님 진리 큰 대목만 몇 마디 얘기해 주면, "아, 이게 앞세상 진로구나. 5만 년 진로가 이렇게 터졌구나. 우주의 주재자가 오셔서 백 년 전에 이미 틀을 짜놓으시고, 그 천지공사 보신 틀에 의해 이 세상은 이렇게 이화되어 둥글어가는구나. 상제님이 신도로 이화해서 현묘불측지공을 거두셨구나." 하는 걸 안다.

그 사람들은 어지간하면 앉을 자리, 누울 자리, 다리 뻗을 자리를 환하게 안다.

그렇게 해서 인재다운 사람을 포교해라.

그렇다고 해서 무슨 인종차별을 하라는 것은 아니다.

서점관리의 중요성

내가 서점관리에 대해 하나 덧붙이고 싶다.

서점관리가 어느 정도 중요하냐? 서점 하나를 잘 관리하면 그 성장하는 것이 시시한 도장 하나 성장하는 것보다 낫다.

증산도 서적은 어떠냐? 『이것이 개벽이다』 하나를 예로 들어 볼 때 그 책 하나를 읽을 것 같으면 "내가 여태 찾던 것이 바로 여기 있었구나. 내가 기독교를 믿어서 해답을 못 찾았는데, 내가 원하고 바라고 동경하고 찾던 해답이 바로 이 책 속에 들어있구나! 아, 이제야 해답을 찾았다." 그렇게 나온다. 불교 신앙하던 사람들도 다 거기서 해답을 찾는다.

아까도 얘기했지만, 앞으로 의욕적이고 진취적이면서 천지의 역군으로서 자질을 갖춘 사람은 내가 무조건 등용할 게고, 승급도 빨리 시켜줄 것이다. 증산도가 걸어나가는 행보를 지금까지와는 달리 하려고 하니 그런 줄들 알아라. 시간이 없어 간단히 매듭짓고 만다.

가만있어, 구호 한 번 외쳐야 되겠네.

천리는 때가 있고, 인사는 기회가 있다!
(복창) "천리는 때가 있고, 인사는 기회가 있다!"
천리는 때가 있고, 인사는 기회가 있다!
(복창) "천리는 때가 있고, 인사는 기회가 있다!"
천리는 때가 있고, 인사는 기회가 있다!
(복창) "천리는 때가 있고, 인사는 기회가 있다!"

멸사봉공하자!

(복창) "멸사봉공하자!"

멸사봉공하자!

(복창) "멸사봉공하자!"

멸사봉공하자!

(복창) "멸사봉공하자!"

이상!

만사지萬事知 문화가 열린다

도기 131(2001). 12. 16. 부산 순방 도훈

'공자는 72인을 도통케 하고
석가모니는 500인을 도통케 하였다' 하나
나는 차등은 있을지라도 백성까지 마음을 밝혀 주어
제 일은 제가 알게 하며
남자는 남의 여자에게 탐심을 내지 않고,
여자는 남의 남자에게 탐심을 내지 않으며
길에 흘린 것을 줍는 자가 없게 하고
산에는 도적이 없게 하리라.
(道典 7:8:5~8)

만사지萬事知 문화가 열린다

상제님 문화는 만사지 문화

 이 시간을 통해 다시 한 번 상제님 후천개벽 진리의 결론을 얘기하자면, 상제님 문화는 만사지萬事知 문화다. 그래서 주문에도 "시천주侍天主 조화정造化定 영세불망永世不忘 만사지萬事知", '하나님을 모시고 조화를 정하니, 만사 아는 것을 잊지 못한다' 라고 돼 있다.
 그게 무슨 소리냐 하면, '시천주 조화정', 참하나님이신 증산 상제님을 모시고, 신인神人이 합일合一해서 신명공사로 앞세상 둥글어갈 판을 짜는 조화를 정하니, '영세불망 만사지', 만사를 아는 만사지 문화의 은총을 영세 만년토록 잊을 수 없다는 뜻이다.
 수많은 사람들이 시천주주를 읽고 있건만, 그 주문의 뜻이 어떻다는 것을 제대로 아는 사람이 없다.
 헌데 어떻게 해서 만사지 문화가 열리느냐?
 서론부터 얘기하면, 우주년이라 하는 것은 사람농사를 짓는 게고 지구년이라 하는 것은 초목농사를 짓는 게다. 사람농사를 짓는 우주년에, 사람에게 녹祿을 붙여줘야 할 것 아닌가. 해서 지구년이라는 게 있는 것이다.

  곧 지구 일 년 초목농사를 보면, 봄에 씨 뿌려서 여름철에 기르고, 가을철에는 열매를 맺고 겨울에는 다시 폐장을 한다. 사람은 그 춘하추동 사시, 생장염장 과정에서 결실된 열매인 오곡을 먹고 역사과정에서 생존하게 되는 것이다.

  허면 우주년으로 볼 때 지금이 어느 때냐?

  여름과 가을이 바뀌는 하추교역기夏秋交易期다.

  지구의 초목농사라 하는 것을 보면, 봄에 물건 내서 여름철까지 기르면 가을에는 뿌리, 대공, 줄기, 이파리 등 그 진액을 전부 거둬들여 열매를 맺는다.

  인간농사 짓는 우주년도 그 이치가 똑같다.

  그러면 우주 가을철 인존시대의 지상의 인간 문화는 어떻게 되느냐?

  가을철이 되면 그 동안 역사과정을 통해 형성된 유지범절儒之凡節, 불지형체佛之形體, 선지조화仙之造化 등 모든 문화의 진액을 함축한 하나인 통일문화, 신인神人이 합일하는 만사지 문화가 열린다. 그게 다 상제님의 은총으로 되는 것이다.

신인이 합일해서 만사지 문화를 연다

  상제님 문화라 하는 것은 신인이 합일해서 여는 문화다.

  상제님 진리는 상제님이 신명정부를 건설해서, 거기서 역사의 판 된 것을 바탕으로 앞세상 둥글어갈 프로그램, 시간표 이정표를 짜시고, 과거 현재 미래를 오밀조밀하게 판짜서, 후천 5만 년 새 세상을 개창해 놓은 진리다.

　지금은 기계나 컴퓨터 같은 전자문화로 사람이 편의를 보지만, 앞으로는 그게 다 소용없어진다. 앞세상엔 "불학이능문장不學而能文章하고", 배우지 않고도 능히 문장이 되고, "불점이지길흉不占而知吉凶이라", 점을 치지 않고도 좋고 그른 것을 아는, 신인이 합일하는 만사지 문화가 열린다.

　『도전』을 보면 상제님이 앞으로 때가 되면 누구라도 각기 닦은 바에 따라서 도통이 열리게 된다고 하셨다. 무슨 컴퓨터고 무엇이고 그런 것을 빌리기 이전에, 내 스스로가 가만히 앉아서 환하게 만사를 알게 되는 것이다.

　해서 앞세상에는 신명도 좋은 주인을 만나지 못하면 아무 소용이 없다. 물론 사람도 좋은 신명을 만나야 한다. 만사지 문화는 사람과 신명이 합일되는 문화이기 때문이다. 앞으로 그런 만사지 문화가 열린다.

상제님 문화는 역사적인 토속문화

　다시 알기 쉽게 보충설명을 해주겠다.

　2천5백 년 전에 공자가 유교를 제창하고 '인의예지仁義禮智 수신제가치국평천하修身齊家治國平天下'를 외쳤다. 공자 자신도 치국평천하를 못했지만, 공자의 제자들은 그 가르침을 전수받았다.

　또 석가모니의 불교라 하는 것이 '수심견성修心見性해서 왕생극락往生極樂한다'는 종교다. 불교는 본질적으로 "불립문자不立文字요 이심전심以心傳心"으로 문자 이전에 심법으로써 심법을 전한 문화다. 그래서 불자들은 3천 년 동안 그 불지형체의 석가모니의 전통을 이어받았다.

예수교도 마찬가지다.

지금 내가 저 진주로 해서 부산을 왔는데, 경부 고속도로로 오는 것보다 한결 더 가깝다. 태전에서 진주까지 오는 데 두 시간도 안 걸렸다. 진주서 여기 오는 데만 차가 밀려서 조금 더뎠는데, 만덕터널을 넘어오다 보니 만덕성당이라고 아주 잘 지어놓은 교회당이 보인다. 그 성당 꼭대기에다 '부산시민들, 다 내 품안으로 안겨라!' 하고 두 팔을 떡 벌리고 있는 예수 입상을 세워 놓았다. 거기에 또 "천주교회는 여러분을 환영합니다!" 하고 대서특필大書特筆해서 입구에다 현수막을 걸어놓았다.

문화에는 국경이 없으니까 우리나라까지도 왔겠지만, 기존 문화권이라는 것은 우리나라하고는 전혀 관계없는 문화다. 참 천부당만부당한 문화가 우리나라에 와서 떡 하니 자리 차지하고 앉았다.

헌데 우리 상제님 문화는 우리나라의 역사적인 토속문화 아닌가. 우리나라 전통문화는 제사문화란 말이다.

불교를 숭상한 고려

헌데 이 제사문화가 무너지기 시작한 때가 바로 고려 때다.

고려국의 국교가 불교였다. 왜 그렇게 됐느냐?

저 신라 말에 도선道詵이라는 불자가 있었다. 그가 저 전라남도 영암 사람이다.

그에 대해 좀더 자세히 얘기하면, 도선의 성姓을 아는 사람이 없다. 백과사전에는 도선의 성은 김씨, 어머니 성은 강씨로 나오는데 내가 알기로, 그 어머니는 최씨이고, 어머니의 성을 따서 도선의 성이 최씨다.

도선이 어떻게 해서 생겨난 사람이냐 하면, 하루는 그 어머니가 동네 빨래터에서 빨래를 하는데 아주 좋은 오이 하나가, 눈도 안 떨어진 싱싱한 놈이 흘러 내려온다. 빨래하다가 출출하기도 하고, 참 싱싱하니 좋기도 해서 그 오이를 먹었는데 그로부터 아이를 포태했다.

그러니 안 낳을 도리가 없지 않은가, 천리인데. 해서 아이를 낳았다. 그런데 애비가 없으니 성이 있을 수 있나. 그래 그 어머니의 성을 따서 최씨라고 했다. 그리고서 중이 됐으니 성은 세상에서 감춰져버리고, 지금은 아는 사람이 없다.

그가 지리를 잘 아는 사람이다. 요새 한창 텔레비전 드라마에 왕건이 나오지 않는가. 왕건 아버지가 화할 융融 자, 왕융이란 사람인데, 도선이 그를 찾아가 "송악산 밑에다가 집을 잘 지으면 삼국통일 할 왕을 낳을 수 있다. 그러니 내 말을 듣겠냐?"고 하니까 왕융이 그러마고 한다. 해서 그 집터를 잘 잡아주고, 또 "그 왕이 나면 궁궐터는 이렇게 지어라." 하고 일러주었다. 사람도 태어나지 않았는데 삼국통일 할 왕이 날 집터를 잡아주고, 또 겸해서 궁궐터까지 잡아준 것이다.

그래서 도선국사道詵國師다.

국사라 하면 나라 국國 자, 스승 사師 자로, 대궐 터를 잡아준다든지 해서 공을 세워야 되는 게다.

그렇게 왕융이 도선이 하라는 대로 집을 짓고 왕건을 낳았는데, 그 왕건이 삼국통일을 했고, 일러준 자리에다가 대궐을 지었다.

요새 그 드라마를 봐서도 잘 알 게다. 그 때부터 고려가 불교를 숭상했다.

우리나라 전통문화의 맥이 끊어짐

헌데 우리나라에는 우리 고유의 민족종교가 있잖은가. 우리나라 종교라 하는 것은 본래 삼신三神신앙이다. 그 삼신신앙은 어디로 밀어버리고 갑자기 불교를 국교로 삼은 것이다.

우리나라는 전래적으로 마을마다 사당이 있어서, 아이를 낳으면 그 사당에 가서 출생신고를 했다. 그러고 나면 머리꼬리에 댕기를 드린다. 지금말로 댕기라고 하는데, 원래는 단기檀祈다. 단군檀君 할 때 쓰는 상나무 단 자에 빌 기 자. 댕기는 단군 사당에 가서 빌었다는 표시다. 사당에 가 고유告由하지 않으면 댕기를 드릴 수 없다.

또 아이가 아프면 삼신사당에 가서 기도를 한다. "아무개가 아파서 앓고 있으니 좀 낫게 해주십시오." 하고.

헌데 불교가 점령을 했으니 가서 빌 데가 있나? 그래 그 후로 그런 풍속이 다 없어져 버렸다.

그리고 빌 장소가 없으니까 집에서 그 중 깨끗한 데가 구석인데, 구석에다가 지푸라기 깨끗하게 추려서 깔아놓고, 거기에 밥 세 그릇, 국 세 그릇 해서 차려 놓는다. 그게 삼신할머니, 삼신할아버지 대접하는 것이다.

헌데 일반사람은 빌 줄을 모르니까 사당에서 기도하던 사람을 더불어다가 빈다. 그 사람을 단골댁이라고 하는데, 지금은 단골손님 하면 맡아놓고 다니는 사람, 물건 하나를 사도 한 군데 정해놓고 다니며 사는 사람을 말한다. "그 사람은 우리 집 단골손님이야." 하지 않는가. 본래의 말뜻이 변해버린 것이다.

그렇게 불교가 고려 474년을 내려오다가 다시 또 이성계가 조선국을 건설하고 공자교, 유교를 수립樹立했다. 유교의 봉제사하는 문화를 받아들여 조상은 잘 위했지만, 우리나라 전통문화의 맥이 끊기고 말았다. 해서 우리 민족의 혼이 없어져버린 것이다.

증산도는 우리 민족에게 잘 맞는 문화

기독교 얘기하다가 여기까지 왔는데, 자기 조상보고 사탄이라고 하는 기독교 문화도 우리나라에까지 들어와 뿌리를 뻗었다. 우리나라 문화는 한 마디로 제사문화다. 증산도는 우리 민족문화에 참 더도 덜도 없이 잘 맞는 문화다.

허면 우선 민족의 뿌리를 찾기 위해서라도 증산도가 잘돼야 한다.

그러나 그건 본질이면서도 지엽적인 문제다. 지금은 때가 우주의 하추교역기다. 가을이라 하는 것은 그냥 인문 지상시대가 아니고, 신도神道 문화가 주축이 돼서 이루어지는 때다.『도전』에도 나와 있듯이, "추지기秋之氣는 신야神也라", 가을기운이라 하는 것은 신神이다.

결론부터 얘기하자면, 봄여름이라 하는 것은 유형문화고, 가을겨울이라 하는 것은 무형문화다.

기氣라는 게 어떤 거냐?

쉽게 예를 들어, 저 냇물을 보면 봄에는 아주 부연하다. 비도 안 오고 누가 풍덩거리지 않아도 봄철의 물은 본질적으로 부연하다.

그런데 가을의 물을 보면 어째 그리 맑은지. 가을이라 하는 것은 무형의 기를 주장하기 때문이다. 이치가 그렇게 되어져 있다.

상제님의 만사지 문화만 남는다

헌데 가을에 열매 하나 맺어 놓으면, 뿌리도 사멸당하고 줄기도 사멸당하고, 대공, 이파리도 다 소용없다. 열매 하나 맺기 위해 봄서부터 여름까지 생장발달을 해 온 것이다.

그와 마찬가지로, 이번에 상제님의 만사지 문화가 나오면 그 동안 역사과정에서 생겨난 기존 문화권이라는 게 다 없어져 버린다. 다만 신인이 합일하는 상제님의 만사지 문화만 남는다.

우리 상제님 통일문화권 속에는 정치, 종교, 경제, 문화, 사회 모든 각색부문이 전부 다 함축돼 있다. 불지형체, 유지범절, 선지조화 등 기존의 모든 문화권이 하나인 상제님 문화권 속에 다 들어있다.

그러니 앞세상엔 기존 종교를 신앙하라고 해도 할 사람이 없다. 아니, 상제님 진리 영향권에서 개벽철에 살아남고, 상제님 진리로써 도성덕립 돼서 5만 년 새 세상을 살아가는데 누가 예전 걸 믿겠나?

해서 기존 문화권이라는 건 도태가 돼 버린다. 그건 사람이 없애는 게 아니다. 자연 도태가 되는 것이다. 알기 쉽게, 일 년 생장염장 과정에서 열매 하나 맺어놓고 이파리, 줄기 다 없어지듯이 말이다.

가서 봐라. 나무, 하다못해 벼, 보리 같은 걸 보더라도 보리알 하나 벼알 하나 맺어놓고 대공, 이파리가 다 없어지지 않는가. 그렇듯이 상제님의 신인이 합일하는 만사지 문화, 다시 얘기해서 상제님의 도통문화 하나 이루어놓고 기존의 역사적인 각색 문화는 다 탈락돼서 없어져 버리는 것이다. 내 말 알아듣겠는가?

"예!"

알아듣기 쉽게 얘기해야 될 테니 이렇게 표현하는 수밖에 없다.

자연섭리, 우주법도로써 인류문화가 이렇게 매듭을 짓는다. 상제님 문화가 바로 그 열매 문화, 통일 문화다.

앞으로 개벽이 있다

허면, 상제님 진리의 결론이 그렇게 돼 있는데, 그게 순탄하게 매듭지어지고 마느냐? 아니다. 중간에 개벽이라는 게 떡 하니 자리하고 있다, 가을 대개벽이!

지금은 과연 우주의 하추교역기다.

다시 얘기해서, 우리가 지금까지 산 세상은 주역周易세상이다.

지금까지 우리는 계란 같은 형, 타원형 궤도의 지구에서 살았다. 지축이 기울어진 지구가 태양을 안고 돌아가기 때문에, 춘하추동春夏秋冬 사시四時도 생긴 것이다.

헌데 앞으로 오는 세상은 정역正易세상이다. 계란 같은 형 지구가 공 같은 형으로 궤도수정을 한다. 그러자면 지구 어느 곳은 땅이 물속으로 빠지는 데도 있을 게고, 어느 곳은 바다가 육지로 솟는 데도 있을 것이다.

묶어서 얘기하면 그게 개벽이다, 개벽! 그걸 가지고 무슨 미국이 두 쪽이 난다는 둥, 엘에이(LA) 같은 데는 물 속으로 빠진다는 둥, 일본은 한 20만 살 수 있는 땅밖에 안 남고 다 물 속으로 쏙 들어간다는 둥 그런 소리를 하는 것이다. 지금 학자들 하는 소리가 바로 그것이다.

미국의 루스 몽고메리(Ruth Montgomery, 1912~)라는 사람은 앞으로 지축이 궤도수정을 하는데 60억 인류 중에 1억1만 명이 산다고 했다.

헌데 그런 건 다 별 문제고, 상제님 진리로써 다루는 것은 따로 있다. 상제님은 그런 건 숫제 치지도 않으셨다.

뭐냐 하면, 가을이 되면 열매만 남겨놓고 풀 한 포기 안 남기고 다 말려버린다는 것이다.

어째서 그러냐?

봄여름이라 하는 것은 상극相克이 사배司配한 세상이다. 해서 인간 뚜껑을 쓰고 이 세상에 온 사람 쳐놓고, 원한을 맺지 않고 간 사람은 한 사람도 없다. 역사적인 과정에서 사람들끼리 너무너무 원억寃抑을 지었기 때문에, 요 때에는 천고의 원혼귀가 된 신명들이 가을 숙살肅殺기운에 합세해서 인간의 혼을 잡아가 버린다. 그렇게 복수를 하는 것이다.

해서 앞으로 지구가 궤도수정하는 것보다 더한, 또 하나의 개벽이 있다.

그걸 상제님이 '오다 죽고, 가다 죽고, 서서 죽고, 밥 먹다 죽는다'고 말씀하신 것이다. 지축 틀어지는 건 숫제 그만두고 말이다.

천지공사는 신명 해원공사

해서 상제님이 원신寃神 역신逆神 해원解寃공사를 보셨다. 상제님 천지공사라는 게 순전히 신명 해원공사다.

하나의 예로, 요새 텔레비전에서 〈여인천하〉라는 드라마를 한다. 거기 보면 위정자들이 저희들 감투를 연장하기 위해 죄없는 사람을 음해해서 죽인다. 누구 뭐 따질 것도 없다. 저희들이 살기 위해서는 왕비도 몰아내야 한다.

사실 그건 있을 수 없는 일 아닌가. 허나 인류역사라 하는 게 바로 그렇게 세세토록 내려왔다. 저희들 득세하기 위해서는 무슨 짓이라도 한다.

내가 전에도 이 얘기를 한 줄로 안다만, 다시 한 번 예를 들어 주겠다.

사람이 죽어서 돌 지나면 소상小祥이라 하고, 두 돌 지나면 대상大祥이라고 해서 큰 제사를 지낸다. 대상 소상 때에는 많은 조객弔客들이 온다. 그 집 문벌에 따라서 2백 명도 오고, 3백 명도 오고, 5백 명도 오고.

그렇게 조객이 오면 조객록을 써서 보관해 두는데, 그 사람들을 음해하려는 사람들이 그걸 갖다가 겉장만 떼내어 버리고, 이게 역적모의할 때 모인 놈들이라고, 그 증거라고 갖다가 바친다. 그렇게 해서 그 사람들을 몰살시키는 것이다.

아니, 남의 집 제사 지내는데 조상 온 사람들 명단을 훔쳐다가 역적모의한 사람들 명단이라고 준단 말이다. 그러니 기막힐 일 아닌가. 그냥 청천벽락이 치는 것이다.

인간역사 과정을 보면, 사람들이 그런 것에 전부 다 물들어 버렸다.

역사 현실이 그런지라 상제님이 원한 맺힌 신명들의 해원공사를 보셨다. 이 가을철은 역사적인 신명들의 철이 돼놔서, 신명들이 나와 복수도 하고, 전부가 다 자기 정리를 하려고 하는 때다. 그래서 상제님이 먼저 원신과 역신을 전부 모아 신명정부를 건설하고, 거기에서 해원하고 상생하고 보은하면서, 인간세상에서 못다 한 이상을 이루도록 만들어 놓으셨다.

해서 그 신명정부를 조화정부造化政府라고 한다. 상제님이 조화정부, 신명정부를 건설해서 앞세상 둥글어갈 프로그램을 짜신 것, 그게 바로 천지공사天地公事다.

천리와 지의와 인사에 합리적인 천지공사

　상제님은 천리天理와 지의地義와 인사人事에 합리적인 최선의 방법으로 천지공사를 보셨다. "파리 죽은 귀신이라도 원망이 붙으면 천지공사가 아니다."라고 하신 상제님 말씀 그대로, 역사적인 의미에서 볼 때, 여러 억조의 수많은 신명들이 참 흠흠하고 그만하면 해원했다고 할 정도로 전혀 하자없이 신명공사를 행하셨다. 그렇게 신명들을 해원시켜 주지 않으면 서로 척에 걸려서, 앞세상에 정사를 못 한다. 상제님이 직권으로 뭘 만들어도 소용이 없다.
　다시 말하면, 상제님 천지공사라는 것은 순전히 신명공사가 돼놔서, 신명들의 공의公議에 의해 판이 짜진 것이다.
　상제님 천지공사라는 건 한마디로 신명공판이다. 이 신명심판을 하는데 상제님이 하나님이라고 해서 직권으로, 막 억압을 가해서 한 것이 아니라, 파리 죽은 귀신이라도 원망이 붙으면 천지공사가 아니라는 말씀대로, 역사적인 신명들이 조금도 서운하지 않도록, 천리와 지의와 인사에 합리적인 최선의 방법으로 공사를 보신 것이다.
　알아듣겠는가?
　"예!"
　글쎄, 쉽게 이해하면 쉬울 수도 있고 잘못 하면 참 어려울 수도 있는 얘기다.
　다시 한 번 강조하거니와, 상제님 천지공사라 하는 것은 그 시대를 산

역사적인 원신과 역신들이 그 천 겹, 만 겹, 억 겹 엉크러진 것을 심판하는 데에 따라, 즉 신명들의 공의에 의해 상제님이 그렇게 결정하신 것이다.

그래서 역사적으로 원억을 많이 지으면 앞세상은 절대로 살아나갈 수가 없는 게다.

개벽 때 사람 살리는 일에 녹이 달려있다

상제님은 원신은 세상 운로 둥글어가는 세운世運에 투사投射하고, 역신은 우리 도운道運에 투사하셨다. 그렇게 해서 세운과 도운이 둥글어가고 있다.

헌데 이 세운과 도운은 불가분리한, 아주 떨어질래야 떨어질 수 없는 관계다. 세운이 한 번 지나가면 도운이 한 번 들어오고, 도운이 한 번 지나가면 또 세운이 들어온다. 이렇게 체번을 하면서, 그러면서도 불가분리하게 둥글어가는 것이다. 세운이 극에 달할 때는 도운이 침체되기도 하고 말이다.

이 도운과 세운을 하나로 묶기는 참 어려운 일이다. 해서 상제님이 마지막에 가서 의통醫統으로 매듭을 지으셨다. 상제님 9년 천지공사의 총 결론이 의통이다.

헌데 상제님이 말씀하신 것처럼 개벽하는 데에 녹祿이 달려 있다. 의통 목에 상제님 진리로써 죽는 사람을 살리면, 그 때서부터 이 세상 사람들이 상제님을 알게 된다. "아이구, 과연 참하나님이시구나. 우리가 참하나님의 은총으로 개벽철에 살았구나." 하고 말이다. 그 전에는 말해줘도 모른다. 그러니 어떻게 하는가.

상제님 진리는 생활문화

세상 사람들이 모르고 있을 뿐이지, 이것은 자연섭리의 결론이다.
상제님 진리는 선천 종교 같은 편벽된 진리가 아니다.
불교를 봐라. 달마가 남인도 사람인데 불교를 전하려고 중국까지 왔다. 허면 좋은 사람 만나 도를 전해주려고 갈구했을 것 아닌가.
그 때 혜가라는 사람이 불교를 받고 싶어했다. 헌데 달마가 안 전해준다. 아무리 정성을 들여도 소용없다. 그래서 팔뚝을 잘라서 줘버렸다, 팔뚝을. 이것을 그냥 말로만 팔뚝 잘랐다, 이렇게 생각할 게 아니라 한번 실감나게 생각해봐라. 팔뚝 속에는 뼈가 들었으니 그게 쉽게 잘라지나? 팔뚝을 자르려면 하다 못해 도끼 같은 걸로라도 냅다 후려쳐야 한다. 혜가가 달마에게 그렇게 해서 팔을 잘라 줘버린 것이다. 이건 역사적으로 전해 내려오는 사실이다.
헌데 불교 문화라 하는 것은 알고 보면 우리 생활하고 동떨어진 진리다. 중이 되려 할 것 같으면 부모형제에게 등돌리고, 성도 내던져야 한다. 중더러 성이 뭐냐고 물어보면 "아, 불자가 무슨 성이 있습니까? 법명이 있을 뿐입니다."라고 한다. 그런 진리를 받으려고 혜가가 팔뚝을 끊어 준 것이다.
하지만 우리 증산도는 봄여름 세상에 내려온 문화의 진액을 쏙 뽑아 만사지 문화를 여는 진리다. 상제님 문화는 살 한 덩이 떼서 달라고 하는 문화도 아니다.

상제님 진리는 생활문화다. 내가 노냥 하는 소리지만, 상제님 진리는 지금 지구상에 생존하고 있는 60억 인구가 몇천 배, 몇만 배로 늘어나고 여러 억만 년 세월이 흐른다 해도, 인간이 생활하는 데에 전혀 불편을 주지 않는 문화다. 절대로 거부당하지도 않고, 인간이 생활하는 데 그 이상이 없는 문화다. 제군들은 그런 좋은 열매기 진리를 세상에 펴는 상제님 신도로서, 다시 한 번 정신을 가다듬어야 한다.

『도전』을 제대로 읽으라

신앙信仰이라 하는 것은 교조敎祖의 교의敎義를 칙則하고, 법언法言을 준수遵守하고 계명誡命을 엄수嚴守해서, 교조의 진리 그대로를 믿어야 한다. 그렇지 않으면 그걸 신앙이라고 할 수 있나, 그런 이율배반적二律背反的인 신앙을! 말로만 신앙인 연하는 그걸 회색신앙이라고나 할까, 절름발이 신앙이라고나 할까.

지금 그렇게 신앙해서는 절대로 안 된다.

제군들은 무엇보다 『도전道典』을 읽어라. 『도전』에다가 개칠한다는 건 참 있을 수도 없지만, 아주 잘 본 사람들의 『도전』을 보면 본문 내용의 한 세 배만큼 써놨다. 아주 새까맣다.

『도전』을 제대로 읽다 보면, 상제님 진리가 우주원리라는 것을 안다. 사실이 상제님 진리가 우주원리고, 우주원리가 상제님 진리다.

허면 그것은 절대로 밀지도 못하고 잡아당기지도 못하고 타협도 못 하는 것 아닌가. 그건 자연섭리 그대로, 그 목표를 향해서 그냥 둥글어 가는 것뿐이다.

세상을 편하게 사는 사람들, 무관심한 사람들이 볼 때는 "왜 개벽이 오냐? 이 살기 좋은 세상에." 그럴 것이다.

허나 춘인추의春仁秋義가 없으면 천리天理가 아니다. 봄철에는 씨 뿌리고, 가을철에는 이유불문하고 거두어 버린단 말이다. 춘무인春無仁이면 추무의秋無義다. 봄철에 씨를 안 뿌리면 가을에 가서는 거둘 게 없는 것이다.

증산도 신도들은 남조선배 뱃사공

아까 이 얘기를 하다 말았는데, 우주원리의 개벽철은 그만두고도, 사람은 한 왕조가 새로 건설될 때 성공을 하는 것이다. 기선은 국말國末 국초國初에 잡아야 한다. 공신功臣도 기왕 있던 나라가 망해버리고 새 나라가 서지는 그런 때에 생기는 것이다.

세상을 잘 산 사람은 요 개벽할 때가 가장 좋은 때다.

요새는 이런 얘기밖에 할 게 없어서 내가 늘 이 얘기를 하는데, 상제님이 "우리 일은 남조선 배질이라. 혈식천추血食千秋 도덕군자道德君子가 이 배를 배질하고 전명숙이 도사공이 되었느니라. 천추에 혈식을 받는 신명들에게 '어떻게 해서 천추에 혈식을 받게 됐느냐'고 물은즉, 그 신명들이 모두 일심一心에 있다고 대답하니 일심 가진 자가 아니면 이 배를 타지 못한다."고 하셨다. (道典 6:51:4~6)

또 "만국활계남조선萬國活計南朝鮮이요, 청풍명월금산사淸風明月金山寺라"(道典 7:14:1), 일만 나라의 살 계획은 오직 남조선에 있다고 하셨다. 이게 상제님 공사 아닌가. 남조선 북조선은 상제님이 만들어 놓으신 것이다.

우리 증산도 신도들은 지금 증산도라는 남조선 배를 타고 배질을 하고 있다. 다시 얘기해서, 우리 증산도 신도들은 남조선 배의 뱃사공들이다!

혈식군자가 되라

헌데 일심을 가지지 않은 사람은 뱃사공 될 자격이 없다. 일심을 가지면 혈식군자血食君子가 된다. 여기 앉았는 우리 신도들은 다 혈식군자가 돼야 한다.

상제님 말씀이 "일 못 되는 것을 한하지 말고 일심 못 가진 것을 한하라."(道典 8:29:2)고 하셨다.

일심만 가지면 못 될 일이 없다. 육임六任도 일심을 못 가져서 못 짜는 것이다.

아니, 그 좋은 진리를 가지고 육임을 짜려고 하는데, 평생을 통해서 여섯 사람에게도 진리를 못 전한다? 그건 얼굴 간지러워서 어디 가서 말도 못 한다. 저 사람은 못 생겨서 육임도 못 짤 사람이라고 해봐라. 아마 사람 무시한다고, 인간을 모독한다고 싸우자고 달려붙을 게다.

최소한 육임만 짜도, 그런 대로 신도라고 할 수 있다.

내가 엊그제 대구에서도 얘기했지만, 혈식血食이라는 건 한 세상에 새 문화를 개창하여 전해주고 그 은공으로 두고두고 받는 것이다.

유가에서도 공자가 유교문화를 펴고 그 공으로 혈식을 받잖는가. 그건 왕조가 바뀌고 시대가 바뀌었어도 변함이 없다.

주자가 저 양자강 밑의 남송 사람이다. 헌데 지금도 저 향교 같은 데서 사람들이 제사를 지내준다. 도대체 그가 언제 사람인가.

공자가 2천5백 년 전 사람이다. 석가모니는 3천 년 전 사람이고. 또 예수도 2천 년이 지난 지금까지 세계에서 다 떠받들고 있다. 그것이 혈식이다.

한 왕조의 공신이 받는 건 혈식이라고 할 수도 없다. 그건 한 시대 그 왕조에서 끝나고 마는 것이다. 고려 때의 충신은 고려 망하면 그만이고, 이조 때의 충신은 이조 망하면 그만이다. 새 왕조가 생기면 누가 그 사람을 받들어 주나, 이미 지나간 세상 사람인데.

하지만 상제님 문화는 한 왕조에서 그치고 마는 게 아니다. 상제님 문화는 통일문화권, 다시 얘기해서 하나인 문화권, 열매기 문화권, 성숙된 문화권이 돼서, 전 인류가 억만 년을 신앙해도 그 이상이 없는 문화다.

상제님 진리는 자연섭리

상제님 진리는 하늘진리다, 천지의 자연섭리! 그러니 누가 상제님 진리에 도전할 수 있나.

생명체 가진 것은 다 산소호흡을 해야 살 수 있다. 만약 산소호흡을 않는다면 죽는 것밖에 없잖은가. 코 막고 입 막고 5분만 있어봐라. 질식해서 죽는다. 그게 자연섭리다.

또 내가 노냥 하는 소리지만, 상제님 문화는 군사부君師父 문화다. 상제님 진리로써 우리가 죽는 세상에 살고, 상제님 진리를 믿고, 앞으로 세상이 상제님 진리로써 도성덕립되니, 상제님이 임금도 되고 스승도 되고 부모도 되는 것이다.

다시 얘기해서, 하늘도 상제님의 하늘이요 땅도 상제님의 땅이요 사람도 상제님의 사람이다. 그건 아무리 부정하려고 해도 부정되지도 않는다. 또 부정하려고 할 필요도 없다.

포교하면 5만 년 혈식을 받는다

내가 왜 이것을 그렇게 강조하느냐?

상제님 사업해서 개벽하는 때에 나 살고 남도 살려주면, 역사적인 왕조 마냥 그것으로 끝나고 마는 걸로 착각하는 신도들이 간혹 있기 때문이다.

허나 상제님의 혈식이라는 것은 그게 아니다.

우리는 5만 년 세상을 통치하는 상제님의 무궁한 진리를 집행하는 사람이다. 우리는 상제님이 시키는 일만 하는 심부름꾼이 아니라 우리가 직접 상제님 진리를 집행하는 것이다. 상제님은 진리로써 이렇게이렇게 해라 하셨을 뿐, 인사人事문제는 전부 우리들 손에 달려 있다. 그러니 이 좋은 기회를 놓치지 말아라.

이건 하늘땅 생긴 이후로 그 무엇하고도 바꿀 수 없는 가장 비전이 많은 일이다.

상제님 진리에 매달릴 것 같으면, 그 공이라는 게 한 나라를 개창한 창업시조에 댈 게 아니다.

어째서 그러냐?

내가 사는 성스러운 진리로 딴 사람을 살려주지 않는가. 허면 그 사람들이 내내 자기 자손하고 같은 것이다. 두 내외가 아들딸 낳아 천지만엽

千枝萬葉으로 벌어져 나가면 그걸 자손이라고 하는데, 포교를 해서 사람을 살리면 그게 자손 두는 것하고 똑같다.

그러니 그건 배반할래야 배반할 도리도 없고, 배반할 이유도 없다. 그 사람의 은총을 받아 상제님 진리를 만났고, 그 사람 영향권에서 많은 사람도 살렸으니, 그게 혈통하고 똑같지 다를 게 뭐 있나. 포교해서 살리는 은총과 대의라는 것은 조상의 은의恩義와 같은 것이다.

또 그 은총이 너무너무 고마워서 하늘땅이 끝날 때까지, 이 대우주 천체권 내에서 일체의 생명체가 멸할 때까지, 대인대의에 입각하여 떠받들어 준다. 그게 혈식이다.

그러니, 그걸 왕조 하나 창건해서 5백 년이나 천 년 굄 받는 것에 댈 겐가.

바탕이 그렇게 돼 있으니 제군들이 일심으로 신앙해서 육임 짜고, 두 육임 세 육임도 짜서 새 세상 건설하는 데 주춧돌도 되고 기둥, 붓돌이 되어라. 그러면 거기서 살아나간 사람들이 "그분은 우리 생명체의 연맥이다." 해서 전부 받들어준다. 도맥道脈이라는 게 바로 그런 것이다.

전부를 다 바쳐 신앙하라

상제님 진리는 그런 진리가 돼놔서 유형도 바치고 무형도 바치고, 전부를 다 바쳐 신앙해도 부족하다.

기존 문화권에 뭐가 있나. 내 심한 얘기 같지만, 이 탁자가 전체라면 기존 문화권은 한 쪼가리씩 허물다 만 것에 불과하다. 극히 제한된 인물들이 나와서 극히 제한된 이념을 제시한 것이란 말이다. 불교는 불교대로, 기독교는 기독교대로 전부 다 그러했다. 그런 문화에 매달려서도, 선천 종교 신앙하는 사람들은 전부를 다 바쳐 신앙한다.

상제님 진리는 하나의 틀 속에 전부가 함축돼 있는 문화다. 그러니 우리 증산도 신도들도 사욕은 버려 버리고 전부 다 바쳐서 신앙해라.

헌데 이 증산도 종도사가 전부 다 바치라고 하는 것은 딴 사람들이 바치라고 하는 것과는 다르다. 그저 공부하는 학생들 학점 더 잘 맞고, 직장에 있는 사람들 직장에 더 성실하고 충성하면서, 나머지를 전부 다 바쳐 신앙하라는 것이다.

공부 잘 하고 모범생이 되면 포교하기도 좋다. "쟤는 증산도를 한다는데 전혀 거짓말도 않고 사람도 건실하고 아주 인간이 됐다." 하면, 그 사람의 말을 잘 들어줄 것 아닌가.

또 직장에 다니는 사람도 성실하게 일 잘해서 모범 생활을 해라. 그러면서 값진 월급 받아 집에서 살림 잘하고, 손님대접도 잘 하고, 세금도 내고, 성금도 좀 내고, 그러고 한 시간이라도 아껴서 포교해라.

진리보다 사람이 우선이다

폐일언하고 제군들은 육임을 짜라, 육임을!

전 신도가 앞에서 잡아당기고 뒤에서 밀고 여럿이 협력해서 하면 누구도 다 포교할 수 있다. 지금 초비상이 걸렸는데 포교를 못 한다? 그건 어불성설語不成說이다. 참 불위야不爲也언정 비불능非不能이라고, 안 해서 못하는 것이지 꼭 하려고 하는데 안 될 리가 있나.

한마디로 그런 사람은 진리를 확실하게 못 믿는 사람들이다. 확신 가진 신앙을 못 하기 때문에 포교를 못 하는 것이다. 아주 벗어놓고 달라붙어서, 확신을 가지고 사람을 상대하고 확신 있는 얘기를 해야 포교가 되지, 확신 없이 장난하듯 해서는 포교가 안 된다. 누가 그런 말 듣고 따라오겠는가. 내 자신부터도 확실할 確확 자 믿을 信신 자, 확신을 해야 한다. 확신 있는 말을 하지 않으면 상대방이 믿어주질 않는다.

사람 몇 포교하기가 뭐가 그리 어려운가. 성경신誠敬信을 바탕으로 해서 정성만 가질 것 같으면, 그까짓 100명도 하고 200명도 포교한다. 세상에 안 되는 게 어디 있나!

전국에 이 수많은 사람을 내가 다 포교했다. 그러면서 나는 평생에 딴 생각을 해본 사실이 없다.

세상만사가 절대로 거저 되는 법이 없다. 증산도 포교하는 걸 떠나서도, 다만 먹고사는 설계를 하는 데도 밥 먹는 것조차 잊어버리고 성경신을 다 바쳐야 한다. 그렇게 해도 성공 가능성이 50퍼센트밖에 안 된다.

그러니 상제님 신도로서 『도전』을 보고 또 보고, 아주 머릿속에다가 입력을 해서 외우고 또 외워라. 그렇게 해서 상제님 진리를 뚫어 꿰어야 한다.

"일꾼은 안 될 일을 되게 하고, 될 일을 못 되게 하는 자니라."(道典 8:53:4), 또 "운수를 열어 주어도 이기어 받지 못하면 그 운수가 본처로 돌아가기도 하고, 남에게 그 운수를 빼앗기기도 하느니라."(道典 8:64:4), 이렇게 한 구절을 가지고 한 천 번씩 읽고 또 읽고 해서 『도전』을 달달달달 외워야 한다.

그러고 사람은 첫째로 사교성이 있어야 한다. 진리는 둘째 문제다. 누구를 상대하든지 다정다감하고 온화하게, "그 사람은 과연 참 흠흠하고, 같이 얘기할 만하다." 하고 호감을 주어야 한다. 그러면서 슬슬 진리도 넣어주고, 또 절대로 실례되지 않게 행동하면서 포교해야 한다. 진리보다 사람이 우선이다. 사람이 좋아야 한다.

또 포교하고 나서 내던져두려면 차라리 포교를 않는 게 낫다. 농사지을 때도 봄에 씨 뿌리고 나면 다니면서 솎아주기도 하고, 잡초 같은 것 뽑아주고 김도 매주고, 가을에 열매 딸 때까지 그렇게 가꾸지 않는가.

포교를 하면 반드시 그렇게 교육해서 제대로 길러야 한다.

빈틈없이 신앙하라

여기 지금 포정도 있고 수호사도 있는데, 일반신도들이 포교를 않는 것은 다 교육이 안 돼 있기 때문이다. 체계적으로 상제님 진리 교육만 잘 할 것 같으면, 포교하지 말라고 해도 한다.

교육이라는 건 기술이다. 한 도장에 교육책임자 있잖은가. 그 교육책임자와 돌아가면서 할 수도 있고, 또 발표회 같은 것도 만들어서 신도들더러 한 5분, 10분 포교사례 같은 것 얘기하게 하면, 상제님 진리가 체계적으로 서진다.

무엇을 하든지 간에 사람은 체계적이고 규모적이고 조직적이어야 한다. 상제님 당신도 "이제 하늘도 뜯어고치고 땅도 뜯어고쳐 물샐틈없이 도수를 굳게 짜놓았으니 제 한도에 돌아닿는 대로 새 기틀이 열린다."고 하셨다. 물을 부어도 한 방울 샐 틈 없이 공사를 보셨단 말이다.

인생살이를 하려면 꼭 그렇게 해야 한다. 그렇지 않으면 돈 벌어놓은 것도 다 소용없다. 고양이가 물어가고 쥐가 물어가고, 다 물어가 버린다.

쥐도 고양이도 못 물어가게 철통같이 사회생활을 해야 한다. 그렇지 않고 세상을 어떻게 그렇게 어수룩하게 사는 수가 있나.

그런 허재비 포교하려면 숫제 하지도 말아라.

상제님 진리는 아주 완벽한 진리다. 그걸 그대로 얘기해서 의심나는 것 하나 하나를 다 따져가며 이해시켜야 한다.

그 전에 나는 집단포교를 했다. 한두 사람 놓고 언제 그 많은 사람을 다 포교하나. 해서 열 명, 스무 명 한데 몰아놓고 포교를 했다. 그러고서 거기서 또 일꾼을 추린다. 그렇게 해서 인재를 양성하고, 일반신도까지도 다 진리를 통투通透하게 만들었다.

상제님 진리의 비전

이번에는 서운한 얘기 같지만, 다 죽는다. 이건 거짓말이 아니다. 아니, 80 먹은 지도자가 우리 신도들 더불고 어떻게 조금이라도 거짓말을 하겠나.

내가 지금 3대째 신앙을 하고 있다. 3대를 다 바쳤다. 내가 열 살 이쪽 저쪽에 "만국활계남조선萬國活計南朝鮮이요, 청풍명월금산사淸風明月金山寺라"는 성구를 붓글씨로 써서 입춘날 상기둥 나무에 붙였는데, 그 후로 70년 세상을 상제님 진리하고 살았다.

내가 입버릇처럼 노냥 하는 소리지만, 상제님 판 짜놓은 게 이 세상 둥글어가는 비결秘訣이다. 아주 머리털만큼도 틀린 게 없다.

이 세상은 상제님이 다 짜놓은 세상이다. 무슨 삼팔선 같은 것, 1차 대전, 2차 대전, 6.25 동란 등 모든 가지가 상제님이 천지공사에서 판 짜놓으신 것이다. 아주 그대로만 둥글어가고 있다, 그대로만!

이제 남은 것은 의통목 하나밖에 없다. 시간도 없다. 내 얘기는 그 짤막한 시간에 잘 믿어서 죽는 세상, 개벽하는 세상에 살고, 그러고 나서 혈식천추 도덕군자가 돼서 복 받고, 자손만대 후천 5만 년 세상에 뿌리 내리고 잘 살라는 것뿐이다.

요 목을 잘 넘길 것 같으면, 제군들은 공적公的으로 창업시조가 되는 건 말할 것도 없고, 사적私的으로도 두겁조상이 된다. 제군들이 다 조상 할애비도 되고 조상 할매도 되는 것이다. 허면 5만 년 동안 여러 만 명 자자손손 번성할 것 아닌가.

제군들에게 그런 좋은 일을 하라는 것이다. 이건 내가 사실 그대로를 솔직히 얘기해주는 것이다.

여기 앉은 종도사는 아침부터 밤중까지 보고를 받는다. 어떤 때는 변을 보고 싶은데 변 볼 시간도 없다. 이게 참 거짓말 같은 실담이다. 내 우리 신도들이니까 하는 얘기다만, 하루 한 번이라도 저 뜨락에 나가서 공기 좀 쐬면 좋겠는데, 나갈 새가 없다. 거길 못 나가고 만날 앉아서 수많은 보고를 받는 것이다. 글자 하나만 잘못돼도 안 되잖는가, '아' 다르고 '에' 다른데. 종정과 종도사가 그렇게 바쁘다. 그 바쁜 틈을 타서 이렇게 와서 교육도 해주는 것이다.

그러니 포교를 해라.

천지일월을 대신해서 오신 상제님

제군들은 상제님이 참하나님이시라는 확신을 갖고 신앙해라.

날 봐라. 상제님이 "내가 천지일월이다."라고 하셨다. 천지일월은 말을 못하는 것이다. 그렇기 때문에 천지일월을 대신해서 참하나님이 오셨다. 참하나님인 상제님이 오셔서 천지일월을 대신해서 천지공사도 보시고, 새 세상도 개창해 놓으셨다.

천지일월이라 하는 것은 오직 사람농사를 짓기 위해 존재한다. 헌데 천지일월도 생장염장生長斂藏이 있잖은가. 사람농사 짓는 데도 생장염장이 있다. 지금까지 생장을 해왔고 이제 염장이 남았다. 사람개벽을 한다.

상제님 말씀이 "천지의 대덕으로도 춘생추살春生秋殺의 은위恩威로써 이루어진다."라고 하셨다. (道典 8:37:2) 하늘과 땅 같은 그런 큰 덕으로도 봄에는 물건 내고 여름철엔 길러서 가을철에는 죽여버리는 춘생추살, 그런 은혜와 위엄으로써 이루어진다는 말씀이다.

상제님은 사람농사를 지어 사람 씨알 추리는 추수자로 이 세상에 오셨다. 헌데 이번에 악척가의 자손은 다 가져가 버린다. 그리고 적덕가의 자손만 남는다.

아까 잠깐 중국 얘기를 했는데, 중국 종자는 여러 천 년 동안 그 많은 나라 사람들에게 그렇게 못되게 했기 때문에 그 시대를 같이 산 역사적인 신명들이 그 민족을 거부하는 것이다.

그건 개인의 혈통도 마찬가지다. 그래서 상제님이 적악가의 자손이 들어오면 앞이마를 쳐서 내쫓고, 적덕가의 자손이 들어왔다가 나가려 할 것 같으면 "너는 여기를 떠나면 죽느니라." 하고 등을 쳐들인다고 하신 것이다.

조직에서 이탈되지 말라

　제군들! 우리 증산도는 성장을 해야 한다. 증산도가 성장해야 사람을 많이 살린다. 성장하기 위해서는 포교를 해야 한다. 포교하기 싫은 사람은 그만둬라. 억지로 하라는 것은 아니다. 죽는 세상에 살고 복 받고 싶은 사람들은 육임을 짜라, 육임을!
　이 우주도 조직으로 이루어졌다. 하늘이 있으면 땅이 있어야 하고, 천지가 있으면 일월이 있어야 한다. 천지일월이 뭐 하러 생겼나? 천지일월은 사람농사 지으려고 생겨난 것이다.
　앞에서 얘기한 대로, 우주가 사람농사 짓는 과정에서 일 년 지구년이라는 것도 있는 것이다. 여러 만 년 사람이 계계승승해서 사는데, 사람이 먹고살 녹祿이 있어야 하지 않는가. 다시 얘기하면 지구년에 생장염장해서 초목농사 짓는 게 바로 사람의 녹이란 말이다. 그래서 천지를 대신해서 사람이 농사를 짓는 것이다.
　그리고 우주년 한 세상 둥글어가는 게 지구 일 년 둥글어가는 것하고 똑같다. 똑같은 이법으로 둥글어가니 머리털만큼이라도 틀릴 리가 있나.
　나는 진리의 사도로서 진리만 얘기하는 것이다. 지금은 누구도 내 말을 듣지 않으면 안 된다. 증산도 종도사로서 우리 신도에게만 하는 소리가 아니다. 이건 전 인류에게 해당되는 얘기다. 내가 상제님을 대신해서 얘기하고 있다.
　상제님이 "우리 일은 남 죽을 때 살고, 나 살고 남 산 그 뒷세상에는 잘되자는 일이다."라고 하셨다. 그래 내가 지금 우리 신도들 다 그렇게 잘되라고 당부하는 것이다.

조직에서 조금이라도 이탈되면 안 된다.

사람도 조직으로 되어져 있다. 세포 하나, 머리털 하나도 전부 조직 속에 매달린 것이다. 이 중에 하나라도 떨어져 나가면 안 된다. 그러면 사멸死滅이다.

종도사는 진리의 대변자

상제님은 또 "조상의 음덕으로 나를 믿게 된다."고 하셨다.

내가 여기 부산에 와서도 조상으로부터 내 몸뚱이까지 이어 내려온 유전인자에 대한 얘기며, 조상과 자손의 불가분리한 연관 관계에 대해 많은 얘기를 했다. 또 내가 하는 얘기는 『개벽』 월간지에 대강대강 싣고 있지 않는가. 그리고 내 『어록語錄』이 있다. 종정 『어록』도 있고. 지도자 『어록』을 정신차려서 봐라. 그 속에 다 들어 있다. 다른 신도들에게도 그걸 권해주고 말이다. 아니, 지도자 『어록』을 안 보면 그걸 무슨 신도라고 할 수 있나.

5천 년, 6천 년 핏줄이 내려오면서 그 동안 참 좋은 조상도 있었을 게고, 아주 고약한 조상도 있었을 것이다. 이번에는 나쁜 할아버지 몇 명, 좋은 할아버지 몇 명, 잘한 것 못한 것을 플러스 마이너스해서 공 반 죄 반으로 총 평가를 한다. 그렇게 해서 좋은 일을 많이 한 조상의 자손들만 상제님을 믿고 살게 되는 것이다.

그 자손이라는 게 조상의 숨구멍이다. 이번에 병신 쭉정이 자손이라도 하나 살아남아야 여러 천 년 내려온 수많은 조상들이 산다. 불구자 자손 하나라도 있어야지, 그 자손마저 죽으면 신명도 다 사멸당하고 만단 말이다.

쉽게 얘기하면 5백 년, 천 년 묵은 느티나무가 다 썩어 뭉그러졌어도 가장자리 어디에서 수넁이 하나 나는 수가 있다. 그놈을 잘 길러놓으면 원 둥치는 다 썩어 없어져도 거기서 가지가 뻗고 뿌리가 내려서 고목나무가 다시 살 수 있는데, 그것하고 이치가 똑같다.

그러니 내 자손 하나라도 좀 살려야겠다 해서 지금 신명계에서도 난리가 났다. 신명들이 지금 그렇게 바쁘다. 상제님이 "각 성의 조상신들이 60년씩 천상공정에 참여해서 공을 들였어도 자손 하나 살길을 못 얻어냈다."고 하신 말씀이 그 말씀이다.

지금은 판이 이런 때다. 상제님의 『도전』을 봐라. 전부 그렇게 되어져 있다.

내 시간이 넘어서 그만하겠는데, "틀림없이 판을 꼭 짜겠다" 하는 사람 어디 손 좀 들어봐라. 공중 남이 손드니까 들지 말고, "무슨 일이 있어도 기어이 해내고 말겠습니다!" 하는 사람만 들어라.

됐다.

상제님 신앙은 잘해서 누구 남 주는 것도 아니다. 종도사 위해서 하라는 것도 아니고, 바로 자기 자신을 위해서 하라는 것이다. 자기 자신을 위해서!

내 얘기는 억만 분지 일 퍼센트도 원칙에 어긋난 게 한마디도 없다. 내가 한 얘기는 전부 상제님 진리이면서도 자연섭리다. 진리의 대변자로서, 진리를 얘기하는 것이다!

꼭 그렇게 되는 거니까, 내 말을 아주 150퍼센트 믿어라. 천지이치가 꼭 그렇게 되어져 있고, 상제님의 판도도 꼭 그렇게 짜여져 있다.
 알겠는가! 이상.

일심으로 신앙하라

도기 131(2001). 9. 2, 증산도대학교

이제 모든 일에 성공이 없는 것은
일심一心 가진 자가 없는 연고라.
만일 일심만 가지면 못 될 일이 없나니
그러므로 무슨 일을 대하든지 일심 못함을 한할 것이요
못 되리라는 생각은 품지 말라.
혈심자血心者가 한 사람만 있어도 내 일은 성사되느니라.
복마伏魔를 물리치는 것이 다른 데 있지 않고
일심을 잘 갖는 데 있나니,
일심만 가지면 항마降魔가 저절로 되느니라.

(道典 8:29:1~5)

일심으로 신앙하라

천지공사는 신명의 공의를 바탕으로 짠 것

 오늘 이 시간을 통해서 다시 한 번 상제님 천지공사天地公事의 뜻을 강조하거니와, 천지공사라 하는 것은 상제님이 천지의 이법에 의해 그 시대를 산 신명들과 더불어 질정質定하신 것이다. 시대 환경에 따라 세상을 살다 죽은 역사적인 신명들의 모든 실정, 즉 좋은 일 궂은 일, 남에게 압박 받은 것, 비리 등 여러 가지 시대적인 상황에 의거하여, 신명들의 공의公議에 의해 상제님이 결정하신 것이다.
 천지공사는 상제님이 하나님이라고 해서 어거지로, 사리에 부당하게 상제님 직권으로 결정한 것이 아니다. 상제님은 "파리 죽은 귀신이라도 원망이 붙으면 천지공사가 아니다." 하시고, 아주 지공무사至公無私하게 심판하셨다.
 다시 얘기하면, 천지공사는 과거 역사적인 신명들이 살다 간 것을 바탕으로 해서, 신상필벌信賞必罰, 잘한 건 상주고 잘못한 건 벌주고, 그렇게 신명들 공의에 의해 결정한 것이다. "그건 그렇게 처리하면 공변되지 않습니다. 그 사람은 그 시대에 나쁜 짓을 얼마만큼 하고 좋은 짓은 얼마만큼 했으니, 그 사람은 이렇게 평가를 해야만 합니다." 하는, 지공무사한 신명들의 공의를 바탕으로 전혀 하자가 없이 결정하신 것이란 말이다.

천지공사라 하는 것은 건축하는 데에 건축 설계한 것하고 똑같다. 건축 설계에는 못 하나 박는 것까지 다 나온다. 그와 같이 이 세상 현재와 미래의 설계도, 거기에다가 프로그램으로 시간표 이정표까지 곁들여놓은 것, 그것이 천지공사다.

묶어서 말하면, 상제님 천지공사의 내용이념은 비결秘訣과도 같다. 비결이란 세상 둥글어 가는 걸 써놓은 것 아닌가? 헌데 비결은 그저 묶어서 알아보지 못하게, 좋고 그른 것 몇 마디 얘기했을 뿐이다.

허나 상제님 공사내용이라 하는 것은 아주 세밀하다. 하나하나 프로그램을 작성해서, 시시각각으로 이런 과정을 거쳐서 이렇게 전개된다, 그러고 결론적으로는 이렇게 된다 하는 것을 일목요연하게 짜놓은 것이다.

천하 대세를 알아야 산다

허면 그런 상제님 진리에 매달려 신앙하는 우리 신도들이 서자서書自書 아자아我自我로, 진리는 진리대로 내 생각은 내 생각대로, 또 내 행동은 내 행동대로 이율배반적인 신앙을 할 것 같으면, 뭐 신앙을 않는 것보다 조금은 좋을런지 모르지만, 유종의 미를 거두고 신도의 사명을 다할 수 있겠는가.

상제님이 "지천하지세자知天下之勢者는 유천하지생기有天下之生氣하고, 천하의 대세를 아는 자는 천하의 살 기운이 있고, 암천하지세자暗天

下之勢者는 유천하지사기有天下之死氣라, 천하의 대세, 세상 둥글어가는 대세에 어두운 자는 죽을 수밖에 없다."는 말씀을 하셨다.

우리나라 사람들은 지구상에서 가장 영특한 사람이다. 아주 지혜로운 족속이다. 또 이 시대 환경으로 볼 것 같으면, 그 전에는 우리나라가 참 문맹국으로 민족이 우매하기 짝이 없었지만, 지금은 지구상에서 몇째 안 가는 지식의 소유자가 돼 있다. 그래서 국제정세에 대한 것에서부터 여러 가지가 어느 민족보다 한 발 앞서 있다.

지금 우리나라의 휴대폰 소지자가 2천7백만이라고 한다. 지구상에서 일등국가다. 늙은이 어린이들을 제외하고는 다 휴대폰을 하나씩 가지고 있는 셈이다. 그 사람들이 전부 위성과 연결해 가지고 이 지상세계 어디하고도 다 정보교환을 한다. 전세계 일초 생활권에 돌입했다는 얘기다.

그런 사람들이 지금 상제님 문화권에 들어와 상제님 진리를 바탕으로 해서 세상을 컨트롤하고 있다.

허면 그런 세상에 나도 살고 남도 살려줘야 하지 않겠는가!

그 동안 상제님 진리 얘기는 귀가 솔도록 여러 천 시간을 들었으니 그건 보류하고, 이 시간에는 우리 증산도가 성장하는 것에 대해 얘기 좀 해야겠다.

도장성장의 비결, 일심一心

내가 오늘 증산도가 성장하는 비결을 하나 얘기할 테니 들어봐라.

제군들이 참신앙을 하고 또 도장도 성장하는 비결이니 그 이상 더 좋은 얘기가 없잖은가. 이게 아주 신앙의 매듭을 짓는 얘기다.

내가 노냥 하는 얘기지만, 상제님이 이런 말씀을 하셨다.

> 이 일은 남조선 배질이라. 혈식천추 도덕군자의 신명이 배를 운전하고 전명숙이 도사공이 되었느니라. 이제 그 신명들에게 '어떻게 하여 만인으로부터 추앙을 받으며 천추에 혈식을 끊임없이 받아 오게 되었는가'를 물은즉 모두 '일심에 있다'고 대답하니 그러므로 일심을 가진 자가 아니면 이 배를 타지 못하리라. (道典 6: 51: 4~6)

이 배는 남조선 배다. 상제님 성구로 묶어서 얘기하면, "만국활계남조선萬國活計南朝鮮이요 청풍명월금산사淸風明月金山寺라, 세계 만국 중에 생기가 붙고 남도 살려줄 수 있는 나라는 오직 남조선이다. 남쪽 조선, 삼팔 이남이다."라는 말씀이다.

참하나님이신 상제님이 오셔서 후천세상 판 짠 데가 바로 이 남쪽 조선이란 말이다. 여기가 상제님이 말씀하신 남조선 배다.

그런데 이 남조선 배를 타는 비결이라 하는 게 내가 일심 신앙을 하느냐 못 하느냐에 달려 있다.

그건 자기 자신보고 물어보면 정답을 쉽게 구할 수 있을 게다.

증산도 신앙을 떠나서, 세상에서 어드러한 일을 하든 성공하고 못 하는 관건, 열쇠, 그 키포인트는 오직 일심이다. 크고 작은 모든 일을 일심을 가지고 할 것 같으면 틀림없이 성공한다. 혹시 그 중에 세상 대세에 어두워서 성공 안 될 일을 한다면 안 될 수도 있겠지. 하지만 웬만큼 지혜로운 사람이라면 일심만 가지면 안 될 일이 없다.

옛날 사람들이 "일심하려면 몰신沒身을 하라"고 했다. 빠질 몰沒 자,

몸 신身 자, 몰신은 아주 몸을 빠뜨리라는 말이다. 그 앞에 머리 두頭 자를 써서 몰두沒頭하라고도 하는데, 그건 아주 머리를 묻으라는 말이다.

늘 하는 얘기지만, 불교의 팔만대장경이 다 소용없다. 불도에서 제 일인자라고 하는 사람들이 이런 얘기를 한다. "불립문자不立文字요 이심전심以心傳心이라"고.

불립문자, 즉 '문자를 세우지 말라. 팔만대장경이니 뭐니 그게 다 무슨 소용이 있느냐' 하는 소리다. 또 이심전심이라, '심법으로써 심법을 전한다'는 말이다. 써 이 자, 마음 심 자, 전할 전 자, 마음 심 자, 마음으로써 마음을 전한다, 심법으로써 심법을 전한다는 것이다.

팔만대장경이라는 것이 전부가 다 그 심법을 써놓은 것이다. 그네들에게도 그 이념에 따라 일심이란 게 있다. 무슨 "색즉시공色卽是空이요 공즉시색空卽是色이다" 하는 소리가 전부 다 일심을 얘기하는 것이다.

지금 밥 먹고사는 것은 기본이다. 천하만민이 어지간하면 다 먹고는 산다. 그러니 자기 직장에 충성하면서 일심만 가지면 정육임, 참육임을 짤 수 있다.

상제님 진리는 자연섭리

우리 상제님 문화는 생활문화가 돼놔서, 현재 이 지구상 어떤 문화권에 사는 사람이든지 간에, 그 사람들을 전부 충족시킬 수 있고 어느 누구도 받아들일 수 있는 보편 타당한 문화다.

또 상제님 진리는 자연섭리, 우주변화원리를 바탕으로 한 천지의 이법에 합리적인 진리다. 그것을 부정할 사람은 이 하늘 밑에 아무도 없다.

기존 문화권같이 그렇게 편벽된 문화가 아니란 말이다.

하나만 예를 들면, 불자佛子가 되기 위해서는 가정도 윤리도 혈통인 성姓도 다 버리고, 부처의 법명으로 다시 태어나 부처의 혼이 되어 살다가 다비해서 불 속으로 들어간다.

기존 문화권이라는 게 거개가 다 그렇게 편벽됐다.

이런 얘기를 자꾸 하면, 남의 종교를 헐뜯는 것 같아서 참 말하기 싫어 그만 줄이고 만다.

허나 상제님 이념은 그런 이념이 아니다. 저 생겨난 가정에서 그저 그대로 순수하게, 본래 되어진 그대로 지식도 충족시키며 하는 것이다.

이 증산도가 학문을 파는 전당도 아니지만, 우주변화원리 같은 건 이 지상에 생존하는 사람이라면 누구도 흥미를 갖고 "야, 그거 한 번 더 들었으면 좋겠다. 야, 과연 참 재미난다. 그것도 모르고 살았구나." 한다.

내가 전에 포교할 때, 우주변화원리 얘기해 주면 남자고 여자고 늙은이고 젊은이고, 기독교를 믿는 사람이건 불교를 신앙하는 사람이건 마호메트를 믿는 사람이건, 사람이라면 다 호감을 가지고 들었다.

예를 들면 사람들은 자기가 호흡하는 이치도 모르잖는가. 그래 "간심비폐신肝心脾肺腎, 오장육부가 생겼다는 건 아는데, 어디 그것 좀 얘기해 줘 봐." 한다. 그러면 "호출呼出은 심여폐心與肺요, 흡입吸入은 신여간신與肝이라. 내쉬는 숨은 심장과 폐가 하는 것이고, 들이쉬는 숨은 신장과 간장이 주관한다. 이게 인체구조가 이렇게 돼서 이렇게 되는 것이다. 자연섭리가 이렇다." 하고 설명해 준다.

사실 그런 걸 잘 알 것 같으면, 사람을 쳐다보기만 해도 병리학病理學을 그냥 알아버린다. 나는 사람 고쳐주는 의사도 아니고 약장사도 아니고, 그런 것하고 관계가 없는 사람이지만, 그냥 쳐다보기만 해도 다 알았다. 생리학生理學 병리학에 통투하면 사람을 쳐다만 보아도 다 알아버린다. 우주원리라는 것이 그런 것이다.

지금 우리는 실제로 몸뚱이 가진 사람에게 상제님 진리를 얘기하는 것이다. 우주원리, 자연섭리를.

이건 어떤 특정인이 어거지로 만든 진리가 아니다.

요새 와서 내가 가끔 그런 얘기를 하지만, 지금 이 시대적인 상황이라는 것은 무슨 종교나 진리를 들고 나오기 이전에, 우주변화원리를 얘기하다 보면 싹 다 들어온다.

다시 얘기하면, 인류의 역사라는 것은 자연섭리가 성숙됨에 따라 함께 성숙되는 것이다.

자연섭리를 묶어서 얘기하면 생장염장生長斂藏 이다. 헌데 그 동안의 역사과정이라는 건 생장으로 내려와, 이제 염장과정으로 들어간다. 곧 지금은 생장의 극치에 달한 때로서 앞으로 수렴해서 폐장하는 과정으로 들어가는 것이다.

그러면 어떻게 수렴을 하느냐?

상제님이 천지공사에서 판 짜놓은, 앞세상 둥글어가는 설계도대로만 펼쳐진다. 꼭 그렇게만 수렴이 된다.

그건 상제님 『도전』을 보고 교육받으면 알 수 있다.

사람이 길을 가다보면 평지도 있고, 좀 올라가는 데도 있고 내려가는 데도 있잖은가. 그것과 같이 상제님 공사내용도 이정표에 정해진 그 시간 그 시간, 그 프로에 의해 둥글어간다.

지금은 육임六任 짜는 천리의 때

내가 가끔 구호로 외치듯이, 천리天理는 때가 있고 인사人事는 기회가 있다. 천리의 그 때, 그 기회를 놓치지 마라. 지금이 그 천리의 때다. "나를 믿는 자는 육임六任을 짜라."고 하신 바로 그 때다.

이번 제3변에 매듭을 짓기 위해, 제1변도 있었고 제2변도 있었다. 다시 얘기해서, 가을철에 열매를 따기 위해 파종播種도 했고 이종移種도 했고, 그 허구한 시간을 거쳐 여태 길러져 온 것이다.

보천교 때 7백만 소리를 쳤다. 우리나라 민족이 2천만도 채 안 됐을 때에 상제님 신도가 7백만이었다는 것이다. 뭐 망건 쓰고 귀 빼놓은 사람은 다 보천교 신도였다고 해도 과언이 아니다.

그러면 종교 숫자는 으레 부풀린 거니까, 풍을 쳐서 한 두 배는 보탰다 해도 반을 잘라내면 350만은 됐을 것이고, 세 배 거짓말을 했다면 한 2백여 만은 됐을 것 아닌가?

그러고 또 제2변을 거쳤다.

제1변, 제2변에 매달렸던 사람들은 헛물켜다가 가고 말았다. 그들은 다만 죽을 순殉 자, 순교자殉敎者다. 빛 보지 못하고 죽은 사람에게 으레 순 자를 붙이잖는가. 순교자, 글쎄 그것도 벼슬이 될라나?

헌데 지금 제3변은 하나도 허수가 없다. 제3변에 매달린 사람들은 거저 먹는 것이다.

일심 갖고 확신 있는 포교를 하라

 오늘은 거짓말하지 말고, 꼭 육임 짤 것을 천지신명께 약속하고 종도사하고 약속하고, 이 신앙사회의 여러 성도들과 더불어 연대 서약을 해라.
 포교를 해라, 포교를, 왜 포교를 못 하나?
 '포교를 하기는 해야 할 텐데' 생각하다가, 큰집에도 가고 작은집에도 가고, 애들도 데려다 주고 시장에도 가고 누구 만나기도 하고, 그렇게 하다가 보니까 그냥 미끈덕 하고 한 달이 다 갔다?
 그렇게 하면 안 된다.
 무슨 사업이나 일을 할 때는 몸과 마음, 심혈心血이 경주傾注되는, 마음과 피가 함께 거우러지는 진실한 정성을 갖고 하지 않으면 되질 않는다.
 그리고 성금도 꼭 내가 내야만 되는 게 아니다. 내가 돈이 없으면 세상에 성금을 낼 수 있는 사회사람들이 얼마고 있다. 지금 뭐 불황이 오네 어쩌네 해도, 그 동안 돈 많이 벌어놔서 쓸 데가 없어서 못 쓰는 사람들이 얼마고 있다. 그 사람들은 돈 쓸 데를 못 만나서 못 쓴다. 그들을 포교해라.
 다 잔말 같아서 쓸데없는 얘기는 약한다.
 포교를 해라, 포교를!
 포교가 왜 안 되느냐?
 그 안 되는 요인을 묶어서 한마디로 얘기하면, 일심을 못 가졌기 때문이다. 일심 못 가진 사람은 포교를 할 때 확신이 없이 진리를 전해 준다. 확신을 가져야 한다!

150퍼센트 상제님 진리를 확신하는 사람은, 확신을 가졌기 때문에 모든 문제를 뒤로 제쳐놓고 우선 포교를 한다.

그리고 정신이 그렇게 되어져 있는 사람은, 남에게 상제님 진리를 전달할 때도 확신 있는 얘기를 한다. 그러면 전달받는 사람도 "야, 참 틀림없는 소리구나." 하고 확신을 하게 된다.

또 그렇게 확신 있는 말을 하다보면, 피가 탁탁 튀는 상제님 진리가 나온다. 상대방의 골수에, 간에 새길 수 있는 진리가 말이다. 그러니 포교가 안 될 리가 있나.

제2번 때의 포교

이런 소리를 하면, 저 종도사는 포교를 안 해봐서 그런 소릴 한다고 할 것이다. 나는 8.15 후로 혼자서 포교했다. 나처럼 포교 많이 해 본 사람이 없다. 자면서, 꿈에서도 포교를 했다.

그 때는 글발 하나도 없이 내가 말로써 포교했다. 처음 시작할 때는, "내가 증산교다." 하고 내 마음으로 슬로건을 가지고 했다. 세칭 예수를 믿으면 예수교라고 하듯이, '나는 강증산을 믿으니까 증산교라고 해야겠다' 이렇게 시작한 것이다.

그러고서 포교를 하는데, 누구도 내 애길 들어주었다. 자꾸 쫓아다니면서 얘기를 하면 그렇게 된다. 그건 틀림이 없다. 내 정성에 감화돼서도 신앙을 한다.

그런데 그것만 가지고 포교하는 게 힘들어서 수행공부를 시켰다. 일곱 사람씩 조를 짜 가지고 방안에다가 면벽단좌面壁端坐, 얼굴을 벽을 향해 쪽 돌려 앉히고 수련을 시켰다.

그 때 빨리 터지는 사람은 한 사흘 만이면 터지고, 오래 가면 한 닷새 엿새면 다 터졌다. 그걸 개안開眼이라고 하는데, 열 개 자 눈 안 자, 눈이 열린다는 말이다. 그러면 혼이 하늘에도 올라갔다. 참 거짓말 같은 허망한 얘기다.

내가 수련을 시키면 개안되는 게 일 주일을 넘지 않는다.

시키는 사람 자신이 정성이 덜 돼서 받는 사람들도 안 되는 것이지, 지극한 정성을 가지고 치성을 모시면 절하다가도 터져 버린다. 입도식을 거행하는데, 첫 절 하다가 엎어져서 그냥 터져 버리는 사람도 있었다.

그렇게 한때는 개안시켜서 영으로 포교한 적도 있다.

하나 예를 들면, 언젠가도 내 그런 얘기를 한 번 했는데, 여기 앉아서 멀리 사는 자기 사촌이니 육촌, 사돈의 병을 고쳐준다.

이게 오래 전에 들은 얘기다. 대전에 사는 우리 신도에게 부산의 누가 병에 걸려 앓는다고, 좀 고쳐달라고 해서 우리 신도가 여기 앉아서 영으로 그 집에 갔다. 그 환자의 방에 들어가 보니 아픈 사람에게 달려붙은 신명이 있다. 그게 뭐 잡신밖에 더 되겠나. 우리 신도가 병을 고치러 가니까 신명이 도망간다. 신명이 이리 쫓기고 저리 쫓기고 하더니 문 밖으로 확 뛰쳐나간다. 헌데 그 마루 밑 토방에 개가 쭈그리고 누워 있었다. 신명이 도망가다가 그만 누워 있는 개를 밟았다. 그랬더니 개가 깨갱거린다. 신명도 무게가 있기 때문에 밟히면 아프기 때문이다.

그렇게 병을 고쳐줘서 입도를 시켰는데, 그런 사람은 오래 믿어봤자 3년 믿으면 그만이다. 그저 두어 달도 믿고 서너 달도 믿고, 어쨌든 조금 믿는 체는 한다. 허나 신앙이 오래 지속되질 않는다.

왜 그러냐?

아파서 죽게 생겼는데, 어느 날 누가 말로써 약속하고 병을 고쳐줘서 그 시간에 병이 나아버렸다. 그것 참 진짜 같기도 하고 거짓말 같기도 하고, 참 허망하기 짝이 없다. 제 눈으로 영이 뵈지 않으니 전혀 믿을 수가 없잖은가. 해서 그 병을 고쳐준 사람이 증언을 해 준다.

"네 병을 고쳐주러 갔더니, 그 집 구조가 이렇고 그 방 구조는 이렇게 됐더라. 너는 어디에 누워 있는데 들어가 보니까 이러저러한 신명이 네게 붙어 있더라. 헌데 내가 들어가니까 그 놈이 그냥 이리 쫓기고 저리 쫓겨서 밖으로 도망가다가 개를 밟은 모양인지, 개가 깨갱하고 죽는소리를 하더라. 그걸 기억하느냐?" 하니 "사실 개가 깨갱대는 소리를 들었다. 아, 그러니까 참 실감나는 것도 같다. 내가 그런 소릴 들었어." 한다.

허나 그 때뿐이다. 그렇게 해 봤자 결과적으로는 신앙을 안 한다.

왜 그러냐? 확실하게 믿지 못하기 때문이다.

내가 포교하기 위한 하나의 수단으로 그 짓도 해봤다. 허나 그것도 결국 소용이 없다. 해서 진리를 문자화해야 되겠다 생각했다.

그것도 내가 쓰려고 하다가 한 1년을 끄니까, 종정이 자꾸 쓴다고 한다. 해서 종정에게 글을 쓰게 시켰다.

그렇게 돼서 지금의 『증산도의 진리』를 쓰고, 이어서 『이것이 개벽이다』를 썼다.

큰자식의 죽음과 환생 당부

종정 얘기가 나왔으니, 내가 종정에 대한 얘기를 조금 해주겠다.

내가 몇 자리에서도 이 얘기를 했는데, 오늘 여기는 일급간부들도 있고 일반신도도 있고 포감도 있고, 고루고루 섞여 있으니 공식적으로 얘기한다.

내가 제2변을 마무리하고 집으로 돌아왔다. 아마 한 8개월 만에 집에 들어온 것 같다.

그 때는 금제군 금산면 금산리 용화동이라는 데에 본부를 뒀었다.

헌데 거기는 낮에는 대한민국이고 밤에는 인민공화국이다. 6.25동란이 발발해서, 아직 전쟁이 끝나지 않았을 때다. 그 모악산 쪽에 빨치산들이 우글댔다. 얼마가 되는지 수치는 모르지만, 빨치산들이 밤에는 마을로 내려와 쌀도 뺏어가고 소도 끌어간다. 그렇게 해서 그들이 먹고살았다. 하루살이 식이다.

그래서 그들을 피해 원평으로 내려와 집을 한 채 얻어, 거기서 수작업으로 서류도 작성하고 의통醫統을 준비했다.

그런데 그 당시 나하고 같이 일하던 이상호라는 자와 도저히 같이 일할 수가 없다. 그래서 포교를 더 하지도 말고 그저 현상유지나 하고 있으라 하고, 대 휴게기休憩期를 선포하고 집으로 온 것이다.

다 저녁때가 돼서 집에 도착했다. 헌데 그 때 신도들이라고 지금과 별반 다를 게 있나? 내가 없을 때는 우리집에 개미새끼 하나 안 오다가, 내가 온다고 하니까 수십 명이 앞서거니 뒤서거니 해서 쫓아온다.

내가 집에 들어와 보니, 초등학교에 다니는 내 큰자식이 신장염에 걸렸다.

본래 우리집은 부자였는데, 살림이 시원찮아져서 쌀이 떨어지니까 애들에게 밀만 삶아줬다는 것이다. 만날 밀밥에, 밀가루 음식에 보리밥만 먹였으니 애들 영양문제도 좀 잘못됐을 게다.
　그 날 그 이웃집에서 누가 결혼을 하는데, 떡국을 끓였던 모양이다. 떡국은 쌀로 만들잖는가. 내 아이가 그것을 두 사발을 먹었다는 것이다. 그 동안 굶어서 떡국을 보고 눈이 뒤집어졌는지 어쨌는지, 아, 그 놈 두 사발을 먹고 잔뜩 체해버렸다. 체하면 신장염으로 돌아가는 것이다.
　방안에 들어가 보니까, 그 어린놈이 뚱뚱 부어 가지고, 두 눈이 애들 숟가락 꼬챙이로 요렇게 찌른 것만큼만 남았다. 아버지가 보고도 싶었고, 아버지 목소리도 들리고 아버지가 오셨다 하니까 눈을 뜨고 보는데, 쬐그만 구멍 두 개가 요렇게 남았다.
　하여튼 안됐어서, "왜 그랬냐?" 하고 사유를 물으니까 떡국 두 그릇 먹고 그렇게 됐다는 것이다. 불알을 떠들고 보니, 불알이 고무풍선 모양 부어올라 아주 야름야름하다.
　그 때 어떤 신도가 "가서 의사를 데려오겠습니다" 한다. 내가 데려오지 말라고 하는데, 뒷구멍으로 해서 벌써 데려왔다. 그 의사가 들어와 체온을 재더니 열이 42도인가 올라갔다고 한다. 장정 같으면 42도면 생명이 갈 수도 있다. 애들이니 괜찮았지.
　내가 누구와 얘기하고 앉았는데, 아이한테 무슨 강심제 주사를 놓는다 어쩐다 하는 소리가 들린다. 내가 그 말을 듣고 고열에 그런 것 잘못 놓으면 심장마비 걸리니까 제발 그만두라고 했더니, 의사가 하는 말이 자기가 책임을 진단다. 아니 사람 생명이 가는데, 사람이 죽는데 무슨 책임을 지나? 사자死者는 불가부생不可復生, 한 번 죽으면 다시 살아나질 못

하는데 말이다.

내가 돌아보니 불과 한 2시시(cc) 되는 주사약이 벌써 다 들어가고 주사침 빼는 것만 남았다.

그러더니 주사침 빼면서 심장마비로 눈이 다 틀어져 돌아가 버렸다. 그래 내가 그걸 보기 싫어서 손바닥으로 막았다. 그랬더니 가버렸다. 아주 순식간에 자식을 잃어버린 것이다. 집에 들어간 지 두 시간도 채 안 돼서다.

아니, 의사가 와서 사람을 죽였지만 그 사람을 어떻게 하나? 욕을 하고 때려준다고 해서 죽은 아들이 살아나지도 않는 게고, 또 내가 행동이 그렇지도 않은 사람이고.

해서 담배나 피우고는 한 두어 시간 후에 내가 그런 얘기를 했다.

"애비가 오지 않았으면 네가 이 시간까지 잘 살았을 텐데, 애비가 와서 너를 죽게 했구나."

내가 안 왔으면 의사를 부르지도 않았을 것이고, 아이가 죽지 않았을 것 아닌가.

그래서 "참 아버지로서 네게 죄스럽다." 하니까, 자꾸 무슨 말을 하려는 것처럼 죽은 애 입에서 저 바다꽃게 거품 북적대듯이 거품이 북적북적한다.

뭐 그럴 수도 있는가 보다 하고 있다가, 밤 한 열두 시나 됐나, 아쉬워서 다시 한 번 얼굴 덮어놓은 걸 떠들고, "참 애비가 안 왔더라면 네가 살 수도 있는데 참 죄스럽다."고 했다. 그랬더니 역시 또 입에서 거품이 북적댄다.

그래서 내가 이런 얘기를 했다.

"인도 환생하는 수가 있다. 죽었으니 한스럽겠지만, 정 그렇게 한스러우면 좋은 명복을 가지고 다시 한 번 태어나라. 똑같은 아버지 똑같은 어머니니까, 다시 태어나면 세상에 좀 늦어지는 것뿐이지 무슨 관계가 있겠느냐?"

그러고는 그 이튿날 갖다가 묻으려고 할 때, 내가 다시 한 번 떠들고 몇 마디 얘기를 하니까, 죽은 지가 언젠데 또 입에서 거품이 부글댄다.

그래서 내가 다시 이런 얘기를 했다.

"다만 밑지는 것은, 네 동생들이 형이 된다는 것이다. 그것밖에는 밑질 거 없지 않으냐? 뭐 그런 것쯤이야 괜찮지 않으냐?"

그러면서 "꼭 인도 환생을 하려면, 네가 부모에게 안겨라. 그런 태몽을 얻고 태어나면 그건 네가 환생한 게 틀림없을 것 아니냐?" 하고 약속을 하고 보냈다.

그리고 내 손으로는 갖다 묻고 싶지도 않고, 난 또 그런 거 할 줄도 모르고 해서, 내 사촌들한테 널을 짜서 묻게 했다. 그애를 보니 장가를 들여도 되게 생겼다. 속담에 놓친 고기가 더 커 보인다는 말도 있잖은가.

지금도 그걸 생각하면 상제님이 너무너무 야속하다. 아니, 내가 8.15 후부터 집에 와 다리 뻗고 잔 적도 별로 없는데, 어떻게 그러실 수가 있나 말이다.

큰일하는 사람의 일심

그 때 명절 때가 되면 처음에는 신도 집에 가서 명절을 쇠어 봤다. 헌데 그건 절대 안 되게 생겼다. 그 집이 비상이 걸려서 명절도 잘 못 쉰다.

그런 게 큰 경험이다.

그래서 명절 때가 되면 서울 있을 땐 부산행 기차를 타고, 또 부산에서는 서울행 기차를 타고, 으레 기차간에서 명절을 보냈다.

그런데 집에서는 무슨 일이 일어났느냐?

떡을 안치려면 솥에다가 물을 붓고 시룻번을 바른다.

헌데 우리 어머니가 떡을 안치면서, 빈 솥에다가 떡시루를 얹어놓고 거기다 그냥 번을 발라 버렸다. 그러니 물이 없는데 떡이 익을 턱이 있나, 그게 김으로 익는 건데.

그 땐 나무를 땔 땐데, 아 불을 암만 때도 떡이 안 익더란 말이다. 이게 어떻게 된 겐지, 나무 한 짐을 다 때도 김도 안 나고 떡이 안 익는다.

누가 가서 보니, 물을 안 부어서 솥 밑이 불에 달아 뻘겋더란다. 아들이 명절 쇠러 안 오니까 아들 생각에 정신이 없어서 그랬다는 것이다.

그렇게 나는 상제님 일을 하면서 한 번도 명절 쇠러 간 일이 없다. 그게 일심이다. 자식으로서 부모에게 불효를 할지언정, 큰일하는 사람이 어떻게 때마다 집에 명절 쇠러 다닐 수 있나.

여기 그런 생각을 가진 신도들 있으면, 집에 가서 누워 편안히 잠자다가 도성덕립 됐다고 좋 나거들랑 그 때 와라. 두 마음 품고 편케 남의 팔매에 밤 주워먹는 사람은 절대로 살 자격도 없다.

급박한 상제님 공사

내가 그렇게 다니다가 집에 돌아왔는데 아, 하룻저녁이라도 자고 난 다음에 데려가든지 하면 좀 나을 텐데, 집에 들어온 지 두 시간도 안 돼서 큰자식을 가져가 버렸다.

　게다가 연일 신도들이 4, 50명씩 모여든다. 그 신도들이 하루만에 돌아가는 것도 아니니 수용할 수도 없고, 도저히 거기서 배기는 수가 없다. 그러니 이것저것 정이 다 떨어져버렸다.

　그 집이 내가 태어나 성장한 집이다. 거기서 자식도 아마 넷을 낳았나 다섯을 낳았나?

　그래 그 집을 팔고서 이사간다고, 그저 준다는 대로 땅 한 평에 쌀 반 되 값씩 받고 팔았다. 좋은 논 한 평에 쌀 반 되 값을 받은 것이다.

　그렇게 팔고 나니까 또 화폐교환을 한다. 해서 그것 다 거저 내던져버린 셈이 됐다.

　그렇게 정리를 하고 트럭을 얻으러 가서야 행선지를 공주로 결정했다. 행선지도 정하지 않은 채 무작정 집을 판 것이다.

　그러고서 트럭에다 이삿짐을 싣고 공주로 오는데, 큰아들 신명이 쫓아온다. 그래 그걸 더불고 왔다. 그 뒤 그 애 태몽을 꾸고 포태돼 가지고 아들을 낳았는데, 그게 갑오甲午생 종정宗正이다.

　8.15 후부터 제2변을 끝마칠 때까지, 나는 하룻저녁도 편안한 잠 한 번을 못 잤다. 내가 일할 땐 오죽이나 무섭게 일을 하나.

　그걸 지금 생각해 보면, 암만 상제님 일이 급하다 하더라도 원 하룻저녁 좀 다리 뻗고 잠이라도 잔 다음에 큰 자식을 더불고 가든지 하시지, 상제님은 내가 집에 들어오자마자 더불고 가서서, 즉시 제3변 일할 것을 준비해 놓으신 것이다.

　그게 상제님 공사다. 상제님 일이 이렇게 바쁘게 돌아간다. 상제님 공사는, 묶어서 얘기하면 피도 눈물도 없는 공사다.

15진주眞主 노름의 개평, 종정

그러고서는 20년 귀양살이로 들어갔다.

상제님 천지공사 내용에 있지 않은가? 내가 천지공사로 하여금 말도 末島(끝섬)로 귀양을 가는데 스무날 만에 나온다고.

그 끝섬 말도에 김광찬 성도의 사촌이 살았다. 그 공사 보실 때 상제님이 김광찬 성도를 더불고 들어가셨다. 가서 숙식을 해야 할 테니까. 거기서 내게 20년 귀양살이 공사를 붙이신 것이다.

그리고 상제님은 내게다가 또 뭘 붙여놨냐 하면, 15진주眞主를 갖다 붙여놓으셨다. 『도전』에 보면 이칠육, 구오일, 사삼팔이 나오는데 그게 15진주다. 그것이 후천 5만 년 세계의 우주원리다.

집에 가서 2 7 6, 9 5 1, 4 3 8을 써놓고 한 번 따져 봐라. 어떻게 갖다가 잡아끌든지 그건 15밖에 안 된다.

"노름에 15진주라는 노름이 있는데, 밤새도록 남의 돈 한 푼 따보지 못하고 내 본전 다 잃어버리고 아주 거덜난 다음에, 새벽물결에 가서 개평을 뜯어서 본전을 찾는 수가 있다." 그것이 상제님 공사내용이다.

그에 대해 한 두어 달 전에 종정하고 부자간에 앉아서 그런 얘기를 했다. "아니, 상제님이 개평을 뜯어서 본전을 찾는 수가 있다고 했는데, 개평을 뜯을 무엇도 없잖으냐? 그런 여지가 뭣이 있나?" 내가 옆에 앉은 종정보고 하는 말이다. "개평을 뜯는다면, 글쎄 내가 너를 포교해서 더불고 일한 걸 개평이라고나 할까?" 했다. 아, 애비가 자식 더불고서 일하는 게 당연한 거지, 그게 무슨 개평이 될 수가 있나?

헌데 개평이다.

자식이라고 해서 애비 마음대로 되는 게 아니다.

내가 본래는 둘째를 더불고 상제님 사업을 하려고 했다. 둘째를 서울대 정치학과에 넣어줬다. 판을 좀 넓혀준다고, 학과도 내 손으로 선택해서 써주고. 그러고서 내가 무슨 소리를 했냐 하면, "세계 활동무대에서 제스추어를 한 번 잘 추면 명배우도 될 수 있다."고 했다. 정치학과를 지원해주고 합격한 다음에 내가 자식보고 한 소리다.

그러고 그애가 대학을 졸업하자 다시 대학원에 등록을 시켜줬다. 그때 내가 독조사 공사로 헤맬 때다. 그래 "너는 서울대 나왔으니 설마 밥이야 못 얻어먹겠느냐? 그러고 경험도 쌓아야 하고." 그러면서 "애비는 돈도 없고 네 동생들도 많이 있으니 대학원은 네가 벌어서 나와라."고 했다.

헌데 그애가 대학원을 나와서는 미국으로 박사 받으러 간다고 내 뒤꽁무니에다 절하고 도망가버렸다.

그게 내 뜻대로 안 된다. 저 하는 게 아버지 생각하고는 전혀 관계가 없다.

그래서 갑오생 종정은 아주 내 꽁무니에다 차고 다녔다. 모조지에다 붓으로 우주변화원리를 써 가지고 포교를 했다.

자식에게 신앙을 물려주어라

포교를 안 하면 자식도 소용없다.

우리 신도들도 애들이 있으면 초등학생이라도 도장에 더불고 나와 청포〔청소년포교부〕에 입적시켜야 한다. 그렇지 않으면 소용없다. 신앙심이라는 건 그 때 들어가야 하는 것이다.

내가 가끔 하는 소리지만, 우리나라 명사 중에 황수관이라는 사람이 있다. 연세대교수인데, 그는 "이 세상의 것 다 안 물려줘도 자식에게 종교는 물려줘야 된다."고 하는 사람이다.

그 사람이 기독교인이다. 그 사람은 자고 일어나면 꼭 그들이 부르는 주님에게 "오늘 하루를 무사히 지나게 해주십시오." 하고 기도를 한단다. 그게 그 사람들 생활이다. 기독교인들이 다 그렇게 믿는다. 우리 증산도 신도들만 그렇게 지극정성으로 믿는 것 같지? 신앙이라 하는 것은 다 마찬가지다.

여기 우리 신도들 중에, 다른 건 안 물려줘도 신앙만은 꼭 물려줘야 한다고 생각하는 신도가 얼마나 되는가?

그렇게 생각하는 신도들이라면, 자식들 더불어다가 다 입도시켜라.

박사가 백 개면 무슨 소용이 있나. 사람에게는 옳은 길 찾아주는 것 이상이 없다. 가정에 효도하고, 국가에 충성하고, 사회에 의로운 일 하는 사람을 그까짓 박사에다 대는가. 그 지식 암만 있으면 무슨 소용 있나, 삐꾸럭길 걷는데.

다 그렇다는 게 아니라는 걸 전제하에 하는 얘긴데, 법과 나와서 고시합격 못 하면 그 지식을 역이용해 가지고 사기꾼 되기 십상이다. 교묘하게 법망을 피해 창에 안 갈 만큼, 법에 저촉되지 않을 만큼 갖은 행위를 다 한다. 지식 많고 도덕률이 결여된 사람은, 목적을 달성하기 위해 수단 방법을 가리지 않는 것이다.

종정을 더불고 시작한 제3변

내가 20년 귀양살이 공사에 독조사 공사를 맡았으니 배길 수가 있나.

허나 나는 귀양살이 마치고서 예순 살이 다 돼 가지고 다시 제3변을 시작했다. 허면 나 잘 되겠다고 상제님 사업을 했겠는가?

상제님 일을 하지 않으면, 이 세상은 하늘하고 땅밖에 안 남는다.

내가 여러 번 강조한 바 있거니와, 묶어서 얘기하면 이번에 역사적인 쓰레기, 역사적으로 아주 고약한 사람들을 다 청소하고, 그런 대로 후천 세상을 넘어갈 수 있는 씨앗만 추리는 것이다.

상제님 천지공사 내용이념이 결론적으로 그렇게 되어져 있다.

그러니 얼마라도 추려서 상제님 의통성업을 완수해야 할 것 아닌가. 내가 마지막으로 최선을 다해 그 일을 하기 위해 나왔다. 60이 다 돼서, "갑을甲乙로 기두해서 무기戊己로 굽이친다" 하는 상제님 말씀을 내 머릿속에 박아놓고, 갑오 말을 더불고 일을 시작했다. 종정은 도망가지도 않고, 내 말을 순순히 잘 듣는다. 또 내 자식이지만 기가 막힌 효자다.

헌데 상제님은 왜 제2변을 구도한 사람에게 갑오 말을 주셨는가, 큰자식은 잡아가 버리고?

내가 만날 돌아다니느라고 집에 없었기 때문에 큰자식은 얼굴도 잘 모른다. 간혹 와서 보면 그게 그저 큰자식인가보다 했다. 그랬는데 어떻게 그렇게 집에 들어온 지 두 시간도 채 안 돼서, 신장염에 걸려 얼굴도 제대로 못 보게 하고 잡아가 버리시나.

그러니까 큰놈은 본래 상제님 사업을 못하게 되어져 있었나 보다. 그 놈을 잡아가고 갑오 말로 바꿔 끼워놨다. 그게 그렇게 된 것이다.

내가 상제님 사업을 하면서 꼼꼼히 생각해 보니, "내 일은 말[馬]이 들어야 된다."고 하신 상제님 말씀이 있다. 또 그 외에도 말 그린 공사, 비루먹은 말 타고 신명들하고 싸우는 공사 등등 말공사가 많이 있다.

또 어천하실 때 상제님이 "이제 천지공사를 마쳤다."고 하시니까 김경학 선생이 "그러면 나서시기를 바라나이다." 한다. 천지공사가 끝났으니 상제님더러 황제 위位에 오르고, 자기네들은 정승 판서 좀 하겠다고 말이다. 그런데 상제님이 "두 사람이 없어서 나서지 못하느니라."고 하신다. 하니까 "제가 몸이 닳도록 두 사람 역할을 하겠습니다."고 한다. 그 때 상제님이 "그렇게는 안 되느니라."고 잘라서 말씀하신다.

그렇게 하시고 어천하셨는데, 금년 신사辛巳년으로 상제님이 어천하신 지 아흔두 돌이 됐다. 헌데 아흔두 돌 전부터 여태까지도 도성 덕립이 안 됐다. 그러니 두 사람은 바로 제3변 일을 할 사람들이란 말씀이다.

게다가 그 김경학 선생하고는 시대가 안 맞질 않는가. 그 때는 상투 틀 때고, 지금은 이렇게 머리 깎고 양복 입고 넥타이 매는 때인데.

그 두 사람 중 한 사람이 갑오, 말이다.

상제님 대업은 혈통과 더불어 해야

또 상제님 사업은 제 혈통을 더불고 하지 않으면 할 수도 없는 일이다. 인간 종자 생리구조라는 것이 어째서 그런지, 그렇게 반동하고 반항을 하고 그런다.

상제님이 천지공사 보실 때, 상제님이 참하나님이신데도 진실한 마음으로 상제님을 수족같이 따른 사람이 없었다.

상제님이 김형렬 성도를 만나서 "내 집이 망하고 네 집이 망해서, 두 집이 망해 가지고 이 천하를 위한다면 하겠느냐?" 하니까 "아, 하겠습니다."한다.

　여기 있는 우리 신도들도 아마 상제님이 그러셨다면 다 동의할 것이다. 그거 할 만하잖은가?

　상제님이 얼마 있다가 또 한 번 물으신다. "내 집 망하고 네 집 망해서 두 집이 망해 가지고 천하를 위한다면 하겠느냐?" "하겠습니다." 그렇게 세 번 다짐을 받고, 거기다가 식주인을 정하셨다.

　그랬는데, 김형렬 성도가 꼭 이행해야 될 약속을 안 지켰다. 자기 딸을 상제님께 준다고 하고는 다른 곳으로 시집보내려 하고.

　그러면서도 상제님이 "너희들 소원대로 다 하나씩 해줄 테니 얘기를 해봐라." 하시니까 김형렬 성도가 무슨 얘기를 하느냐 하면, "앞으로 개벽을 한다니 그저 제 손孫은 하나도 죽지 않고 다 살게 해주십시오." 한다. 그러자 상제님이 "에잇, 도둑놈!"이라고 하신다. 대도大盜, 큰 대 자, 도둑 도 자, 큰 도둑놈이라고.

　상제님이 어천하실 때, "네 딸보고 나와서 내 수족을 거두라고 해라."고 하셨다. 그래 김형렬 성도가 딸을 더불러 들어갔는데, 마누라한테 혼구멍만 나고 머주하고 나왔다.

　해서 상제님이 "네 집은 여지없이 망할 게다."라고 하셨다. 상제님이 심술로 그러신 게 아니라 천지신명들이 용서를 않기 때문이다.

안安씨가 일을 한다

용봉龍鳳이라는 게 역시 또 그걸 말해주는 것이다.

『도전』을 보면 "평생불변심 안○○"라는 구절이 있다. 평생불변심 안○○. 이름은 쓸 수 없잖은가? 상제님이 그건 안 불러주셨다.

"안 아무가 있는 줄을 몰랐지?"라는 말씀도 하셨다고 한다.

또 "나의 일은 상씨름판에서 주인이 결정되나니 상씨름꾼은 술 고기 많이 먹고 콩밭〔太田〕에서 잠을 자며 끝판을 넘어다보고 있느니라."(道典 6:65:2), "끝판에 안씨가 있는 줄 몰랐지. 판 안 끗수 소용 있나. 끝판에 안씨가 나오니 그만이로구나."(道典 6:66:6) 또 "나의 일은 알다가도 모르는 일이라. 끝판에 안씨가 있는 줄 모른단 말이다."(道典 6:66:8) "일꾼이 콩밭에서 낮잠을 자며 때를 넘보고 있느니라."(道典 5:104:7)고도 하시고.

지금 『도전』에는 사실 그대로 밝히지는 않았지만, 가만히 살펴보면 그게 다 얘기가 된 것이다.

또 상제님이 "내가 후천선경 건설의 푯대를 태전太田에 꽂았느니라."고 하셨다. (道典 5:104:8)

태모님이 말씀하신 용봉이라는 것도 마찬가지다. 태모님이 "일후에 사람이 나면 용봉기龍鳳旗를 꽂아 놓고 맞이해야 하느니라."(道典 11:219:5)고 하셨는데, 용은 누가 부정해도 임술壬戌이고, 봉은 갑오甲午다.

바로 이 용봉기를 꽂고 의통을 집행한다.

판 짜는 얘기를 한다는 게, 갑오 말 얘기하다가 여기까지 왔다. 하하.

포교를 하라

상제님 사업이라는 것은 이미 다 정해져서 어거지로 못 하는 것이다. 사실인즉, 살 사람 죽을 사람이 다 정해져 있다.

헌데 지금 우리 신도들처럼 일하면 살 수 있는 사람들도 못 살린다. 포교를 하지 않기 때문이다. 그러면 안 된다.

"선영의 음덕으로 나를 믿게 된다."는 상제님 말씀이 있다. 이제 지금쯤이면 우리 신도들이 이런 말을 알아들을 수 있는 경지까지 가지 않았나 싶다. 상제님을 따르는 신도는 그 조상들이 전부가 다 옥경의 상제님 판에 있다. 헌데 우리 신도들은 그걸 모른다.

거두절미하고 육임을 짜라, 육임을!

뭘 해봐라 하면 대답도 잘 하고 손도 잘 드는데, 왜 포교를 이렇게 안 하는가. 전국 신도들이 다 그렇다. 내가 어지간만 해도 포교문제를 얘기 안 하려고 했는데, 포교를 너무 안 한다. 뭔가 잘못됐다.

지금 때가 어느 땐데 그렇게 하는가. 그러면 우선 양심에 가책이 되잖는가. 어떻게 남 죽는 세상에 나 혼자만 사나.

천지신명에게 약속하거니와, 완전 육임을 짠다

내가 상제님 말씀을 더 한 번 강조할 테니 들어봐라.

"천하창생의 생사가 너희들 손에 매여 있다."

천하창생, 60억 인류의 죽고 사는 문제가 제군들 손에 매여 있다. 바로 이 자리에 있는 신도들에게! 상제님 진리 집행하는 데가 지구상에 증산도 외에 또 어디 있는가.
　구호 한번 외쳐봐라. 내가 선창할 테니 따라 해라.
　육임을 안 짤 사람은 하지 말고, 육임 짤 사람은 따라서 구호를 외쳐라.
　또 안 믿어도 된다. 신앙이라는 것은 어디까지고 자유다.

　천지신명에게 약속하거니와, 완전 육임을 짠다!
　(복창) "천지신명에게 약속하거니와, 완전 육임을 짠다!"
　천지신명에게 맹세하거니와, 완전 육임을 짠다!
　(복창) "천지신명에게 맹세하거니와, 완전 육임을 짠다!"
　천지신명에게 약속하거니와, 완전 육임을 짠다!
　(복창) "천지신명에게 약속하거니와, 완전 육임을 짠다!"

　내가 진실로 하는 얘긴데, 육임 짜는 건 문제라고 할 것도 없다. 또 그걸 큰 노력이라고 할 것도 없다. 친한 사람더러 협조해 달라고만 해도, 육임 짜는 정도만큼 협조해 줄 수가 있다. 아니, 이 자리에 앉은 우리 신도들, 그걸 일거리라고 생각하나, 그런 정도를?
　물론 사람들이 말을 안 들으니까 육임 짜기도 어려울 테지. 하지만 이 복잡한 세상을 살면서 좋은 일을 권하는데, 나 가는 길을 같이 가자고 하는데, 사람 여섯을 포교 못 하는가. 진실로 이 세상을 뜻 있게 잘 살았다면, 사람 여섯쯤은 같이 동행할 수 있을 것 아닌가!
　글쎄, 닳아빠진 세상이니까 잘 모르지만, 아무리 어려워도 육임을 짜라, 육임을!

60억 인류가 다 죽는 때에 "이 60억 인류를 살리고 죽이는 것은 너희들 손에 매여 있다." 이게 다한 말씀 아닌가! "천지에서 십 리에 한 사람 볼 듯 말 듯하게 다 죽이는 때에도 종자는 있어야 되지 않겠느냐?" 내가 이 말을 혀가 닳도록 얘기한다.

　신앙이라 하는 것은 그 신앙이념, 그 진리 그대로 생활할 수밖에 없다. 반드시 지금 구호 외친 대로 해라. 다시 다짐할 것도 없다. 그건 신명들이 알아서 할 일이니까.

　완전 육임을 짠다고 하고서 안 짜면, 신명들이 '그놈 참 못된 위인이라'고 떠나가 버린다. 알았는가! 그만 끝낸다.

태을주는 생명의 주문

도기 132(2002). 6. 2, 증산도대학교

'훔치'는 천지부모를 부르는 소리니라.
송아지가 어미를 부르듯이 창생이 한울님을 부르는 소리요
낙반사유落盤四乳는
'이 네 젖꼭지를 잘 빨아야 산다'는 말이니
'천주님을 떠나면 살 수 없다'는 말이니라.
약은 곧 태을주니라.
(道典 7:58:3~6)

태을주는 생명의 주문

선천은 상극이 사배한 세상

 이 시간에는, 우리 상제님이 왜 당신의 대이상향에 따라 지금 우리가 신앙하는 형태대로 천지공사를 집행하셨느냐 하는 것을 다시 한 번 총체적으로 정리해줄까 한다.
 이번에 우리가 살고 있는 이 대우주 천체권 내에서 일어나는 우주의 대개벽이라는 것은 우주변화법칙의 원리에 의해 오는 것이다.
 내가 늘 얘기하지만, 천지의 법도라 하는 것은 봄여름에는 물건을 내고, 가을겨울에는 죽이는 것이다. 봄여름에는 낳고, 가을겨울에는 죽이고. 알아듣기 쉽게 얘기해서, 낳고 죽이고 낳고 죽이고, 이것만 되풀이한다. 천 년이면 낳고 죽이는 것을 천 번 되풀이하는 것이다.
 일 년 초목개벽도 그렇고 사람농사 짓는 우주년 또한 그렇다.
 헌데 선천이라는 봄여름 생장하는 역사과정은 이미 지나갔다.
 허면 그 선천의 춘하 생장의 변화원리라는 게 어떻게 되어져 있느냐?
 봄여름은 지축부터 23도 5분 기울어져 있다. 그렇다면 천체도 삐꾸러졌다고 봐야 한다.
 해서 선천은 우주원리 자체가 상극相克이 사배司配했다. 그런데 그건 분

열을 위한 상극이다. 초목도 그렇거니와 사람농사를 짓는 데도 그러했다.

다시 말하면, 선천 인류역사란 상극이 사배해서, 다윈의 문자로 얘기하면 우승열패優勝劣敗하고 약육강식弱肉强食해서, 정의니 도덕률이라 하는 것은 저 뒤로 하고 자기의 이익과 생존을 위해 상대방을 해쳤다. 그래서 선천의 역사는 원한의 역사가 돼버린 것이다. 자연섭리가 그렇게 돼 있다.

『주역周易』이라는 게 이렇게 지축이 삐꾸러진 선천의 역사를 기록해놓은 비결이다.

주역을 보면, 선천 세상은 화수火水가 미제未濟해서, 삼양이음三陽二陰으로 양기陽氣가 음기陰氣보다 더 많다. 그래서 약자는 강자한테 먹혀버리는 수밖에 없다. 나무도 큰 나무 밑에 자라는 조그만 나무는 큰 나무에 짓눌려서 금세 죽어버리지 않는가. 사람도 권력층이나 힘센 사람 앞에서는 억눌려서 그 사람들의 부속품이 되는 수밖에 없고. 선천 인류역사란 그렇게 억음존양抑陰尊陽하고 상극이 사배해서 모든 가지가 잘못 이루어졌다.

신명을 해원시키신 상제님

상제님이 우주 가을철에 추수를 하러 와 보니, 사실이 그렇게 돼 있다. 역사적인 산물도 그렇게 되어져 있고.

내가 역사적인 산물이라고 하는 것은, 인간세상의 현실역사를 살다간 신명들, 여러 천 년 동안 한 시대를 살면서 본의 아니게 철천지한을 맺은 신명들을 말한다. 지금 그런 원신寃神과 역신逆神들이 하늘땅 사이에 가득히 찼다. 해서 그 신명들을 제도하지 않고는, 아주 합리적인 방법으로 그들이 인간세상에서 못다 한 그 이상으로 좋게 만들어 줘서 해원시키지 않고는 절대로 좋은 세상을 탄생시킬 수가 없다.

그래서 상제님이 "이제 혼란키 짝이 없는 말대末代의 천지를 뜯어고쳐 새 세상을 열고, 비겁否劫에 빠진 인간과 신명神明을 널리 건져 각기 안정을 누리게 하리니 이것이 곧 천지개벽天地開闢이라. 옛 일을 이음도 아니요, 세운世運에 매여 있는 일도 아니요, 오직 내가 처음 짓는 일이라."(道典 2:24:1~4)고 하신 것이다.

상제님은 먼저 신명 조화정부를 결성해서, 거기서 선천 역사 과정에서 발생한 원신과 역신을 다 해원시키셨다. 그건 누가 해도 그 방법밖에는 아무런 방법이 없는 것이다.

가을은 신명이 주체가 되는 세상

가을은 신명이 주체가 되는 신명세상이다. 알기 쉽게 말하면, 사람이 낮에는 활동하고 밤에는 휴식하고 잠을 자는 것과 같이, 우주년으로 해서 봄여름 세상엔 사람이 주체가 되어 활동하고, 가을겨울에는 신명인 기氣가 주체가 되어 활동한다. 한마디로, 추지기秋之氣는 신야神也라, 가을의 기는 신神이다.

이 자리에 있는 우리 신도들은 아직까지 신의 정체를 모르기 때문에 아무리 설명해줘도 이해하기가 곤란할 게다. 기氣가 신神이라 하면, 도대체 어떻게 기가 신이 될 수 있느냐고 할 게다. 그걸 설명하자면 정기신

精氣神 등 여러 가지를 다 끌어내야 하는데, 지금은 그저 '사람은 육신만 가지고는 100퍼센트 완성된 인간이 될 수 없고, 무형인 영체, 신명이라는 게 있다.' 하고 나름대로 생각하면 된다.

앞으로 오는 가을겨울 세상은 신명이 주체가 되는데, 그렇다고 사람이 신명에 종속될 수는 없고 신명과 더불어 병행하는 것이다.

원신은 세운, 역신은 도운에 투사

상제님은 선천 역사의 판도를 바탕으로 당신의 대 이상향에 따라 천지공사를 집행하셨다.

허면 천지공사의 내용이념이 뭐냐?

신명계라는 게 원신과 역신, 지방신과 문명신, 이 4대 신명권을 들 것 같으면 거기에 다 함축이 된다.

헌데 문명신과 지방신이라 하는 것은 인간세상에 무슨 작해作害, 즉 해를 꾸미는 신도가 아니다. 다만 원신과 역신이 문제다.

그래서 상제님은 원신과 역신을 주체로 해서, 이 세상 둥글어갈 천지공사 내용이념, 틀을 짜셨다. 원신은 세상 운로를 결정하는 데에 갖다 붙이시고, 역신은 내적으로 우리 도운공사에 투사하셨다. 그렇게 해서 상제님은 천계와 지계와 인사문제를 아우른 삼계대권을 가지고 파리 죽은 귀신도 원망이 붙지 않도록 천지공사를 보셨다. 다시 얘기하면, 역사적인 과정에서 살다간 신명들의 공의公議를 바탕으로 크고 작은 신명들 누구도 서운함 없이 만족하도록, 아주 지공무사至公無私한 방법으로 앞세상 나아갈 틀을 짜신 것이다.

바로 그 틀을 짜시는 데 9년이라는 세월이 걸렸다.

천지공사를 마치고 상제님이 묶어서 하신 말씀이 있다.

"이제 하늘도 뜯어고치고 땅도 뜯어고쳐 물샐틈없이 도수를 굳게 짜놓았으니 제 한도에 돌아 닿는 대로 새 기틀이 열리리라."(道典 5:320:1~2)는.

가을 문화는 신인이 합일하는 통일 문화

늘 내가 입버릇처럼 하는 얘기지만, 상제님이 보신 신명공사, 즉 천지공사의 틀이 사진의 원판이라면 인간세상에 표출되는 것은 그 복사판과 같다. 묶어서 얘기하면, 신명이 주체가 되고 사람은 신명이 행하는 데에 따라 종속되는 것이다.

신명이 주체가 돼서 먼저 행하면 신명세계에서 결정한 프로, 시간표 이정표에 따라 인간 세상에 표출이 된다. 마치 봄에 하늘에서 더운 에너지를 발사하면 땅에서는 그에 순응해서 초목을 발아시켜 여름철에 자라게 하는 것과 같다.

그와 같이 신명이 선행을 하면, 사람은 그에 응기해서 그 노릇을 한다. 아, 마음으로 내가 화장실을 가야겠다 하면 내 몸이 따라서 화장실에 가고, 또 분기憤氣가 생겨서 저놈을 때려눕혀야겠다 하면 손이 나가서 그에 따른 행동을 하지 않는가.

무엇이고 무형인 신명이 먼저다. 내 마음이 결정하면 유형인 내 몸뚱이라 하는 것은 내 마음이 시키는 대로만 한다. 어디 가자 하면 가고, 서라 하면 선다. 내 몸뚱이는 내 신명의 필요에 의해 행동하는 것이지, 그게 주체가 되는 게 아니다. 맞지?

"예!"

그러니 "심야자心也者는 일신지주一身之主라", 마음이라 하는 것은 한 몸뚱이의 주인이다. 곧 내 몸뚱이의 주인은 바로 내 신명이란 말이다.

헌데 이 유형과 무형이 합일合一해서 작동하는 때가 바로 통일문화, 성숙된 문화가 열리는 가을 세상이다. 가을문화라 하는 것은 신인神人이 합일해서, 신명과 사람이 하나가 되어 이뤄지는 것이다.

그래서 지금 신명들도 살길을 찾고 공을 세워 성공하려고 비상이 걸렸다. 여기 앉은 우리 신도들보다도 더 급하다. 신명들도 좋은 집, 좋은 임자, 좋은 주인을 만나야지 못 만나면 헛물켜고 마는 게다.

이 자리에 앉은 우리 신도들 역시 마찬가지다. 일꾼들에게는 다 각기 신명이 붙어 있다. 그래서 상제님이 "나약하고 못난 얘기를 하지 마라. 그런 얘기를 하면 신명들이 '저 사람을 믿다가는 우리까지도 실패하겠다.' 하고 서로 손을 맞잡고 떠나버린다."고 하신 것이다.

제군들은 아직 신통神通을 못 했기 때문에 신명이 옆에 붙어 있어도 그걸 못 본다. 아이구, 봉사. 하하하!

월드컵은 세계에 우리나라를 소개하는 장

상제님의 천지공사는 그 내용이념이 해원解冤이 바탕이 된 해원공사다. 헌데 이 해원공사 틀을 짜는 데 9년이라는 세월이 필요했고, 또 그것이 인간 세상에 집행되는 과정도 백 년이라는 허구한 세월이 걸렸다.

그게 우리나라의 역사 실정을 볼 때, 참 너무너무 미련하고 미개한 민족이 돼서 그렇다. 상제님이 우리나라를 바탕으로 개벽공사를 보자니 나름대로 문명도 시켜야 하고, 가난한 나라 밥도 먹게 만들어야 하고, 또 세계 속에 소개도 해야 했다. 상제님은 그것을 공사로 집행하셨다.

해서 대한민국이 후진국인데도 세계에서 무슨 커다란 일이 일어나면 으레 우리나라로 차례가 온다.

이번 월드컵도 그렇다. 왜 세계 축구를 하는데 참 명색도 없고, 잘 알지도 못하는 우리나라에까지 와서 저러나?

얼마 전에 들으니 세계 속에서 대한민국을 아는 나라가 전체 25퍼센트 밖에 안 된다고 한다. 헌데 그런 나라에서 그 동안 올림픽이라는 것도 있었고, 뭐 여러 가지가 있지 않았는가? 마라톤 같은 걸 해도 건성 드뭇하게 우리나라에서 일등도 했고.

지금 월드컵으로 인해 60억 전 인류의 정신이 대한민국에 집중돼 있다. 아마 월드컵 지나면 한 7, 80퍼센트 이상이 대한민국을 알게 될 게다. 해서 "장차 온 세상 사람들이 조선에서 개벽기운을 받아 가 저희 나라에 퍼뜨리게 되리니 그 때에 너희들이 천하를 추수하리라."(道典 5:317:8)고 하신 상제님 말씀대로, '전염되어 간다'고 하면 좀 어폐가 있다만, 이번에 전 세계 사람들이 병 기운 같은 것, 뭐 그런 거 저런 거 다 받아 가지고 돌아가지 않나 생각도 해본다.

태을주는 후천으로 가는 생명줄

이번에 개벽을 한다.
그런데 상제님 천지공사의 총 결론이 뭐냐?

상제님이 공사보신 세운과 도운이 진전되는 것, 또 개벽해서 선천에서 후천으로 넘어가는 생명줄이 바로 태을천을 근간으로 한 태을주太乙呪다.

태을천은 집 궁 자를 붙여 태을궁太乙宮이라고도 하는데, 그 곳 주인이 바로 상원군上元君님이시다.

현세를 사는 전 인류는 이 태을궁을 연유緣由해서 생명을 받아 태어난 것이다.

허면 이 태을주가 어떻게 해서 세상에 드러나게 되었느냐?

잡다한 얘기는 다 할 수 없으니 빼버리고, 다시 한 번 얘기하면 상제님이 천지공사를 다 마치고 어천을 하셨다. 어거할 어御 자 하늘 천天 자, 하늘로 가셨단 말이다.

사실 그 때 성도들은 상제님이 금세 천하를 통일해서 상제님 세상을 만들면 삼조육경三曹六卿, 즉 영의정도 하고 좌의정, 우의정도 해서 크게 한번 호강해보려고 했다. 헌데 상제님이 어천하시고 나니 아무 것도 없다. 세속적으로 아무 것도 없으면 '공치던 마당'이라고 하는데, 아, 하나님이 오셔서 천지공사를 보셨건만 아무런 흔적이 없거든. 그러니 참 얼마나 허망했겠나. 재산도 다 떨어바쳤는데.

그래 삼삼오오 짝 지어서 혹시 상제님 같은 분이 다시 또 없나 하고 저 부안 변산에도 가 보고, 모악산 어디, 저 지리산에도 가 보았다. 했건만 상제님이 다시 또 있을 수가 있나. 그래 몇 달을 돌아다니다가 허탕치고 지쳐서 집으로 돌아왔다.

헌데 그 중에 상제님이 대학교 공사를 붙이신 김경학 성도가 있다. 그가 집에 돌아와 보니 어머니가 돌아가셨다. 그 동안 좋은 스승 만나 성공해서 어머니 모시고 한 세상 좋게 호강시켜드리려고 그 고생을 다 했는데, 이룬 건 아무 것도 없이 어머니가 돌아가신 것이다. 그러니 그 심정이 어떠했겠나. 참 천붕지함天崩地陷이라고, 하늘이 무너지고 땅이 꺼지는 것 같았겠지. 그래 방성대곡放聲大哭을 하는데, 문득 "태을주를 읽으면 죽은 사람도 살린다" 하는 상제님 말씀이 생각났다.

 김경학 성도가 생각할 때 상제님이 하나님인 것은 틀림이 없거든. 몇 해를 쫓아다니면서 호풍환우呼風喚雨하고, 곧 바람도 부르고 비도 부르고 또 축천축지縮天縮地하고, 하늘도 쭈그리고 땅도 쭈그리는 무궁무진한 조화를 부리시는 걸 보면 진짜 하나님인데, 그 하나님이 태을주를 읽으면 죽은 사람도 산다고 하신 것이다.

 그래서 태을주나 읽어보는 수밖에 없다 하고, 청수 잘 모시고 지극정성으로 태을주를 읽었다. 물론 우리 어머니는 틀림없이 살 게다 하고 믿고서 읽었을 것이다.

 했더니 죽은 어머니가 살아나더란 말이다. 세상에, 참 거짓말 같은 실담이다.

봉명개훈奉命開訓

 그렇게 해서 어머니가 살았다. 아, 틀림없이 죽었던 어머니가 태을주를 읽으니까 살아난 것이다.

 그래 김경학 성도는 '야, 이 태을주만 가지면 죽은 사람도 살릴 수 있구나!' 하고 아주 하늘을 뚫고 펠 만한 자신이 생겼다. 한번 생각해봐라. 얼마나 기고만장했겠나.

 그 때 마침 거기서 멀지 않은 곳에 사는 버들 류柳 자, 마땅 의宜 자,

벼슬 경卿 자, 류의경이라는 사람이 장질부사에 걸려 사경을 헤매고 있었다. 김경학 성도가 거기를 찾아갔다. 그 사람도 살려주겠다고, 자진해서 찾아간 것이다.

사실 그 병은 전염병이라 가족들하고 같이 있지도 못한다. 그 격리수용한 환자 집을 찾아가 살려주겠다고 하니, 처음엔 다들 안 된다고 했을 것이다. 허나 김경학 성도는 꼭 살릴 수 있다고 확신을 한다. 그러니 싫다고 거절할 리가 있겠는가.

그래 거기 가서 류의경과 같이 태을주를 읽었더니 얼마 안 가서 류의경의 장질부사가 싹 없어져 버린다. 그렇게 해서 류의경을 살려냈다.

그러고서 류의경을 데리고 상제님 천지공사 보신 구릿골 약방에 찾아갔다. 여기 있는 우리 신도들도 현지답사를 해봤을 테지만, 거기 방이란 게 한 여덟 자도 안 되지 않나 모르겠다. 그저 북통 만한 방이다. 천장도 납작해서 키 큰 사람이 서서 손 번쩍 들면 그냥 닿게 생겼다.

그 방에 들어가 사두방을 살펴보니, 벽에 종이가 발라져 있는데 한쪽에 열 십 자로 그은 칼자욱이 있다. 자세히 보니, 열 십 자 교차점에 가서 귀퉁이가 조금 들려 있다. 그걸 요렇게 떼니까 벽지가 호르르 그냥 떨어지거든. 그걸 다 떼고 보니 거기에 "봉명개훈奉命開訓"이라는 글자 넉 자가 써져 있다. 받들 봉, 목숨 명, 열 개, 가르칠 훈, 봉명개훈. '명을 받들어 가르침을 열어라' 하는 뜻이다.

우리 신도들도 다 잘 알겠지만, 살아 생전에 상제님이 김경학 성도에게 대학교 공사를 붙이셨다. 게다가 김경학 성도는 죽은 어머니를 태을주로 살렸고, 류의경의 장질부사도 고쳐냈다. 그러니 자신감이 넘쳐흘렀을 게다.

그렇게 해서 김경학 성도가 여기저기 다니며 사람들에게 태을주를 읽히니 별 희한한 기적이 다 일어나고, 모든 가지가 안 되는 게 없다. 혹 그가 실제 경험을 못 해 봤으면 곧이 듣질 않고 믿음이 없었을는지도 모른다. 허나 김경학 성도는 직접 체험을 했기 때문에 확신을 갖고 상제님 명을 받들어 태을주를 세상에 널리 전했던 것이다.

천지공사의 대의가 본래 그렇게 가닥가닥, 이 사람에게는 요것 붙이고 저 사람에게는 저것 붙이고, 그렇게 돼 있다. 그래서 수많은 성도들이 자기에게 붙인 공사 내용밖에는 모른다.

예컨대 비행기 하나를 만드는 걸 보면, 누구에게는 프로펠러를 만들어라, 누구에게는 날개를 만들어라, 누구에게는 암나사를 만들어라, 숫나사를 만들어라, 또 누구에게는 바퀴를 만들어라, 그렇게 여러 사람에게 나누어 하나씩 만들게 하고, 또 누구에게는 다 주워 모아 조립을 해서 완전한 비행기로 완성시켜라, 또 누구는 시운전을 해봐라 하고 상제님이 여러 성도들에게 전부 분담을 시키셨다. 상제님 공사내용이 그렇게 되어져 있다.

태을주를 읽어야 산다

지금은 개벽하는 때가 돼서, 이 시대를 사는 60억 전 인류는 누구도 태을궁 속에 들어와야 한다. 모든 인류의 생명은 태을궁을 연유해서 생겨났기 때문에, 태을주를 읽지 않고는 누구도 살아남을 수 없는 것이다.

인간에 대한 모든 문제 역시 태을궁의 상원군님 기운을 응기하지 않고서는 도저히 해결될 수 없다.

현실을 사는 전 인류에게 태을주는 산소와도 같다. 흑인종이나 백인종 황인종 할 것 없이 모두 산소를 호흡해야 살 수 있듯이, 현세를 사는 사람으로서는 태을주를 읽지 않고는 절대로 개벽목을 넘길 수 없다. 태을주를 읽어야만 생명을 도모할 수 있는 것이다.

그건 어느 민족이든 마찬가지다. 일본인들이 '훔치' 소리를 못해서 '후무치후무치' 한다 해도, 하다못해 '후무치' 라도 찾아야 산다. 그렇다고 '훔치훔치'를 자기네 말로 번역해서 읽으면 안 된다.

옛날사람들 서적을 보면 "태을太乙은 구고천존救苦天尊이다." 하는 말이 있다. 구할 구求 자에 둥글월 문文 한 자, 그게 구원할 구 자다. 거기에 괴로울 고苦 자, 하늘 천天 자, 높을 존尊 자, 한마디로 묶어서 '고생스럽고 괴로운 것을 구원해 주는 천존'이라는 뜻이다.

태을궁은 그렇게 인간 생명체의 모든 문제를 해결해주는 곳인데, 옛날 사람들은 태을궁만 알았지 태을궁의 원 주인이신 상원군님을 안 사람이 별로 없었다. 옛날 도가나 불가를 다 찾아봐도 없다.

태을주의 역사

이 태을주는 세 번 변해서 이루어진 주문이다.

본래는 "훔리치야도래 훔리함리사파하"밖에 없었다. 인류역사가 생긴 이후로, 불가 도가에는 그것만 전해온다. 누가 만들었는지도 모르고, 다만 그 주문이 구고천존이라는 것만 알았다.

상제님은 그 태을주를 충청도 비인에 사는 김경흔金京訢 에게서 받았다고 하셨다. 헌데 비인에 가서 아무리 찾아봐도 김경흔을 조상으로 둔 사람이 없다. 처음에는 김경소라고도 했는데, 별스럽게 다 해봐야 찾을 수가 없다.

그가 "훔리치야도래 훔리함리사파하"를 50년을 읽었다. 10년, 20년, 30년도 아니고 50년을 읽었는데, 신명들이 와서 "'태을천 상원군'을 덧붙여 읽어라. 그러면 사람을 많이 살릴 수 있다." 하고 계시를 해주었다.

그렇게 해서 "태을천 상원군 훔리치야도래 훔리함리사파하"가 됐다.

헌데 그렇게 했건만 뭐 된 게 있나? 아무 것도 없지. 한마디로 해원이 안 됐다.

또 최수운이 제창한 시천주주侍天主呪라는 게 있다. 상제님이 최수운의 시천주주에는 포교 50년 공부가 들어있다는 말씀을 하시고, "다 똑같은 50년 공부에 시천주주侍天主呪는 이미 해원이 됐으나 태을주는 해원을 못 했으니 태을주를 쓰라."고 하시면서 거기다가 '훔치훔치'를 덧붙여 주셨다.

그렇게 세 번 변해서 태을주가 완성된 것이다.

태을주는 생명의 가교

우리 상제님이 허구많은 신명들, 유불선 기독교, 이슬람교 등 인류역사의 모든 것을 종합해서 총체적으로 해원공사를 붙이셨지만, 사람 살리는 총 결론은 의통醫統이다. 그 의통은 태을궁을 바탕으로 한다.

아까도 얘기했거니와 상원군님이 계신 세계를 궁 자를 붙여서 태을궁이라고 하는데, 그 곳은 만유의 자궁子宮과도 같은 곳이다. 어머니가 포태하는 데를 자궁이라고 한다. 자궁은 자식을 낳는 궁, 사람 낳는 집이다.

태을궁은 그런 자궁과도 같은 곳이고, 또 스스로 자自 자를 써서 '자궁 自宮', 곧 '태을궁으로부터' 라고 해석해도 된다.
　　태을궁은 콩 태太 자 해 세歲 자, 태세와도 같다. 태세는 껍데기, 집을 말한다. 쌀로 얘기하면 왕겨다. 사과도 껍데기가 있고, 배도 껍데기가 있고, 무슨 열매고 다 껍데기가 있는데 그 껍데기를 태세라고 한다.
　　그러니 태을궁은 전 인류가 태어난 집도 되는 것이다.
　　인간생명이 그 태을궁을 연유해서 오게 됐기 때문에, 개벽하는 때에는 이 시대를 사는 사람은 남녀노유, 어떤 이색인종이라도 태을궁의 상원군님을 바탕으로 해야만 살아남을 수 있다. 다시 얘기해서, 선천에서 후천 건너가는 생명의 가교가 태을주다. 오직 태을주를 타고서만 다음 세상을 가게 돼 있다.
　　사실 주문이라면 기존 문화권에도 별스런 게 다 있다.
　　기독사회에 '아멘' 이라는 것도 있는데, '아멘' 은 '그렇게 되어지이다' 라는 뜻으로, 동양문화권에서 보면 그것도 일종의 주문이다.
　　허나 이번에는 '아멘', '나무아미타불' 을 아무리 읽어봐야 소용없고, '관세음보살' 을 암만 찾아도 소용없다. 그건 인간 생명체, 개벽의 의통 문제와는 전혀 결부되지 않기 때문이다.

태을주로 원시반본한다

　　지금은 개벽하는 때가 돼서, 천도天道도 그렇고 모든 것이 원시原始로 반본返本해야 한다. 사람 생명체도 마찬가지다. 헌데 태을궁을 연유하면 그게 바로 원시반본이다. 그래서 반드시 태을주를 읽어야 하는 것이다.

물론 태을주가 꼭 그것만 주도하는 것은 아니지만, 태을주는 원시로 반본하여 제 뿌리, 바탕, 틀을 찾는 주문이다.

 또 지금은 원시로 반본하는 때가 돼서 모든 신명들도 태을주를 근거로 해서 활동하고 있다. 사람이 태을주를 읽으면 신명들이 좋아한다. 또 태을주를 읽음으로써 신기神氣, 즉 신도 기운이 귀정歸正, 바르게 돌아간다.

 그래서 태을주를 읽으면 만사여의萬事如意가 되어 모든 가지가 다 해결되는 것이다.

 다시 얘기하면 태을궁은 생명의 뿌리이자 도의 근원이요, 모든 가지가 생성生成, 생겨났다가 매듭짓는 틀, 바탕이 되는 곳이다. 우주원리 자체가 모든 것이 태을궁을 연유하지 않고는 존재할 수 없게 돼 있다.

 사실 이건 천지의 비밀이다. 이걸 다 까잡아 내놓으면 이 세상은 참 너무나 날랜 사람들이 많아서, 진리를 훔쳐다가 상품화시키고 사기협잡하는 사람도 등장할 수 있다. 그래 이런 것은 필요 이상 얘기해서는 안 되는 것이다.

 오늘은 내가 태을궁의 대의를 얘기해줬다. 앞세상에는 신인이 합일하는 때가 돼서, 내가 사는 생명의 요소도 태을주요, 내가 잘되는 것도 태을주로 말미암는다. 모든 가지가 태을주로 귀일歸一되어 태을주를 바탕으로, 태을궁을 연유해서 이뤄지는 것이다. 인간 생명이 태어나는 것도, 매듭짓는 것도 다 그렇다.

 다시 묶어 얘기하면, 증산도는 태을주로 시작해서 태을주로 매듭을 짓는다. 알아들었나?

"예!"

'증산도는 태을주로 출발해서 태을주로 매듭짓는다' 하면 태을주 속에 다 들어있는 거지? 이게 더도 덜도 없는 사실이다.

'태을천 상원군'으로 바로잡아주심

태을궁은 무엇하고도 섞어질 수 없는 별도의 세계다. 태을궁은 누구도 침노할 수 없고 침노받을 수도 없는, 상원군님이 계신 절대적인 세계다. 해서 내가 궁 자를 붙여 태을궁이라고 한 것이다.

상제님이 천지공사를 보신 이후, 태을주로 시작해서 태을주로 매듭을 짓는데, 그 동안 우리나라에 문장재사文章才士, 유가의 거유석학巨儒碩學들이 오죽이나 많았나. 클 거 자, 선비 유 자, 클 석 자, 배울 학 자, 큰 선비, 큰 학자들이 말이다.

지금까지 무려 천만 명의 사람들이 태을주를 읽었다. 했는데 그 수많은 사람들이 '태을 천상원군'이라고 읽었다. 우리 아버지도 한평생 태을주를 읽으셨는데, 내가 어려서부터 보면 '태을 천상원군' 하고 읽으셨다. 그 때는 그냥 그런가보다 했다.

헌데 내가 증산도를 집행하면서 보니까, 그게 잘못 읽고 있는 것이더란 말이다. '태을천의 상원군님'이라고 해야 맞는다.

그걸 늘 생각하고 있다가 전라남도 광주에 가서 고쳐주면서 그런 얘기를 했다.

"후천 5만 년 이 자리에는 생명의 주, 상원군님을 바로잡아준 기념으로 금자탑이 설 게다. 서울도 있고 충청도도 있고 한데 어디 가서 못 고쳐줘서 광주에 와서 그걸 고쳐주겠냐? 그러니 광주는 이런 걸로 해서도 축복 받은 곳이니, 신앙들을 잘 해라." 하고.

그러고서 사흘 후에 서울을 올라갔더니 다들 '태을천 상원군' 하고 읽는다. 아마 저희끼리 연락을 했던가 보다. 그래 '야, 참 속하기는 속하구나!' 생각했다. 벌써 전국적으로 쫙 돌아갔다.

상제님은 바로 그 태을주를 쓸 사람, 의통목을 집행할 사람이 잘못된 것을 바로잡으라고 판 짜놓으셨다. 실제로 의통목은 여기 앉았는 내가 집행하게 될 것 아닌가.

아마 증산도 말고는 '태을천 상원군' 하고 읽는 데가 없을 것이다. 그러니 다 헛물켜는 게다. 아니, 우리 아버지도 '태을 천상원군' 하고 읽으셨는데 뭘, 하하!

내가 80이 넘도록 상제님 진리를 집행하면서 상제님 공사내용이 인간세상에 표출되는 것을 지켜보고 있는데, 태을주 읽는 것조차도 그렇다. 문장석학들이 그렇게 많건만 그걸 제대로 구별 못 한다.

그러니 세상사람들이 다 건성으로 읽은 게다. 옛말에 "눈먼 말 와랑 소리만 듣고 쫓아간다." 하는 말이 있다. 사실 그게 어지간히 이지가 있고, 이치에 통달해서 문리학상으로 따져보면, '태을천 상원군' 으로 고쳐 읽을 수도 있는 문제 아닌가.

우리 아버지도 아주 대문장이셨다. 남들이 큰 문호라고 그랬다. 했는데도 '태을 천상원군' 하고 읽으셨다. 왜 그렇게 읽으셨나 몰라. 수많은 문호들이 다 '태을 천상원군' 이라고 읽었으니.

천지조화 태을주

하니까 우리는 딴 주문을 읽지 말고, 개벽목을 넘길 때까지 우리 생명의 주문인 태을주를 많이 읽어야 한다. 나는 태을주를 다시 이름 붙여서 '생명의 주문'이라고 부르고 싶다.

지금 몇몇 신도들이 종도사와 종정이 태을주에 대해 교육한 것을 주워 모아 책 한 권을 만들고 있다.

그걸 한 300페이지 만들어 놓고 내게 보고 들어와서 하는 소리다. "책 이름을 뭐라고 붙였으면 가장 알맞겠는지 저희들끼리 모여서 두어 축 회의를 했는데 이름을 못 붙였습니다. 종도사님께서 혹시 그 이름을 붙여 주시겠습니까?" 그렇지 않아도 감히 저희가 이름을 붙일 수도 없지. 그래서 내가 그랬거든. 그저 순간적으로 한 소리다. "아니, '천지조화 태을주'라고 하면 되지 않냐? 태을주는 천지조화다." 그랬더니 과연 좋단다. 제목으로 그 이상 더 좋은 게 있나? 사실이 천지조화 태을주인데.

그래 책은 아직 안 나왔지만 내가 그 책 제목을 천지조화 태을주라고 붙여준 사실이 있다. 이제 그『천지조화 태을주』가 나오면 사다 봐라. 그건 생명의 책이다. 나하고 종정하고 교육해 준 것, 내내 그게 다 나왔을 게다.

나를 살리는 생명의 뿌리, 상원군님

사실이 태을주는 생명의 주문이다. 태을주를 읽어야 내가 살고, 시조 할아버지서부터 모든 조상신들을 다 살릴 수 있다. 또 내 자손도 백 대, 천

대 계계승승해서 번창할 수 있고.

그 때는 여기 앉았는 우리 신도들은 아마 후손을 수만 명씩은 둘 수 있을 게다. 아, 제군들이 후천 5만 년 시조 할아버지, 시조 할머니가 될 테니 그건 틀림없는 사실 아닌가.

그 생명의 뿌리가 바로 태을주다. 태을주는 그렇게 위대하다!

지나간 세상도 현재도 미래도, 인류의 생명체라 하는 것은 태을궁을 연유해서 존재하고 지속된다. 태을궁은 신성불가침한 절대적인 세계다.

거듭 강조하거니와, 앞으로 나를 살리는 생명의 뿌리, 주체가 상원군님이시다. 천지공사의 주체, 원 하나님은 상제님이면서도 상원군님이 생명의 뿌리다.

헌데 이런 걸 얘기해주면 강증산이 뿌리가 아니라 하니 상원군님만 믿자 하고 상원군님의 도 하나가 생길는지 누가 알아? 하하하. 이 세상은 반동자, 사기꾼도 많고, 고약한 사람들도 하도 많으니 하는 소리다.

아, "생명선이 태을궁이다." 하면, '아이구, 태을이라고 해서 뭐 하나 만들어야 되겠다.' 그런 사람도 나올 수 있단 말이다. 그래 이 신비한 것을 다 얘기해주고 싶어도, 그저 엉툴멍툴하게 묶어서 대충 전해주는 수밖에 없다. 세상이 그렇게 못돼먹었으니 어떻게 하나.

봉사정신을 갖고 포교하라

내가 여태까지는 진리의 단편만을 얘기했다.

헌데 상제님의 천지공사도 좋고 태을주도 좋지만 우리가 할 일은 따로 있지 않은가?

상제님의 천지공사라는 것은 선천역사와 이 현실세계를 모두 정리한 것이고, 또 내적으로는 우리 증산도를 성장시키는 틀이다. 헌데 그것도 삼변성도라는 엄청난 과정을 거치게 돼 있다.

허면 우리 신도들이 어떻게 해야 하느냐?

그 방향을 아주 작은 것에서부터 얘기하자면, "나를 믿는 자는 매인이 육임을 짜라."고 하신 상제님 말씀이 있다. 이 말씀은 '자, 너희들이 나를 믿으면 개벽 세상에 살고, 산 다음에는 잘도 된다. 또 너희 자손만대에 여러 만 명씩 후손도 두고 잘도 될 게다. 그러기 위해서는 사람 여섯 명이라도 포교하라' 는 뜻이다.

육임 짜는 게 어려운 게 아니다. 신도라면 당연히 해야 할 일이다. 꼭 육임을 짜라고 안 했어도 내가 이 개벽철에 사는 성스러운 진리를 만났으니 내 부모형제처자, 인아족척姻婭族戚, 이 세상에 나와서 사귄 친구들도 그 진리를 전해서 다 죽는 세상 살려줘야 할 것 아닌가. 이건 무슨 수를 써서라도 반드시 해야 되는 일이다.

내가 이런 얘기를 하면서 다시 한마디 덧붙이고 싶은 게 있다.

인류역사를 통해서 세상에 이름난 사람은 다 봉사자다.

공자가 세상에 어떻게 봉사를 했느냐 하면, 공자가 자기 이상을 펴려고 하도 쫓아다니니까, 세상사람들이 공자보고 욕하기를 "초상집 개"라고 했다.

공자가 2천5백 년 전 사람 아닌가. 2천5백 년 전 세상을 한번 머릿속에 그려봐라. 그 세상에도 초상이 나면 조문객이 왔을 것 아닌가. 친척도 오고 친구도 오면 손님들 대접하느라고 돼지도 한 마리 잡고 했을 게다. 사람들이 그걸 먹고 뼈 같은 것을 내던지면 개라는 놈은 그거 하나라도 주워 챙기려고, 땅에다가 코 박고서 쿨쿨거리고 돌아다닌다.

공자더러 바로 그 초상집 개처럼 돌아다닌다고 욕을 한 것이다.

또 "공석孔席이 미란未煖이라", 공자가 앉은 방석은 더울 새도 없다고 했다. 공자는 조금 앉았다가 앉은 방석이 더울 새도 없이 유교 가르침을 펴려고 딴 데로 갔다는 말이다.

허면 그게 다 봉사하려고 그런 것 아닌가.

공자가 철환천하轍環天下를 했다. 수레바퀴 철 자, 고리 환 자, 천하를 수레바퀴 고리처럼 옳은 사람 만나 자기 도를 펴려고 20년 동안을 돌아다니고 또 돌아다니고, 주이부시周而復始해서 돌아다녔다.

예수 같은 사람도 십자가에 못 박혀 죽으면서도 자기 뜻을 굽히지 않고, 그 사람들을 용서하라고 했다. 한쪽 뺨을 때리면 마저 한쪽 뺨을 들이대라는 말도 하고.

지나간 세상의 성자라는 사람들은 다 한평생 세상을 위해 봉사하고 간 사람들이다. 내 말이 맞지?

"예!"

성자 쳐놓고 봉사하지 않은 사람이 있나.

봉사奉仕라는 말을 다시 바꿔 얘기하면, 받들 봉 자, 받들어 모시는 것이다. 그네들은 세상 사람 받들어 모시러 왔다가, 받들어 모시다가 갔다.

그건 커다란 성자서부터, 정치하는 사람들도 마찬가지다.

그러니 우리 신도들 포교하는 것도, 봉사정신을 가지고 해야 한다. 절대로 받들어 모시는 봉사 정신을 갖고 신앙해라.

사람은 겸허해야

또 사람은 어디까지나 겸허謙虛해야 한다. 그리고 상대방에게 친절하고 타협도 잘 해야 한다. 그래야 남한테 대우도 받고, 남들이 떠 메주는 훌륭한 사람이 되는 것이다.

나 잘난 척 하고 내 주장만 내세우면 따돌림받고, 말은 안 해도 선을 그어놓고 상대해버린다.

그리고 도장에 가면 절대로 화합해라.

자, 폐일언하고, 제군들은 봉사정신을 가져라.

따라 해 봐라.

봉사정신을 갖자!
(복창) "봉사정신을 갖자!"
봉사하자!
(복창) "봉사하자!"
봉사하자!
(복창) "봉사하자!"

멸사봉공하자!
(복창) "멸사봉공하자!"
멸사봉공하자!
(복창) "멸사봉공하자!"
멸사봉공하자!

(복창) "멸사봉공하자!"

천리는 때가 있고, 인사는 기회가 있다!
(복창) "천리는 때가 있고, 인사는 기회가 있다!"
천리는 때가 있고, 인사는 기회가 있다!
(복창) "천리는 때가 있고, 인사는 기회가 있다!"
천리는 때가 있고, 인사는 기회가 있다!
(복창) "천리는 때가 있고, 인사는 기회가 있다!"

제군들은 이 때와 기회를 놓치지 말아라.
내가 더 하고 싶은 얘기가 있는데 시간이 없어서 다 못 한다.
그만 한다. 이상.

수행시 기본 자세와 공부과정

도기 119(1989). 1. 4, 제1기 수도원 연수교육

하루는 상제님께서 성도들에게 말씀하시기를
"주문을 읽는 방법은 마음을 바르게 갖고 단정하게 앉아
성경신을 다하면 되는 것이니라." 하시니라.
또 말씀하시기를 "공부할 때 몸을 떨고 허령虛靈에 빠지는 것은
마음속에 부정한 생각이 있고,
척을 많이 지어 그러하니라." 하시고
"올바른 공부 방법을 모르고 시작하면 난법의 구렁에 빠지게 되느니라." 하시니라.
(道典 9:48:1~3)

수행시 기본 자세와 공부과정

수련이란 자기 심법을 연마하는 것

 어드러헌 문화권을 신앙하든지 간에, 수련이란 자기가 자기 심법心法을 연마하는 것이다.
 상제님의 공사 내용을 보면, 어떤 한 노처녀가 도통하고 싶어서 수도하는 이웃사람을 찾아갔는데, 마침 그 부부가 싸움을 하고 있었다. 그들에게 주문이 뭐냐고 물으니까, 그 노부부가 귀찮아서 "아무 것도 싫다." 고 대답한다. 그 소리를 듣고 그 처녀는 만날 '아무 것도 싫다, 아무 것도 싫다' 하고 일심으로 외우고 다녔다.
 아, 그러니 식구들이 오죽이나 싫어했겠나.
 하루는 처녀가 물동이를 이고 오는데, 그 아버지가 밉다고 도리깨로 물동이를 후려쳐 버렸다. 해서 돌 위에 넘어졌는데, 동이도 성하고 물도 쏟아지지 않았다. (道典 9:112:1~5)
 한마디로 얘기해서, 이게 다 일심一心을 강조하신 것이다.
 기독사회가 거기에 무슨 진리가 있어서 성신감화니 뭐니 그런 소릴 하는 게 아니다. 진리 이전에 일심이 있다.
 또 참선이라 하든 수도라 하든 수련이라고 하든, 뭐라고 명명하든지 간에 그것도 다 일심을 강조하는 것이다. 오직 일심으로써만 참의 경지에 들어갈 수 있다.

오늘은 내가 그러한 기본원칙을 바탕으로 수도문제를 얘기하려고 하니 잘 들어봐라.

제2변 도운의 포교방법, 수련

제3변 도운 이전, 그러니까 6.25동란 전 얘기다. 그때는 내가 상제님 사업을 토대 놓는 방법으로, 수련시키는 걸 기본으로 포교했다.

사실 나라고 해서 대한민국 산천을 방방곡곡, 그 수많은 사람을 다 알 수는 없지 않은가.

내가 열네 살부터 가출해서 세상을 돌아다녔다. 그저 쉽게 얘기하면 발라깽이지. 열네 살 먹은 어린애가 집을 떠나 하늘을 지붕 삼고 만주로 북지로, 그저 바람 부는 대로 돌아다녔다.

허나 세상을 다 밟지도 못했거니와, 돌아다녀 봤자 산천은 봤을지언정 나이 어린 사람이 사람에 대해서 알면 얼마나 알았겠나.

내가 스물네 살에 8.15를 맞이하여 해방과 더불어 상제님 사업을 하려고 하는데 아는 사람이 없다.

그래 어느 지방이든지 내가 가고 싶은 대로 가서 포교를 하는데, 그 때는 주로 철도변을 중심으로 찾아다녔다. 당시 우리나라에서 그런대로 문화수준 높은 곳이 철도변이다. 그런 데 가서 자리를 잡으면, 먼저 사람들을 모은다. 헌데 그 사람들에게 그냥 도를 전해야 알아듣질 못 한다. 그러니 내가 도통을 가르쳐주마 한다든지, 하라는 대로 일 주일만 참선할 것 같으면 신명세계를 본다고 한다든지, 경우에 따라 하고많은 얘기를 했을 것 아닌가.

그때는 세상 사람들에게 강증산이라고 하면, 강증산이 서양사람인지 동양사람인지, 천 년 전 사람인지 백 년 전 사람인지조차 모를 때다. 그래 내가 생각 끝에 수련을 시켜 포교하기로 한 것이다.

조용한 방을 마련해서 한 대여섯 명씩 모아 놓고, 거기서 지금 제군들과 같이 수련을 시켰다. 먼저 입공치성을 모시고 하는데, 쪼그만 방안에서 어떻게 할 수가 없어 벽을 향해 쪽 돌려 앉혀 놓고 공부를 시켰다.

그렇게 해서 한 일 주일을 한도로 수련을 시키는데, 어지간하면 사흘이면 다 개안開眼이 됐다. 열 개 자 눈 안 자, 개안이라 함은 신명세계를 보는 걸 말한다. 전통적으로 우리 상제님 단체에서는 그걸 '개안'이라고 한다.

개안이 되면 신명을 본다. 동시에 상제님 계신 데를 간다. 옥경玉京이라고 할까, 천상에 올라가서 상제님을 배알할 수도 있고, 또 경우에 따라서는 신명을 보고, 영으로 대전에서 부산 누구의 가정도 찾아갈 수 있다.

개안이라 하는 것이 도통하는 첫 관문이다.

개안 과정

허면 개안되는 과정이 어떠냐?

아주 일심으로 앉아서 주문을 읽을 것 같으면 먼저 자기도취가 된다. 내가 알아듣기 쉽게 얘기하느라고 자기도취라고 하는데, 앉아서 한 마음 한 뜻, 일심 정성을 갖고 주문을 읽다 보면 저도 모르게 모든 걸 다 잊어버린다.

옛날 사람들은 그걸 학술용어로 '망형망재忘形忘在'라고 표현했다. 잊을 망忘 자, 형상 형形 자, 있을 재在 자, 망형망재란 형상도 잊어버리고 자기 존재도 잊어버리는 걸 말한다. 즉, 이 세상에 내 몸뚱이가 있는지 없는지, 내 존재 자체를 망각해 버리는 것이다.

그런 과정을 거쳐서 없을 무無, 나 아我, 갈 지之, 지경 경境, 무아지경 無我之境에 간다. 망형망재나 무아경이나 같은 소리다.

무아경에 도달하게 되면, 나도 모르는 사이에 생시의 세간이 아닌 딴 세상이 보인다. 딴 것이 뵈면 신명이라 하는 것도 생동해서 있는 것이기 때문에, 그 보여지는 물체를 따라 행위를 하게 된다.

그런 단계에 이르러서는 사수師首가 필요하다. 수련 지도하는 사람을 사수라고 하는데, 사수의 능력에 따라 지도하는 방법이 다르다.

헌데 이제 제군들도 앉아서 수련을 해보면 알겠지만, 거기까지 가는 과정에서, 왜 그런지 쓸데없는 생각이 자꾸 난다. 잡념을 버려야 하는 것이 원칙인데, 잡념을 버리기는커녕 엄마 젖 먹을 때 생각까지 다 나는 것이다.

가령 어렸을 때 내가 자꾸 우니까 어머니가 누나에게 나를 업어주라고 하셨다. 헌데 누나가 업고 다니다 힘드니까 내 볼기짝 어디를 꼬집었다. 그래 아파서 더 울었더니, 애가 운다고, 애를 못 보겠다고 하면서 팽개쳐 버렸다.

바로 그런 것까지도 다 생각난다. 평상시에는 잊어버렸던 게 정신이 말쑥해져서 더 많이 생각나는 것이다. 열 배 스무 배 더 난다.

그러다 차차 시간이 지나면 그런 게 없어진다. 그게 마치 뭐와 같으냐 하면, 물 한 동이 떠다가 하루고 이틀이고 놔두면 물 찌꺼기는 가라앉고 아주 맑은 물만 남는 거와 같다. 사발에 물 떠놓고 보면 맑은 물만 남고 찌꺼기 같은 물 앙금은 그릇 밑바닥에 가라앉지 않는가.

그것과 같이, 수도할 때는 세속적인 혼탁한 생각이 다 가라앉아야 한다. 화식火食, 즉 불로 익힌 밥을 먹고 세상 사물을 접하면서 여러 십 년 동안 사회생활을 하다보면 정신이 혼탁해지고 잡념에 휩싸이는데, 그런 게 물 찌꺼기 가라앉듯이 다 없어져야 한단 말이다.

수행시 체질변화

무형인 정신은 그렇게 되는데, 체질적으로는 어떤 변화가 오느냐?

육신에는 오장육부五臟六腑라는 게 있다. 수도를 하면 인체의 이목구비耳目口鼻, 오장육부五臟六腑, 삼초三焦 등에서 변화작용이 일어난다.

첫째로 인체의 구조라 하는 것은 수화水火로 되어져 있다. 사람은 물기운과 불기운, 두 가지 기운을 가지고 산다. 사람의 콩팥이 양쪽으로 하나씩 붙어 있는데 콩팥 하나는 물을 맡고 있고, 하나는 불을 맡고 있다.

불을 맡고 있는 콩팥은 비장脾臟과 직결돼 있다. 비장을 지라라고도 하는데, 저 소 돼지 같은 것 잡으면 혓바닥같이 기다랗게 생긴 것 있잖은가.

그러고 물을 맡고 있는 콩팥은 간肝하고 직결돼 있다.

간이라 하는 것은 나무(木)다. 사람 몸에는 간심비폐신肝心脾肺腎 오장五臟이 있는데, 그걸 다시 오행으로 정리해보면 간장이라 하는 것은 음목陰木이고, 쓸개, 즉 담은 양목陽木이다. 간은 나무고, 심장이라 하는 것은 불[火]이고, 폐장이라 하는 것은 금金, 신장은 수水다.

헌데 간이 나무라면 나무에서 불이 나오지 않는가. 그러니 목생화木生火인데 심장이 화火다. 그리고 화생토火生土인데 비장이 토土이고, 토생금土生金인데 폐장이 금金이다. 그 다음 금생수金生水인데 신장이 물이고, 수생목水生木인데 간이 나무다.

다시 얘기해서, 간장의 어버이는 신장이고, 심장의 어버이는 나무인 간장이고, 비장 위장의 어버이는 심장, 또 폐는 금이니까 폐장의 어버이는 토인 비장이고, 신장의 어버이는 폐장이다. 이렇게 해서 화생토 토생금 금생수 수생목 목생화로, 상생으로 되어져 있다.

이건 생리학이 돼놔서 한두 시간 해서는 끝도 안 난다. 그걸 자세히 얘기하자면 오운육기五運六氣까지 나와야 하고, 육부 문제도 얘기해야 하는데 그러자면 한이 없다. 오늘은 그저 수련하는 과정에 필요한 대략적인 얘기만 해주는 것이다.

신장은 진액의 곳간

불을 맡고 있는 콩팥이 비장과 연결되어 있기 때문에, 신장의 불기운을 받아 비장은 뜨겁고 색깔도 붉고 거무티티하다. 불이라 하는 게 시뻘겋고 뜨겁지 않은가.

사람이 음식을 먹으면 먼저 위장이 받아들이지만 소화작용은 비장이 맡아서 한다. 무식한 사람들은 "음식을 먹으면 비장이 맷돌처럼 냅다 갈아서 소화를 시킨다" 하는 소리를 하는데, 그게 아니고 비장이 뜨겁기 때문에 소화가 되는 것이다.

그걸 다시 간추려 얘기하자면, 신장이라 하는 것은 진액의 곳집(곳간)이다. 그러니 위장이 튼튼해야 음식의 진액을 섭취해서 신장에 저장해둘 수 있다. 사람이 굶고도 며칠씩 활동도 하고, 호르몬을 배출할 수 있는 것도 신장의 진액 때문이다. 신장에 진액을 저장해뒀다가 활동할 때에 전부 꺼내 쓰는 것이다. 인체의 구조가 그렇게 돼 있다.

그래서 옛날부터 "신腎은 위지근胃之根이요", 신장이라 하는 것은 위의 뿌리요, "위胃는 신지구腎之口라", 비위라 하는 것은 신장의 입이라고 했다.

왜 위장이 신장의 입이냐? 위장에서 잔뜩 음식을 먹어야 신장이 진액을 저축할 수 있기 때문이다. 또 신장을 위장의 뿌리라고 하는 이유도 사람이 뭘 먹으면 그 진액을 신장에 갈머두기 때문이다. 우리가 이렇게 얘기하고 있는 순간에도 입에서 자꾸 침이 나오잖는가. 침을 학술 용어로 옥지玉池라고 한다. 구슬 옥 자, 못 지 자. 단적으로 침이라고 하면 침 타唾 자, 진액 액液 자, 타액이라고 쓴다. 또 침 타 자 하나만 써도 침인 줄 안다.

이 침은 신장에서 나온다. 침은 신장의 진액이다. 그 과정을 자세히 얘기하자면 간장이 섭취하는 것이지만.

허나 그 얘기를 다 하자면 한이 없으니, 내가 그저 대략 겉목만 쳐준다.

또 사람이 호흡하는 것은 어떠냐?

숨쉬는 것을 호흡이라고 하는데, "후~" 하고 내쉬는 숨을 호呼라고 하고, 들이쉴 숨 쉬는 걸 흡吸이라 한다. 숨 들이쉰다는 흡 자로, 입 구口

옆에 미칠 급及 한 자다.

헌데 "호출呼出은 심여폐心與肺요", 부를 호 자, 날 출 자, 호출, 즉 숨을 내쉬는 것은 심장과 폐장에서 관장하고, "흡입吸入은 신여간腎與肝이라", "흐읍~" 하고 숨을 들이쉬는 것은 신장과 간장에서 작용한다는 말이다. 다시 얘기해서, 호흡작용은 심, 폐, 신, 간에서 하는 것이다.

서양의학의 문제점

인간의 생체구조라 하는 것이 그렇게 돼 있다. 그걸 모르면 약사고 의원이고 제 노릇을 못 한다. 사람 하나를 다루려면 약리학藥理學, 생리학生理學, 병리학病理學을 다 알아야, 그 사람 병이 어떻게 되고 무슨 약을 써야 된다 하는 게 나온다. 그래야 비로소 사람을 다스릴 수 있지, 그렇지 못하면 말짱 헛장난이다.

지금 현대의학은 동양의학과 서양의학 두 쪽으로 갈라져 있다. 작금의 서양의학이라는 게 단적으로 얘기하면, 엑스레이 찍어서 그 결과만 본다. 원인을 모른다. 반면에 동양의학은 음양오행 원리를 가지고 병의 밑뿌리를 본다.

알아듣기 쉽게 하나 예를 들면, 신장염은 양방에서는 못 고치는 병이다. 근래 서양학설이, 신장에서 염증이 생겨 몸이 붓는데, 왜 염증이 생겼는지를 모른다. 그 원인치료를 어떻게 해야 되는지를 모른단 말이다.

신장염은 불을 맡고 있는 콩팥이 고장난 것이다. 불기운을 맡고 있는 콩팥 하나가 병들어서 염증이 생기고 자꾸 붓는 것이다. 불기운이 없으면 습하게 돼서, 물기운 하나만 가지고는 인체의 기혈 순환작용이 안 된다. 그러니 몸이 부을 수밖에 더 있는가.

그렇게 되면 양방에서는 이끌 이利 자, 오줌 뇨尿 자, 이뇨제를 쓴다. 부기 빼는 하제下劑, 내리는 재료를 써서 부종만 빼는 것이다. 허면 속에서는 자꾸 붓는데 자꾸 빼기만 한다고 되는가? 붓고 빼고, 붓고 빼고, 붓고 빼고 하다가 어떤 한도에 가면 생명이 지탱할 수 없게 된다. 그러다 진액이 고갈돼 버리면 그것으로 끝나고 마는 것이다. 죽는다는 말이다. 양방은 그러다가 만다.

허면 한방으로는 어드러헌 방도가 있느냐?

그럴 때는 육미지황탕六味地黃湯을 쓴다. 육미라 하는 것은 신장과 간장을 다스리는 약이다. 계수나무 두꺼운 껍질을 육계肉桂라고 하는데 그 육계, 부자 같은 걸로 간신의 진액을 보충해주고, 동시에 불을 맡고 있는 콩팥의 불기운을 보충해준다. 그렇게 해서 콩팥과 간을 좋게 하고, 또 불을 맡고 있는 콩팥이 기능 발휘 못 하는 것을 약으로써 대치시켜주는 것이다. 그렇게 쭉 약을 쓰면 신장염이 완전하게 나을 수 있다.

양방에서는 처음엔 하제를 쓰는데, 어느 경지에 가서 만성신장염이 되면 피가 탁해지고 다 솔아 버린다. 불기운이 없으니 그럴 것 아닌가.

그게 마치 뭐와 같으냐? 저 돼지나 소 잡으면 피가 처음 나올 때는 콸콸콸 물처럼 쏟아지는데, 밖에 나오면 그게 다 솔아서 엉겨붙지 않는가. 그와 같이 피가 응고돼 버리는 것이다.

하니까 그걸 막기 위해 양방에서 어떻게 하느냐? 내가 직접 보지는 못했지만, 한쪽에서는 피를 빼서 적당한 온도로 덥혀 주고, 한쪽으로는 다시 그 피를 집어넣는다. 그걸 투석透析이라고 한다. 내 그런 소리를 들었는데, 만성신장염 환자들은 보름인가 얼마 만에 한 번씩 피를 걸러 넣는다고 한다.

　다시 얘기해서, 콩팥이 덥혀 주는 작용을 못 하니까 그 기능을 기계로써 대신해주는 것이다. 피가 응고되지 않도록 한쪽에서는 피를 빼서 덥히고 한쪽에서는 그 덥힌 피를 집어넣고. 그걸 한 번 집어넣으면 한 보름밖에는 못 가는 모양이다.

　동양철학자가 볼 땐 참 웃지 못할 일이다. 양의학에는 그런 단점이 있다.

앞세상엔 양방과 한방을 병행해야

　그런가 하면 동양의학에는 어떠한 단점이 있느냐?
　예를 들면, 병 중에 교장증交腸症이라는 게 있다. 사귈 교 자, 창자 장 자, 창자가 꼬이는 병이다. 우리 몸 속에 보면 작은창자, 작은 똥집이 있다. 그걸 소장이라고 하는데, 그놈이 어쩌다 잘못되면 서로 꼬이는 수가 있다. 창자가 꼬이면 풀어지질 않는다.
　그걸 오래 두면 통하질 못하니까 썩어버린다. 허면 죽는 것이다. 창자가 막혔으니 어떡하나. 아니, 입으로 먹으면 대장 소장을 통해서 똥을 싸야 되는데, 꽉 막혔으니 결과적으로 죽는 수밖에 없잖은가.
　한방에서는 그걸 어떻게 고치느냐? 근래 말로 그걸 들것이라고 하나, 담가擔架라고 하나? 들것 같은 데에다 사람을 반듯이 뉘어 놓고서 두 사람이 양쪽에서 냅다 들었다가 놓으면 그 탄력으로 튀어올랐다가 떨어진다.
　간혹 그렇게 해서 꼬인 장이 풀어지는 수가 있다. 헌데 그렇게 해서 다

행히 꼬여진 게 풀어지면 살고, 그렇지 못하면 그냥 가는 것이다. 칼 가지고 배를 째서 창자 썩은 걸 끊어내든지 다시 잇든지 해야 하는데, 한방에는 수술하는 방법이 없으니 그걸 못 한다. 한방은 그런 단점이 있다.

한마디로 양방, 한방이 다 절름발이 학문이다. 철인哲人들이 볼 때 지금 의학은 아직 시작에 불과하다.

앞세상엔 양방과 한방을 병행해야 한다. 양방만 알고 한방을 모르면 의사가 될 수 없고, 한방만 알고 양방 모르는 사람도 의사 노릇을 할 수 없다. 한 사람이 동양의학 서양의학을 다 공부할 시간이 없으면 이원제로 두 사람을 짝 지어서 의사 교환해 가며 치료하게 하든지, 학술을 개편해서 이런 경우는 양방으로 볼 때 이렇고, 한방으로 볼 때는 이렇다 한다든지 해서 완전한 의학이 개발돼야 한다.

지금 문화라는 게 아직까지도 초보단계다.

지금 이 자리가 무슨 생리학이나 약리학, 병리학을 강의하는 시간이 아니기 때문에 내 자세한 얘기는 않겠다만, 사실이 그렇다. 수련하는 데 필요한 인체의 체질 개선 문제를 얘기하다 보니 참고로 이런 얘기도 나온 것이다.

불교의 도통공부

인류역사를 통해 볼 때, 각색 문화권에서 도통하려고 참 얼마나 애를 썼나. 또 통한 사람도 많이 있다. 헌데 여태까지 어드러한 방식으로 도통한다 하는 문헌상의 기록은 하나도 없다.

불교가 생긴 지 지금 3천여 년이 지났다. 그 불교의 바탕이란 게 도통해서 왕생극락한다는 것 외에 딴 게 없다. 묶어서 얘기하자면, 도통해서 저 무량수불국无量壽佛國, 즉 극락세계를 간다는 것이다.

석가모니가 설산에서 6년간 고행하고 도통을 했다. 불교말로 견성見性을 한 것이다. 그걸 유가에서는 도통이라고 하는데, 술어만 다를 뿐 도통이나 견성이나 내내 같은 소리다.

헌데 설산에서 견성 도통을 하고 나서 석가모니가 무슨 소리를 했냐 하면, "내가 도통하기 전에는 우리가 살고 있는 현실세상밖에 없는 줄 알았다. 헌데 도통하고 보니 저 무량수불국이라는 별개 세계가 있다. 없을 무无, 헤아릴 량量, 수할 수壽, 부처 불佛, 나라 국國, 헤아릴 수 없이 수하는 부처의 나라가. 그곳은 저 서쪽으로 10만억 불토佛土 떨어진 곳이다."라고 했다.

허면 1불토가 얼마냐? 대지大地는 큰 대 자, 따 지 자, 지구를 말하는데, 그 대지를 미진微塵으로 분쇄해서 일직선으로 쭉 연결한 만큼의 거리라고 한다. 허면 무량수불국이란 데가 10만억 개의 지구를 밀가루 같은 아주 미세한 가루로 만들어서 일직선으로 쭉 연결한 만큼의 거리에 있다는 것이다. 부처라는 사람이 그런 말을 했다. 그게 『미륵대성경』이라는 경전에 나온 얘기다.

아니, 10만억 개는 그만두고, 지구 하나만 가루로 만들어 일선으로 쭉 연결한다 해도 몇 조 광년이라는 무제무한한 숫자가 나올 텐데, 지구 10만억 개를 분쇄해서 일선으로 연결한 거리라고 하면 얼마나 막연한가.

석가모니의 말에 의하면, 서쪽으로 그렇게 먼 거리를 갈 것 같으면 무량수불국이 있는데, 그 무량수불국은 환경이 춘하추동 사시가 없이 봄도 봄이요, 여름도 봄, 가을도 봄, 겨울도 봄, 만날 봄이라는 것이다. 그러고 그 세상은 금, 은, 자마노, 비취, 산호, 유리, 호박, 이렇게 일곱 가지 보석, 칠보七寶로써 이루어졌다고 한다.

또 아름다운 새와 향기로운 꽃이 자연을 응하고, 음식도 소의소향所意所向, 즉 내가 뜻하는 바 생각하는 데에 따라, 내가 배고프다 하면 좋은 옥바리때에 고량진미가 놓여지고, 목마르다고 하면 좋은 옥바리때에 밀수가 한 그릇 놓여진다는 것이다. 그러고 거기는 불로불사不老不死해서, 늙지도 않고 죽지도 않는다. 도통해서 그 세상에 갈 것 같으면 억만 년도 살 수 있다는 얘기다.

부처가 이런 말을 했으니, 단순한 사람들이 안 믿을 도리가 있나.

그러고 또 인간세상이란 그 좋은 세상에 가기 위한 과정이라는 것이다. '그런 좋은 세상에 가기 위해서 너희들은 부모형제 인연 다 끊고, 사회도 등지고 내 뜻에 따라 참선을 해라. 허면 견성 도통해서 저 무량수불국, 늙지도 죽지도 않는 참으로 좋은 극락세계에서 살게 된다.' 불교의 대경대법한 틀이 이렇게 되어져 있다.

참선 도통하는 것을 바탕으로 불교가 3천 년이라는 시공을 통해 지금까지 전해내려 왔는데, 그러건 저러건 가장 견성 도통 많이 난 종교가 불교다. 유가나 서교보다 많다.

헌데 도통의 역사가 그렇게 여러 천 년 동안 각색 종파에서 일관해 내려왔건만, 수련하는 특별한 방법이 없다.

내가 직접적으로 시킨 건 얼마 안 되지만, 우리 간부들이 내 지시를 받들어 전국 각 지방에서 수련시킨 게 아마 천 건도 더 넘지 않나 모르겠다.

어린시절 수도 체험

　내가 체질 변화 얘기를 하다가 곁가지를 쳤는데, 수련하는 과정에서 체질이 변화된다.
　앞에서 잠깐 얘기한 대로, 사람은 수화水火기운으로 산다. 헌데 본래 물이라 하는 것은 밑으로 내려가려 하고 불기운은 올라가려는 성질이 있다. 수화의 성질이 그렇다.
　그렇건만 오랜 시간 앉아서 수도를 하다 보면 수승화강水昇火降이 된다. 수화기운이 뒤집어져서 물기운은 올라오고 불기운은 내려가는 것이다.
　시간이 갈수록 수승화강이 더 잘된다. 제대로 하자면 물기운은 올라오고, 불기운은 아주 착 가라앉아서 다 꺼져야만 된다. 그래야 체질변화가 완전히 된 것이다. 며칠 수련해서는 그렇게까지 될 수 없다. 그건 시간이 필요하다.
　헌데 이걸 오랜 시간 계속하면 어떤 현상이 오느냐? 내가 내 경험을 참고로 얘기할 테니 들어봐라.
　내가 열두 살 먹어서 한 일 주일 동안 수련한 사실이 있다. 어릴 때 우리집이 그런 대로 부자였다. 집도 크고. 빈방이 여러 개 있고 해서 방 하나를 치우고, 시골에 가면 밀대방석이라고 있다. 밀짚으로 엮은 걸 밀대방석이라고 하는데, 여름철 더울 때 마당에다 그걸 떡 펴놓고 부채 부치고 앉아 있으면 참 시원하기도 하고 기가 막히게 좋다. 그래 그 밀대방석을 깔고 그 위에 자리 하나를 펴놓고 앉아 수련을 했다. 어려서는 뜨거운 것보다 차가운 게 더 좋다. 어려서는 누구도 다 그런 모양이다. 얼음판에 가면 덮어놓고 좋고, 눈 오면 좋고 말이다.

수승화강水昇火降

　수도하는데 어떻게 수승화강이 되느냐 하면, 오래 앉아 있다 보니 수기水氣가 척추를 통해 올라온다. 그러면서 이 얼굴에서 만의회집지상萬蟻會集之像이 일어난다. 만의회집지상이란 일만 만 자, 개미 의 자 – 개미 의 자는 벌레 충虫 옆에 의로울 의義 자를 쓴 자다 – 모일 회, 모일 집, 갈 지, 형상 상, 일만 마리의 개미가 모여드는 형상을 말한다.
　만의회집지상이 되면 어떠한 현상이 일어나느냐? 개미가 얼굴에 기어다니면 섬섬대서 못 배기잖는가. 헌데 이건 피부 밖에서 그러는 게 아니고 피부 속에서, 살 속에서 개미 한 만 마리가 기어다니는 것처럼 섬섬섬 섬섬섬 한다. 가려워서 도저히 못 배긴다.
　그게 바로 수기水氣가 순환循環하느라고 그런 것이다. 만의회집지상은 아주 미세한 세포에까지 수기가 올라오면서 기혈이 작용할 때 생기는 현상이다.
　몸의 수분은 기氣가 끌고 다닌다. 기가 생동해서 수분을 끌고 와 수기가 상승하는데, 그게 얼마 지나면 완전히 수승화강이 돼서 체질 개선이 된다. 그 경지에 가면 그런 현상이 다 없어져 버린다.
　그렇게 되면 아주 피부도 말쑥해지고, 눈도 유리알보다 더 반질반질하니 광채가 난다. 수도하는 사람은 눈을 보면 안다.
　한편으로는 여기 인당印堂이 얼음을 갖다 얹은 것 모양 시원하다. 또 여기 백회 부분을 이마 정頂 자 문 문門 자 정문頂門이라고도 하는데, 거기서 아주 맑은 기운이 뻗쳐오른다. 정문은 또 삼리三離라고도 하고 이궁離宮이라고도 하는데, 그 이 자는 이방離方 이 자로 남쪽을 뜻한다. 여기 턱 아래쪽이 북쪽이고, 위쪽이 남쪽이다.

기운은 이 정문을 통해 내려온다. 그래서 정문을 쥐구멍이라고도 하는데, 수련을 하면 이 쥐구멍으로 기운 오르고 내리는 걸 느낀다.

내가 참고로 상제님 성구 하나를 얘기하자면, 하루는 김형렬 성도가 상제님께 "전설에 '송우암宋尤庵이 거처하는 지붕에는 눈이 쌓이지 않고 녹았다'고 하는데 진실로 천지의 지령지기至靈之氣를 타고난 사람인가 합니다."(道典 9:5:2)하고 여쭈니까 상제님이 "진실로 그러하냐? 이제 나 있는 곳을 살펴보라."고 하신다. 김형렬 성도가 밖에 나가 보니 날이 차고 눈이 많이 내려 쌓였는데, 상제님 계신 지붕에는 눈 한 점 없고, 맑은 기운이 구름을 뚫고 하늘에 뻗쳐서 푸른 하늘이 다 보인다.

김형렬 성도가 하도 이상해서 그 뒤에도 상제님을 모시고 다니면서 살펴보면 언제든지 상제님께서 머무시는 곳에는 반드시 맑은 기운이 푸른 하늘에 통해 있고, 큰비가 올 때에도 꼭 그렇게 돼 있었다고 한다. (道典 9:5:3~5)

그게 뭐냐 하면, 상제님 정수리의 맑은 기운이 하늘까지 뻗쳐 있다는 얘기다. 통하면 그렇게 되는 것이다.

심령으로 통을 하고 육체적으로 수승화강이 돼서 체질이 완전히 변화되면, 청명한 맑은 기운이 하늘까지 뻗다. 체질이라는 게 그렇게까지 변화한다.

사도邪道로 빠지는 사람들

헌데 이 기운이라는 것이 어떠냐?

기존문화권에서 무슨 산에서 공부한다는 얘기를 하는데, 그런 데서 공부를 하다 보면 병신 되는 사람도 많고, 사도邪道, 곁길로 빠지는 사람도 많다. 한 백 명 공부하면 반 이상은 곁길로 빠져 버린다.

그게 왜 그러냐?

상제님의 해원 사상에서도 알 수 있듯이, 세간에 사람 뚜껑을 쓰고 나온 사람 쳐놓고 원억을 맺지 않은 사람은 하나도 없다. 선천은 상극相克이 사배司配한 세상이기 때문이다. 그 원한 맺힌 신명들이 해원을 못해서, 무슨 코만 있으면 달려붙어 뻐꾸럭길로 끌고 가는 것이다.

하나 예를 들면, 여기 8년인가 10년 전에 박모라는 신도가 와 있었다. 그가 고등학교를 졸업하고 상제님 사업한다고 여기 와 있었는데, 한번은 그를 포함해서 몇 명에게 수도를 시켰다.

헌데 그는 남의 말을 잘 안 듣는 사람이다. 지도자 말도 안 듣는다. 상제님 믿는다고 와 있는데 지도자 말도 잘 안 듣고, 맨 제 주장이다. 수도할 때도 꼭 두꺼운 안경을 쓰고 한다. 참 별 사람을 다 봤다.

벽에다 쭉 돌려 앉혀 놓고 일주일을 한도로 수도를 시키는데, 그가 사흘인가 나흘 만에 이런 소리를 하더란다. 나보고는 그런 소리를 않고, 같이 수도하던 사람들이 듣고 하는 얘기다.

아주 어여쁜 아가씨가, 인간세상에서는 다시 찾아볼 수도 없는 그런 미인이 옥 같은 걸로 만든 좋은 상에다가 술상을 떡 차려놓고, 빵긋빵긋 웃으면서 한 잔 대접한다고 했다고. 세상에 그런 좋은 걸 봤다는 것이다. 주전자 같은 것도 호화찬란하고 그렇게 잘 생겼다고 한다.

왜 그런 게 보이냐 하면, 그가 본래 그런 걸 생각하는 사람이기 때문이다. 그의 정신 자세가 그렇게 되어져 있어서 그렇단 말이다. 한마디로 얘기해서 그가 신명에게 코를 내준 것이다. 아니, 사람이나 속지 신명도 속나?

신명은 인간의 정신을 다 들여다보고 있다. 신명이 보니까 고놈 정신이 꼭 그렇게 되어져 있더란 말이다. 하니까 "야, 요거 끌고서 내가 성공 좀 해봐야겠다." 하고, 그런 여자 신명이 달려붙어서 자기가 뜻하는 행위를 하려고 한 것이다.

신명은 육신이 없는 존재인지라 혼자서는 행위를 못 한다. 사람이 동조해야만 제 행위를 할 수 있다.

요새 무슨 잡신 같은 것에 붙잡힌 선무당들을 보면, 귀신이 먹으라고 하면 먹고, 가라면 가고, 자라면 자고, 그가 하라는 대로만 한다. 그렇잖으면 아파서 못 배긴다. 그러다 앓아 눕기도 하고 말이다. 그렇게 잡신한테 생포 당해 가지고, 무슨 산신에 붙잡혔네, 무슨 동자신에게 붙잡혀서 점을 하네 하는데, 그런 게 세상에 수두룩하다. 여기 대전만 해도 그런 사람이 백 명도 넘을 것이다.

또 명도明圖에 붙잡혔다는 사람도 있다. 마마 걸려 죽은 여자 아이 귀신을 명도라고 한다. 이 명도에 붙잡힌 무당은 으레 꽃송이 같은 걸로 신단을 차려 놓는데, 점을 하려면 거기서 휙 하고 휘파람 부는 소리가 나기도 한다. 그게 명도가 들락날락하는 소리다. 그래 점을 치면 명도가 금세 현장에 가서 조사해 가지고 와서 점괘를 알려준다. 그런 걸 보면 '참 신명이 저런 것이다.' 하는 것을 누구도 다 인정할 수 있을 게다.

헌데 명도라고 이름 붙인 여아신은 그저 대여섯 살 내지 열 살 전후해서 죽은 신인데, 그애들이 세상을 알면 얼마나 알겠는가. 인간세상에 산 역사가 얼마 안 되는데. 그래서 점괘가 혹 맞기도 하고 안 맞기도 하는 것이다.

첫째 심법이 발라야

수도하는 사람은 첫째 심법이 발라야 한다. 공부하려고 앉은 사람이 쓸데없는 생각이나 하고, '내가 공부해서 뭘 어떻게 하겠다.' 하는 그런 나쁜 생각이나 한다면 숫제 처음부터 시작하지 않는 게 낫다.

간혹 공부하는 사람들 중엔 공부도 다 못 하고, 입 삐뚤어지고 눈 삐뚤어지는 구안와사 같은 병에 걸린 사람도 있고, 병신 되는 사람도 있다.

지금 서울에도 그런 사람이 있다. 송모라고 그전에 내가 간부로 더불고 있던 사람인데, 내가 잠자는 동안에 보면 어디를 그렇게 나돌아다닌다. 그가 전에 조금 개안이 돼서 신을 본 사실이 있다. 헌데 그가 너무 못돼먹어서 전에 내 눈 밖에 나고 혼구멍도 많이 나고 그랬는데, 지금은 저 서울 어디에 앉아서 우리 신도 누가 찾아가면 "강증산이 도인은 될지언정 상제는 아니다." 그런 얘길 한다고 한다. 아니, 제가 뭘 아나? 그런 정신 가진 사람이 어떻게 후천세상을 개척할 수 있겠는가.

수도라는 걸 잘못하면 귀신한테 홀려서 상제님도 배반하고, 자기가 신앙하는 길도 배척해 버릴 수 있다. 어떤 신이 달려붙어서 "야, 네가 잘 하면 강증산도 될 수 있고, 천자도 될 수 있다. 지금 강증산은 귀신 도깨비고, 네가 진짜 상제가 되는 게다." 하고 살살 꾀어내면 그냥 넘어가 버리는 것이다.

당진에도 그런 신도가 있다. 누구라고 말해봤자 제군들이 모를 테고, 어떤 여자인데 자기 혼자서 수도하더니 "내가 고씨 부인이다. 수부首婦,

고사모高師母다." 하면서 자기가 고수부님의 후신으로 태어났다고 한다. 그것 참 기막힐 일이다. 상제님 신앙하던 것도 배반하고, 배반하다 못해 갖은 모욕을 다 한다. 그래 그 가정이 다 망해 버렸다.

그러면 그게 신앙 않고 공부 안 한 턱도 안 되는 것 아닌가. 그래 내가 신명 좀 보는 것보다 열심히 수도해서 태을주 기운 몸에 간직하는 게 낫다는 생각에서, 근자에 와서는 개안시키는 데에 힘을 안 쓰고 있다.

개안되면 광명이 열린다

허나 여기는 수도하는 자리이고 해서 오늘은 내가 참고로 개안하는 방법을 얘기해줄 테니 잘 들어봐라.

앉아서 주문 읽고 수도하는데 어떻게 해야 개안도 하고 공부가 빨리 되느냐?

두 시간이고 세 시간이고 그냥 오래 앉아서 태을주를 많이 읽어라.

그러다가 무아경에 가면 어떻게 되느냐?

뒤에서 지도자가 보면, 태을주를 읽으면서 제정신 없이 그저 허튼 수작으로 "훔치훔치 태을천… 사파하" 하기도 하고, 뭐 별스런 게 다 있다. 하하. 그게 읽긴 읽는 것이다. 그 동안 수도 없이 태을주를 읽었으니 아주 입에 발려서 읽긴 읽는데, 제 정신이 없으니까 읽다가 깜박하고, 또 어떡하다가 다시 찾아 읽는 것이다. 그게 바로 자기도취다.

'무아경이다. 내가 없는 경지다. 망형망재다. 형상도 잊어버리고 나의 존재도 잊어버린다.' 하는 것도 전부 그런 경지를 표현하는 것이다.

그 경지에 도달하면 무엇인가 보인다. 헌데 그냥 뵈는 게 아니고, 각자 수도한 근기根氣, 뿌리 근 자 기운 기 자, 근기에 따라서 환한 불이 보이는 사람도 있고, 저 개똥벌레 불처럼 새파란 게 반짝하고 보이는 사람도 있다. 아마 여기 제군들도 눈감고 주문을 읽다 보면 그런 게 보일 것이다. 대략 개똥벌레 불같은 건 다 보이잖는가. 그게 나무 이파리만큼 크게 보이기도 하고, 더 환하게 보이기도 하고 말이다.

헌데 개안이 돼서 밝아지면 어떻게 되느냐?

일 년 중에 가장 밝은 때가 가을인데, 아주 참 호호晧晧하게 밝은 가을날처럼 환하게 광명이 열린다. 세상에 그렇게 밝을 수가 없다. 전기 여러 백 촉 켜놓은 것만큼 밝다.

그렇게 밝아지면 예를 들어, 저 건너 보이는 산, 여기서 거리로 따지면 약 4킬로미터쯤 되는 저 보문산의 소나무에 붙은 송충이가 솔잎 파먹는 것까지 보인다. 눈 떡 감고 앉아서 그걸 보면, 송충이에 껄이 있는데 그 껄까지도 환하게 볼 수 있다. 광명이라는 게 거기까지 몰고 간다.

묶어서 얘기하면, 자연섭리하고 내 정신이 합치되는 것이다. 그러면 자연섭리를 통투할 수 있다. 그걸 문자화해서 얘기하자면 "상투천계上透天界하고", 위 상 자, 통할 투 자, 하늘 천 자, 지경 계 자, 즉 위로는 하늘 경계를 뚫어볼 수 있고, 또 "하철지부下徹地府라" 아래 하 자, 통할 철 자, 따 지 자, 마을 부 자, 즉 아래로는 땅 밑바닥까지 꿰뚫어 볼 수 있는, 그런 경지를 간다.

기운을 잘 받아야

허면 천리라는 게 어떠냐?

대세 기운이라는 게 있어서, 천지에 그 기운이 돈다. 역사적으로 보면 인재도 같은 시대에 몰려서 나온다. 쉽게 예를 들면, 24장이 있지 않은가. 상제님이 말씀하시기를 "당태종 때에 24장을 내어서 난세를 수습하게 만들었다"고 하셨다. 위징 이정 진숙보 등 그 24장에 대한 주문도 있다. 헌데 아직은 여기가 개척단체고, 신도들의 신앙이 연천年淺하고 해서 24장 주문까지 알려주기에는 이르다. 나이야 백 살을 먹었든지 오십 살을 먹었든지 그건 세상 나이이고, 상제님 진리 세계 나이로 하면 그게 아니다. 이제 조금 더 가야 24장주 같은 주문도 나온다.

허면 이 기운이라는 게 어떠냐?

그 뿌리를 메마르고 건조한 데다가 박으면 나무와 지엽이라 하는 것은 크지를 못하는 것 같이, 진리가 메마를 것 같으면 수도도 제대로 할 수가 없다. 그게 나무 성장하는 것과 똑같다.

그러나 상제님의 태을주는 참 무궁무궁한 진리다. 천지의 진액을 빼서 태을주에 전부 결정지어 놓았다. 그런 태을주를 읽기 때문에, 또 지도자의 기운이 건전하기 때문에, 여기서는 잘못 되는 일이 없다.

내 밑에서 수도하다가 무슨 병신이 됐다든지 허령이 들렸다든지 그런 일이 없다. 허령 든다는 게 귀신 도깨비 같은 것이 들려서 자기도 모르게 날뛰고 허튼 수작하고 미친 짓 하는 걸 말한다. 세상에는 그런 사람이 얼마고 있다.

헌데 내 앞에서 수도하면 절대로 그런 일이 없다. 수많은 사람 가운데 여태 한 사람도 없었다. 기운이라는 것이 그렇게 중차대하다.

수도의 기본원칙, 허리를 반듯이 펴라

이 사흘이라는 기간이 참 짧은 시간이고, 여기서는 단체로 행동을 해야 하니까 제군들 마음대로 할 수 없겠지만, 개안을 빨리 하려면 무작정 오래 앉아서 주문을 읽어라.

수도하는 근본방식 중에서는 우선 몸 갖는 자세가 중요하다. 수도할 때는 허리를 쫙 펴야 한다. 허리를 잡지 못하고 구부정하게 앉아 있으면 우선 수승화강이 안 된다.

사람은 앉을 때도 허리가 일직선이 되게 앉아야 한다.

옛날 우리 조상들이 한 얘기가 있다. "사람은 앉은 모양이 키를 세워 놓은 것 같아야 된다"고. 쌀 까부르는 키 있잖은가. 키가 가운데는 손 잡는 데가 돼서 잘뚝하니 들어가 있다. 한마디로, 아주 반듯하게 돼야 한다는 것이다.

옛날 사람들은 사람이 죽게 생기면 으레 허리 밑에다 손을 넣어본다. 드러누운 사람의 허리에 손을 넣어서 허리가 땅에 붙어 있으면 그 사람은 죽는다. 기운이 떨어졌기 때문이다. 산 사람은 땅에 가서 누워도 허리가 떠 있다. 허리가 요렇게 휘어서 공간이 떠져 있는 것이다.

또 굽은 허리를 보고 곰의 허리라고 하는데, 사람이 곰의 허리가 되면 안 된다. 그 사람은 태도부터 안 좋다.

수도를 않는다 하더라도 사람은 사회생활을 하면서 승상접하承上接下에 허리를 딱 펴고 사람을 상대해야 한다. 상리학상으로 허리 구부러진 사람은 세상살이하는 데에도 어려움이 많다. 그 구부러진 것처럼 일이 되다가도 자꾸 막힌다.

여자 허리 구부러진 건 더 말할 것도 없다. 여자들은 허리가 구부러지면 추물을 못 면한다.

앉았을 때나 섰을 때나 허리는 아주 반듯해야 한다.

그냥 주저앉아 있는 것과 허리를 펴고 앉는 것과는 아마 신장身長에서도 5센티미터 이상 차이가 있을 것이다. 그러니 허리를 펴면 사람이 위엄도 갖춰지고, 여러 가지가 좋지 않겠나. 여하튼 수도하는 사람은 언제든지 허리를 쫙 펴고 앉아야 한다. 그게 수도의 기본원칙이다.

올바른 수도자세

불가에서는 가부좌라 해서 다리를 꼬고 앉아서 수도를 한다. 가부좌라는 것은 불가에서만 독특하게 하는 것이다.

중국에 불교를 전한 달마라는 사람이 있다. 그 달마가 굴속에 들어가 오랫동안 수도를 했는데 그만 다리가 못 쓰게 돼 버렸다. 가부좌를 했기 때문이다.

가부좌라는 게 뭐냐 하면, 내가 앉아볼 테니 봐라. 이게 다리를 주리 튼 것과 똑같지 않은가. 아니, 무슨 죄를 졌나, 이렇게 안 앉으면 잡아가기를 하나.

옛날 사람들이 과학적인 지식이 부족했기 때문에 그걸 고집한 것이다. 부처가 통통을 해서 영계는 봤을지언정 그 사람이 무슨 생리학에 능통한 사람도 아니고 말이다.

제군들은 수도할 때 편하게 앉아라. 다리가 서로 눌리지 않게, 될 수 있으면 편히 앉아야 한다. 그래야 오래 앉을 수 있다.

손도 이 무릎께에 두면 허리가 구부러진다. 이 손이 자연 몸을 끌고 가는 게다. 하니까 허리를 펴기 위해서도 손을 몸 쪽으로 바짝 갖다 놓아라. 그러면 허리도 자연히 펴진다.

그러고 앉아서 주송하다가 다리 아프면 가만히 바꿔라, 가만히.

내가 참고로 또 한 가지 얘기한다. 사람이 하루에 세수를 한 번도 않는 수는 없지만, 수행할 때는 가능하면 세수도 하지 마라. 신체를 자꾸 움직이면 수승화강하는 데 좋질 않다. 공부를 제대로 하려면 사물도 보지 말고 그저 가만히 앉아서 정신을 집중해야 한다.

불가 공부하는 데를 가보면 대개 '심우尋牛'라 하는 것을 써 붙여 놓았다. 찾을 심 자, 소 우 자, 공부하는 방에는 으레 심우당尋牛堂이라고 써 붙이는데, 여기서 소 우 자는 마음을 의미한다. 즉, '흐트러진 마음을 거둬들인다'는 뜻이다.

수도하는 사람은 사물을 많이 접촉하면 산심散心이 돼서 좋질 않다.

개안의 장단점

내가 제군들을 차고앉아서 개안시키려 할 것 같으면 사흘이면 다 된다. 헌데 개안시키는 게 원 목적은 아니지 않은가. 개안시켜 놓으면 개중에는 틀림없이 허튼 사람이 나온다.

왜 그러냐?

개안이 되면 신神을 본다. 신을 보니 참 요지경 속이다. 학 타고 천상 구경도 하고, 상제님도 뵙고, 그러다 보면 마음 약한 사람들은 잡신한테 걸려든다. 사람이 어디 좋은 사람만 있는가? 암만 상제님 도문에 들어왔어도 젊은애들은 연애도 걸고 싶을 테고, 그걸 표현 못 해서 그렇지 별 사람이 다 있을 게다. 그러면 그런 신명이 달라붙어 버린다.

또 단체는 둘째치고, 나만 잘 되려고 하는 사람들에겐 역신逆神이 붙는다. 아까 얘기한 것처럼 "네가 잘 하면 천자가 된다. 네가 교주도 하고, 네 방식대로 하면 구제중생도 할 수 있다. 판 하나 차려라." 하고 홀리기도 하고, 별스런 건이 다 생긴다. 개안시켜 놓으면 관리하기도 어렵고, 그러다 잘못되면 사람을 버린다.

헌데 한 가지 좋은 점은 있다. 신명을 보기 때문에 '야, 참 정신세계라는 게 이렇구나. 이건 참 절대적이다.' 해서, 삐꾸러지지만 않으면 전부를 다 바쳐서 상제님 사업을 할 수 있다.

또 낫 놓고 기역자도 모르는데, 신계神界에 다녀와서 옛날 고고학 한문을 줄줄 내리 꿰는 사람도 있다. 그런 걸 보면 참 신기하다. 자기 성명도 못 쓰던 사람이 『주역』, 『시전』, 『서전』을 다 읽어대니 말이다.

수도 공부에 대한 것은 한두 시간 얘길 해도 다 못 한다. 복잡한 사회 구조 속에서 사람 체질도 여러 가지고, 역사도 뒤엉켜 있고, 신명 종류도 너무 많기 때문에 공부되는 방법 또한 그만큼 각양하다. 이 호호탕탕하고 광대무변한 진리를 어떻게 한두 시간에 다 얘기하겠는가.

태을주 읽으면 보호신이 붙는다

제군들은 여기서 한 사흘 공부한 것을 기본으로, 집에 가서 꾸준히 수도해 봐라. 으레 청수 모시고 수도하는 게 절대적이지만, 틈 나는 대로 주문을 읽어라.

매일 한두 시간씩 태을주를 바탕으로 주문을 읽다 보면 신명의 보호를 받는다.

하나 예를 들어서, 하루는 상제님이 부안 지방신을 부르시는데 신명이 오질 않는다. 상제님이 상감님인데, 상감님이 불러도 안 오는 것이다. 참 해괴한 일도 다 있다 해서 살펴보니, 부안 사는 신원일 성도 있잖은가. 그 신원일 성도가 수도를 하는데 부안 신명이 그를 음호하느라고 전부 거기에 가 모여 있더라는 것이다.

수도를 일과 삼아서 하면, 그 지방 신명들이 그렇게 전부 붙어서 옹호해 준다.

오늘도 수도하고 내일도 하고, 한 달 후에도 하고 반 년 후에도 하고 쭉 하다보면 보호신이 온다. 그 오는 시기는 사람에 따라 다른데, 보호신이 남자일 수도 있고 여자일 수도 있다.

그러다 보면 비몽사몽간에 꿈 같으면서도 꿈이 아닌 상태에서, 참 지상에서는 볼 수 없는, 아주 잘 생기고 원만하고 풍후하게 생긴 장군을 본다. 갑옷 입고 투구 쓴 신장神將이 자기 사는 집 주위를 맴돌기도 하고 방안에 들어오기도 한다. 잡생각 없이 오매불망 상제님과 상제님 사업만 생각하면 잠자는 순간에 그런 게 뵈는 것이다. 통을 못 했으니 실물로는 못 보지만.

수도를 꾸준히 하면 그렇게 기운이 응기되는 걸 본다. 그건 참 상서로운 기운이다. 그러면 먼저 자기 보호신부터 붙는다.

상제님의 보호신이 만수萬修신이다. 일만 만 자, 닦을 수 자. 만수신은 당나라 때 24장 중에 한 분이다. 보호신은 한 번 붙으면 죽을 때까지 붙어 있다. 그러다 그 사람이 죽으면 떠나는 것이다.

이런 건 다만 상제님 도법으로써만 알 수 있는 일이다. 상제님이 이 세상 모든 문제를 증산도, 당신의 도법에 다 압축시켜놨기 때문에 이 판 밖에 벗어나서는 앞세상일을 절대로 알 수가 없다.

하니까 이번 수도 공부를 계기로 집에 돌아가면 꼭 개안하는 걸 목적으로 한다느니보다, 신앙인으로서 그냥 정성껏 공부해봐라.

청수 모시고 몸도 깨끗이 하고 일과 삼아 수도를 하다 보면 자연 수승화강이 돼서 체질도 변화된다. 또 그렇게 한 시간이고 두 시간이고 앉아서 주문을 읽을 것 같으면 피로회복도 되고, 고단한 것도 다 풀린다.

수도하는 건 잠자는 것과 같다. 잠을 안 자도 앉아서 주문만 읽으면 저절로 피로회복이 된다. 우리 신도라고 할 것 같으면 최소한 그 정도는 돼야 한다.

태을주 읽으면 액을 막는다

시간이 없어서 참 아쉬운데, 하여튼 주문만은 열심히 읽어야 한다. 태을주를 많이 읽어야 의통목 이전에 오는 갖가지 액을 떼울 수 있다. 태을주를 읽으면 우선 이 험한 세상에 교통사고가 안 난다. 내가 조금 아까 집에서 텔레비전을 보니까, 이번 명절에 만 몇 건 교통사고가 났다고 한다. 참 기막힐 소리 아닌가.

우리나라는 하루에도 차가 천 몇 대씩 늘어난다고 한다. 지금도 차가 2백만 대가 넘었다는 것이다. 여기 오면서도 내 그런 얘길 했다. "야, 걸어다닐 수도 없고, 무서워서 어떻게 차를 타고 다니겠냐."고. 십 년 이십 년, 평생 차 타고 다니다가 그저 한 번만 슬쩍해서 갖다 들이박으면 그걸로 끝 아닌가. 다시는 못 올 길로 가는 것이다. 우선 그런 걸 예비하기 위해서라도 태을주를 많이 읽어야 한다.

　태을주 읽은 만큼 우리 일도 되는 거니까 상제님의 신도로서 주문 많이 읽고, 성경신을 다해서 신앙해라. 알겠는가! 이상.

최후의 일순까지 포교하라

도기 130(2000). 10. 11, 부산 화지문화회관

천하창생의 생사가 너희들 손에 매여 있느니라.
장차 천지에서 십 리에 사람 하나 볼 듯 말 듯하게
다 죽일 때에도 종자는 있어야 하지 않겠느냐.

(道典 8:7:6~7)

최후의 일순까지 포교하라

리치 신부의 하소연으로 오신 상제님

 시간이 없기 때문에 내가 집약해서 줄거리만 조금 얘기할 테니 들어봐라.
 우리가 살고 있는 이 시대에 왜 꼭 천상에 계신 옥황상제님까지 등장해야 하느냐?
 인류역사를 통해, 종교지도자로서 가장 위대했던 분이 리치 신부다. 그는 공자보다도 나은 분이고, 석가모니보다도, 예수보다도 더 나은 분이다. 그는 평생을 봉사정신으로 살다 죽었고, 신명이 돼 가지고서도 살아서 못다 한, 이 세계의 새로운 문화, 새 질서를 창출하려고 여러 하늘나라를 돌아다닌 양반이다.
 그렇게 해서 인간들에게 알음귀를 열어주어 하늘나라의 좋은 문물을 인간 세상에 펼쳤다. 했건만 세상은 점점 더 나빠만진다.
 그래서 동양의 역사적인 신성 불보살, 서양의 문명신을 전부 한 자리에 모아놓고 난상공의爛商公議를 해봤다. 하지만 자기들 능력으로는 도저히 어쩔 도리가 없다. 기존의 인간 문화라는 게 인간 성자들이 만들어 내놓은 진리 아닌가. 그것 가지고는 아무런 방법이 없더란 말이다. 오직 우주의 주재자, 상제님의 능력으로만 새 판을 짜서 새 틀로써 새 세상, 새 문화를 지어낼 수 있는 것이다.

해서 리치 신부가 동서양 역사적인 신성 불보살들, 공자, 노자, 석가, 예수를 다 거느리고 진짜 하나님, 천상세계의 옥황상제님께 등장하여 하소연했다.

『도전』에도 나와 있듯이 "이 문명은 다만 물질과 사리事理에만 정통하였을 뿐이요, 도리어 인류의 교만과 잔포殘暴를 길러 내어 천지를 흔들며 자연을 정복하려는 기세로 모든 죄악을 꺼림 없이 범행하니 신도神道의 권위가 떨어지고 삼계三界가 혼란하여 천도와 인사가 도수를 어겼다. 해서 이마두 신부가 원시의 모든 신성神聖과 불타佛陀와 보살菩薩들과 더불어 내게 와서 '상제님이 아니면 천지를 바로잡을 수 없다.' 하므로 괴롭기는 한량없으나 어찌할 수 없이 맡게 되었다"는 상제님 말씀이 바로 그 말씀이다.

그렇게 해서 상제님이 이 세상에 오시게 된 것이다.

이 때는 신명을 통치하는 절대자가 오셔야

헌데 어째서 그런 절대자가 아니면 이 세상에 새 문화를 창출할 방법이 없느냐?

그 이유를 묶어서 얘기하면, 하늘땅 생긴 이후로 인간 뚜껑을 쓰고 왔다간 사람 쳐놓고 철천지한徹天之恨을 맺지 않고 간 사람이 하나도 없기 때문이다.

왜 그러냐?

선천에는 지축이 기울어져서 자연질서가 삼양이음三陽二陰하여 양이 음보다 하나가 더 많다. 억음존양抑陰尊陽이다. 곧 주역의 괘로 화수미제火水未濟가 되어, 이 세상에 왔다간 사람은 다 본의 아니게 원신寃神도 되고 역신逆神도 된 것이다.

헌데 신명은 자기의 한풀이를 못 하면 제 갈 데를 안 간다. 5백 년, 천년 후에라도 기회를 포착해서 자기가 당한 원과 한을 바로잡고야 만다. 그러니 이 신명세계부터 해원시켜서 안정시키고 조화되게 하지 않고서는 새 세상을 만들어 낼 방법이 없는 것이다. 인간세상에 평화낙원을 만드는 원 핵, 키포인트, 본질적인 바탕이 그것이다.

때문에 인간도 통치하고 신명도 통치할 수 있는 절대자, 삼계대권을 가진 우주 주재자의 권위가 아니면 천고의 신명들을 다스릴 수 없다. 해서 리치 신부가 하나님인 통치자, 상제님께 등장하여 "상제님이 아니면 천지를 바로잡을 수 없습니다. 그러니 상제님께서 직접 인간세상에 오셔서 새로운 문화, 사람들이 잘 살 수 있는 세상을 만들어 주십시오." 하고 하소연한 것이다.

또 지금 요 때가 하추교역기, 우주의 가을개벽기다. 꼭 상제님이 등장해야 하는 때다.

왜냐?

천지일월은 오직 사람농사를 짓기 위해 있는 것이다. 천지일월이라 하는 것이 사람이 없으면 빈 그림자요, 빈 껍데기다.

헌데 이번 가을개벽으로 사람이 전멸당하게 생겼다. 그래서 상제님이 오셔야 하는 것이다.

또 하나님으로서는 요 하추교역기가 '서신西神이 사명司命해서 만유를 재

제재制하는 때' 다. 상제님이 서신사명으로 오실 때라는 얘기다.

그 얘기는 그 동안 내가 여러 천 시간 수많은 얘기를 했으니 오늘은 약한다. 그 얘기를 하려면 열 시간을 해도 다 못 한다.

신명조화정부에서 짠 틀 그대로 역사가 이루어진다

상제님 진리는 우주원리, 자연섭리다. 자연섭리는 생장염장, 곧 봄 여름 가을 겨울로 변천해 가도록 정해져 있어서, 때에 따라 봄에는 씨 뿌려 싹을 틔우고, 여름 되면 가꾸고 길러 가을 되면 천지에서 그 진액을 전부 뽑아 모아, 익은 내가 물씬물씬 나도록 누렇게 열매를 성숙시켜 거둔다.

상제님은 봄여름 분열생장의 극기에 통합수장을 하러, 곧 열매를 성숙시켜 거두러 이 세상에 오신 것이다. 상제님은 먼저 봄여름 분열생장 과정에서 쌓여온 신명들의 원한을 전부 다 풀어주시고, 질서정연한 바탕 위에 신명세계를 건설하셨다. 그러고서 그 신명세계에서 세상 둥글어갈 틀을 짜셨다.

다시 묶어 얘기하면, 상제님은 신명세계를 조직해서 거기서 해원 상생이라는 틀 위에 새 프로그램을 작성하셨다. 신도神道로 이화以化해서 무궁한 현묘불측지공玄妙不測之功을 거두셨는데, 그 신도, 신명정부가 바로 조화정부造化政府다.

이 상제님의 조화정부에서 짜놓은 틀이 사진으로 말하면 원판이고, 인간세상에 표출되는 것은 그 복사판이다. 사진을 복사하면 원판하고 똑같잖은가. 신명정부에서 틀을 짠 것이 머리털만큼도 착오없이, 그대로 인간 현실로 표출되는 것이다.

"이제 하늘도 뜯어고치고 땅도 뜯어고쳐 물샐틈없이 도수를 굳게 짜놓았으니 제 한도限度에 돌아 닿는 대로 새 기틀이 열리리라." (道典 5:320:1~2) 이게 상제님 말씀이다.

또 상제님은 "모사재천은 재천在天하고 성사재천는 재인在人이라"고 하셨다. 틀은 상제님이 천지공사에서 이미 꼭 그렇게 되도록 짜놓으셨고, 그것을 실제로 집행하는 것은 인사人事에 달려있다는 말씀이다.

상제님 틀대로 풀려나가는 세계정세

『도전』을 펴놓고 상제님 진리를 가만히 봐라. 아주 조금도 틀림이 없다. 지금 여기 앉아있는 이 증산도 종도사는 어려서부터 그것만 따지고 앉아 있다.

하나 예를 들어 줄 테니 들어봐라.

내가 지금 80 늙은이니까, 70년 전의 얘기다. 내가 열 살 이쪽 저쪽에 입춘서立春書를 쓸 때, "만국활계남조선萬國活計南朝鮮이요 청풍명월금산사淸風明月金山寺"라고 썼다. '만국활계남조선'이란 '일만 나라의 살 법방은 남쪽조선에 있다.'는 말이다. 아니, 그 때 남조선 북조선이 어디 있었나? 70년 전인데. 그저 그 글귀가 하도 좋아서 내가 모필로 써서 입춘서로 상기둥 나무에 딱 붙여놓았다.

그러니까 그 때 이미 상제님이 남조선 북조선, 삼팔선을 갈라놓으셨던 것이다. 헌데 원래 삼팔선은 우리나라의 삼팔선이 아니다. 세계지도를 펴놓고 보면 위도緯度, 경도經度 해서 삼팔선이 우리나라에 딱 적중돼 있다. 그러니 그걸 우리나라에 국한된 삼팔선이라고 착각하면 큰일난다.

지구의 삼팔선이다.

상제님은 이 우주촌을 건설하신 분이다. 본래 상제님이 판 짠 것이 그렇게 되어져 있다. 상제님은 우리나라를 바탕으로 전 인류를 통치하신다. 이 지구상에 있는 모든 나라는 상제님이 대한민국에 와서 짜놓으신 오선위기五仙圍碁에 들러리서는 나라들이다.

상제님이 "현하 대세를 오선위기의 기령氣靈으로 돌리나니 두 신선은 판을 대하고 두 신선은 각기 훈수하고 한 신선은 주인이라. 주인은 어느 편도 훈수할 수 없어 수수방관하고 다만 손님 대접만 맡았나니 연사年事에 큰 흠이 없어 손님 받는 예禮만 빠지지 아니하면 주인의 책임은 다한 것이니라. 바둑을 마치고 판이 헤치면 판과 바둑은 주인에게 돌아가리니 옛날 한漢 고조高祖는 마상馬上에서 득천하得天下하였다 하나 우리나라는 좌상坐上에서 득천하하리라."고 하셨다. (道典 5:6)

지금 이 세계정세를 봐라. 아주 가깝게 봐도 일본 미국 러시아 중국, 네 신선에다가 한 신선은 주인, 우리나라다. 헌데 바둑을 마치고 판이 헤쳐지면 판과 바둑은 주인에게 돌아간다. 아니 남의 집에 와서 바둑 잘 두고, 바둑판과 바둑돌을 갖고 집으로 가는 손님은 없지 않은가.

이 얘기는 하도 많이 했으니 다 걷어치우고 하나만 예를 들면, 『도전』에 요새 굽이치는 남북한 문제에 관한 내용이 있다. 상제님이 세계 상씨름판을 삼팔선에 붙여놓고서, "씨름판에 소가 나가면 판을 걷게 되리라." (道典 5:7:4)고 하셨다. 이 자리에 모인 우리 신도들은 그 구절을 다 읽어 봤을 게다.

그러면 소 상품은 누가 가지고 나오느냐?

정주영 씨가 1차로 소 500마리, 그 다음에 또 501마리, 또 얼마 전에 그의 아들 정몽헌이 500마리 해서 모두 1,501마리를 이북에 끌어다 줬다. 그것도 삼팔선을 타고 넘어갔다.

그러면서 동시에 남북 영수회담이 있었다. 또 이산가족이 상봉하고, 적십자 회담도 하고, 끊어진 경의선京義線을 다시 잇는다고 한다. 그러면 머지않아 경원선京元線도 이을 것 아닌가? 하나하나 모든 문제가 다 풀려나간다.

상씨름판에 소를 갖고 나간 정주영 씨

이게 다 신도에서 정한 게 현실 역사로 표출되는 과정이다. 이해를 돕기 위해서 내가 한마디 더 곁들인다.

결론적으로 신명들이 정주영 씨를 조종해서 상제님 공사의 상씨름판에 소 상품을 갖다 바치게 한 것이다. 그렇게 이해하면 틀림이 없다.

왜 그러냐?

그 사람이 강원도 산골 사람인데, 나보다 한 대여섯 살 더 먹었다. 그때는 젊은 사람들이 어지간하면 도시로 진출하려고 할 때다. 그는 고향에서 저 가재 다랑이—가재 다랑이라고 하면 너무 좁고 층층으로 돼 있어서 소가 갈지도 못하고, 그저 쇠스랑으로 땅 파서 모 몇 포기씩 꽂는 논배미를 말한다—얼마 갖고 살던 사람이다. 그러니 그가 시골에 엎드려 있으려고 했겠나.

해서 그는 고향을 떠나 인천항에서 부두 노동을 하기도 하고, 말수레를 끌다가 나중엔 쌀장사를 했다. 그러다 자동차 서비스 공장을 시작했는데 지금 현대자동차라는 게 바로 그 후신이다.

그가 거기서 돈을 벌어서 딴 일도 많이 했지만 저 충청도에 가 서산 홍성 보령, 세 군의 바닷물을 막았다. 저 울산 공업단지도 그렇지만, 본래 그가 공업단지를 만들려고 바다를 막은 것이다. 헌데 바닷물을 막고 매립공사를 해서 넓은 부지를 만들어 놓았건만 국가에서 공업단지 허가를 안 해준다. 별 수단을 다 동원해도 안 된다. 아니 천지신명들이 해 주게 하겠는가, 따로 할 일이 있는데?

그래 할 수 없이 거기에다가 농사를 지었다. 비행기로 씨뿌리고 곡물을 거둬들였다. 그러고도 아물아물하게 뵈는 너른 들판이 그냥 남아 있다. 해서 특별히 할 게 없으니까 거기에 소를 먹인 것이다.

그런데 그 소 이름이 '통일소'다. 정주영 씨 자신이 이름을 붙인 게다.

정주영 씨가 이북을 여러 번 들락거렸다. 헌데 내가 전에 많이 다녀봐서 알지만, 진남포 그 쪽으로 아주 크고 넓은 들이 있다. 정주영 씨가 보니 거기에 공업단지를 만들면 기가 막히게 좋겠던 것이다. 이북 사람들 값싼 노동력도 있으니 노다지 캐는 것 아닌가? 그래서 쫓아다니는데 이북에서 말을 잘 안 들어준다. 어느 날 가만히 생각하다가 '야, 이 통일소를 갖다 바쳐야겠구나. 우리의 소원은 통일이니 이름도 딱 맞고.' 해서 그 소들을 북한으로 끌고 간 것이다. 그렇게 해서 두 축, 천 한 마리가 갔다.

이것은 사실 천지신명들이 정주영 씨를 선택해서 "너는 현대 자동차 공장을 만들어 돈을 많이 벌어라. 그리고 그 넉넉한 자금을 갖고 서산에 가 AB지구를 막고 소를 키워서, 씨름판에 소 상품을 갖다 바쳐라. 이름도 통일소로 짓고." 이렇게 만든 것이다. 곧 천지신명들이 역사役事를 한 거란 말이다.

상제님이 신명계에서 프로를 짜면, 그 일을 맡은 신명들이 가만히 있질 않는다. 여기 지금 수호사니 포정이니 포감이니 해서, "너는 이 책임을 맡아 무엇무엇을 해라" 하는 게 정해져 있듯이, 신명계도 마찬가지다.

그리고 실제로 정주영 씨가 아니면 그 일을 못 한다. 뭐 딴 건 쉽게 갖다 바칠 수도 있지만 소는 안 된다. 운반하기 어려워서도 못 한다.

내가 전에 우리 아버지 농사짓는 것 구경도 하고 농사를 지어봐서 안다. 농촌에서 농기구를 빌려 가면 잘 안 돌려준다. 하지만 소를 빌려 가면 자기가 필요한 만큼 쓰고는 한 시간도 지체 않고 일번으로 가져와 틀림없이 돌려주는 게 소다.

왜 그러냐? 소는 시간이 지나면 꼭 뭘 먹여야 한다. 쇠죽을 한 통씩이나 먹어치운다. 게다가 똥도 한 포대기씩 누어 쟁이니, 그걸 어떻게 처단할 수 있는가. 해서 금세 가져오는 것이다.

또 소를 운반하려면 트럭이 있어야 한다. 소 천 마리를 운반하려면 트럭 열 대, 스무 대 가지고는 안 된다. 수백 대가 필요하다.

정주영 씨는 자기 자동차 공장에서 트럭을 만들고, 소도 자기 농장에서 먹인 통일소가 잔뜩 있으니까 소를 갖다 바칠 수 있었던 것이다.

그게 또 한두 시간에 갈 수 있는 것도 아니잖은가? 먹거리도 수천 통이 필요하고, 똥도 처리해야 되니 어찌 됐든 정주영 같은 사람이라야 그 많은 소를 운반해서 갖고 갈 수 있는 것이다.

이렇게 해서 소 상품이 나오게 됐다.

신명공사에서 결정을 하면 신명들이 수종들어 인간 세상에 그대로 표출되는 게다.

새 문명 창조의 바탕, 해원·상생

 제군들! 다시 얘기하지만 이 세상에 새 문명을 지어내는 그 키포인트는 바로 신명세계를 통치하는 데 있다. 헌데 신명세계를 통치한다고 해서 함부로 통치해서도 안 된다. 반드시 해원解寃 상생相生으로 해야만 한다. 상제님께서는 "파리 죽은 귀신이라도 원망이 붙으면 천지공사天地公事가 아니니라."(道典 4:35:3)고 말씀하셨다. 그러니 상제님이 얼마나 지공무사至公無私하게 천지공사의 틀을 짜신 겐가.
 그 동안 사람들이 세상에 나왔다가 타의에 의해 남에게 저주도 받고, 그런 속에서 저마다 한을 맺고 돌아갔다.
 하나 예를 들면, 이조 중세기부터 한 3백 년 동안을 김효원과 심의겸을 비롯해서 벼슬아치들이 동인, 서인, 남인, 북인, 골북, 육북, 피북, 노론, 소론, 청론, 탁론으로 나뉘어 정당싸움을 했다. 별 이유도 없다. 가령 제사 지내는 데 술잔을 향불에다 한 두서너 번 둘러서 갖다 올리면 참 합리적이고 양반의 풍도라고 하고, 향 내음을 쐬지 않으면 상놈, 벼슬할 자격도 없는 놈이라 해서 상감님에게 자꾸 꼬아바친다. 그렇게 해서 몰아내는데, 그냥 몰아내는 게 아니다. 반대당을 다 죽인다. 혹 뱃속에 아이가 들었으면 감시를 하다가, 만일 아들이면 죽여 버린다. 그리고 그 아낙네들은 하녀로 만든다. 그렇게 혹독했다.
 그렇게 해서 천고의 한을 맺은 원신과 역신이 하늘땅 사이에 가득 찼다. 학술용어로 얘기하자면, 천지에 양일洋溢하다. 물 양 자, 넘칠 일 자. 삼수氵변에 더할 익益 하면 그게 넘칠 일 자다.
 또 하나, 역신을 얘기하자면 갑오 동학혁명을 일으킨 전명숙 장군이 있다. 그의 이름은 봉준, 자는 명숙, 별명은 녹두장군이다.

  그 아버지가 농사를 짓는데, 농부들이 죽도록 농사를 지어도 가을이 되면 보세로 다 빼앗겨 버린다. 또 장리쌀 빌린 것 갚고 뭐 하고 나면 도로 빚자락만 틀켜쥐고 만다. 게다가 고부군수 조병갑이 조대비의 조카로 그 권세를 믿고 온갖 수단 방법을 다 써서 백성들의 고혈을 짜냈다. 그 얘기는 여기서 일일이 다 할 수가 없다.

  그래서 그 아버지가 고부군수 조병갑에게 가 항의하다가 잡혀서 맞아 죽었다. 그러니 그런 몹쓸 정치가를 보고 자식으로서 가만히 있을 수 있는가? 김개남金開南, 손화중孫華仲 등 여러 사람하고 뜻을 모아 혁명을 일으켰다.

  그런데 그네들이 결국 역적죄를 뒤집어쓰고 죽었다.

  사실 그들이 정치 잘 해 달라고 한 것이지 다른 뜻 없다. 대체 그 사람들에게 무슨 죄가 있나. 국민이 살아야 나라도 있을 것 아닌가. 그렇게 온갖 수탈정책을 하면 이 힘없는 국민이 어떻게 사나. 그것을 항거한 것뿐인데 역률逆律로 다스렸다.

  헌데 그런 게 인류역사를 통해 여러 천 년 동안 반복해 내려왔으니, 그렇게 억울하게 역적죄를 쓰고 죽은 사람 수가 얼마나 많겠는가. 그런 신명들이 이 천지에 가득하단 말이다.

  또 이조 5백 년, 공자의 유도儒道가 들어오면서 여자들이 어떠했는지 아는가? 상제님이 "몇천 년 동안 남자의 완롱玩弄거리와 사역使役거리에 지나지 못했던 여자들의 한"(道典 4:44:1)이라고 말씀하셨다. 그 실정을 보면 참 여자로 태어날까 무섭다. 여자들이 그렇게 한 많은 세상을 살았다. 누구도 다 여자의 뱃속에서 나왔건만, 여자들은 철천지한을 맺고 죽어갔다.

　상제님이 그런 원신과 역신들을 다 모아 해원시키고 신명정부를 조직하셨다. 그래 참 아주 질서정연하게 조화시킨 그 조직에서 앞세상 둥글어 갈 틀을 짜신 것이다.

상제님 진리 그대로 신앙하라

　우리 상제님은 참하나님, 천상 옥경玉京에 계신 옥황상제님이시다. 하니까 제군들은 '과연 우리는 참하나님의 신도다' 하는 긍지와 자부심을 가져야 한다. 하늘땅 생긴 이후로, 어디 우주의 주재자의 천자천손天子天孫이 된 사람이 있었는가? 지금 말고는 그런 시기도 없고, 그런 분이 오시지도 않았다.

　상제님은 사실 그대로 '상제上帝님' 이시다. '증산甑山' 은 상제님의 존호尊號이고. 그래서 '증산 상제님' 이라고 부르는 것이다.

　우리가 신앙하는 상제님 문화는 옛날의 도덕률이나 도통해서 왕생극락한다고 하는 그런 진리가 아니다. 기존 문화권의 가르침은 한마디로 묶으면 질서다. 허나 그것 가지고는 이 세상 문제가 절대로 해결이 안 된다. 지금 이 세상은 고리삭은 애기나 해서는 안 통하는 세상이다.

　상제님의 새 문화는 전 세계 문화를 묶어서 만든 결정체 문화다.

　우리는 상제님이 짜놓으신 천지공사를 수행해야 하는 사람들이다.

　천지공사의 내용이념은 크게 세운世運과 도운道運으로 대별大別된다. 그 중 세운世運은 세상 운로 둥글어 가는 것으로, 세계 정치 판도가 나아가는 프로그램이고, 도운道運은 내적으로 우리 증산도 역사가 둥글어 가는 길이다.

그러므로 도운공사는 우리 신도들의 몫이며, 신도들의 지상 사명이다. 이 지상 사명을 망각하고 안 하는 사람은 세상을 살 자격이 없다. 안 살겠다는 소리와 같다.

상제님은 "적악가積惡家의 자손이 이 자리에 들어오면 '너는 여기 못 있을 데다.' 하고 앞이마를 쳐서 내쫓고, 적덕가積德家의 자손이 들어왔다가 나가려고 하면 '너는 여기를 떠나면 죽느니라.' 하고 등을 쳐서 집 어넣는다."라고 하셨다. (道典 8:28:4~6)

여기는 과연 인연 있는 사람만 들어오는 데다.

헌데 인연 있는 사람이 도문에 들어와서 만일 남 살리려 하지 않고 자기 살기만 고대한다? 아니, 죽는 세상에 사는 일을 그렇게 해도 되나?

그렇게 반신반의하려면 숫제 안 믿어도 좋다.

그렇지 않고 '꼭 상제님 진리로써 살아야겠다, 상제님은 꼭 믿어야겠다.' 한다면 상제님 진리 그대로를 신앙해야 한다. 신앙인이라면 교조教祖의 교의教義를 칙칙하고, 법언法言을 준수遵守하고, 계명誡命을 엄수嚴守해서 사실 그대로를 신앙해야 한다.

청수 모시고 주문 읽는 게 누구를 위하는 게 아니다. 청수를 모시는 것은 상제님과 대화하는 것이다.

또 주문을 잘 읽으면 그 자체가 원시반본原始返本하는 게다. 왜냐? 태을천에 계신 상원군님이 전 인류의 뿌리이기 때문이다. 다시 얘기하면, 상원군님이 우리 생명의 조상이기 때문이다.

상제님이 "이 때는 원시로 반본하는 때라."고 하셨다. 과연 태을주를 읽고 상원군님을 찾는 사람만이 원시로 반본하게 되는 것이다.

상원군님은 『도전』에 딱 한 군데 나온다. 아주 잠깐 비친다.

김호연 성도가 상제님하고 둘이 있는데, 하늘에서 하얀 백설 같은 신선이 사뿐히 내려앉으면서 "도용아~." 하고 부른다. 김호연 성도는 그 때 한 여남은 살밖에 안 된 어린애였다. 그래 김호연 성도가 상제님께 "도용이가 누구야?" 하고 물으니까 "아무 말 마라." 하고 상제님이 입을 꽉 틀어막으신다. 그러고 상제님이 뭐라고 하시니까 인홀불견因忽不見, 금세 사라져 버린다. (道典 4:48:5~8) 그 분이 바로 상원군님이시다. 김호연의 전생 이름이 도용이다. 헌데 인간 세상에 와서 살다보니 자기 자신이 전생에 도용이었다는 것을 몰랐던 것이다.

천하창생의 생사가 너희들에게 달려있다

내가 다시 한 번 얘기한다.

상제님이 "천하창생의 생사가 너희들 손에 매여 있느니라."고 하셨다. (道典 8:7:6) 천하창생이라면 60억 전 인류를 말한다. 그들이 죽고 사는 문제가 상제님을 믿는 우리 신도들 손에 달려있다는 말씀이다. 그러니 그 말씀은 상제님의 절규絶叫다. 끊어질 절 자, 부르짖을 규 자, 절규! "천하창생이 다 죽는다! 너희들이 잘못하면 다 죽인다!" 그런 참 안타까운 상제님의 절규다.

또 상제님은 "장차 천지에서 십 리에 사람 하나 볼 듯 말 듯하게 다 죽일 때에도 종자는 있어야 하지 않겠느냐."고 하셨다. (道典 8:7:7) 천지는 곧 우주질서다. 그러니 이 말씀은 '우주질서가 십 리에 한 사람 볼 듯 말 듯 하게 다 죽이는 때'가 온다는 것이다. 십 리면 4킬로미터 아닌가? 4킬로미터에 한 사람 볼 듯 말 듯하게 다 죽는다면 세속 말로 싹 쓸이다. 앞으로 그렇게 천지가 다 죽인다.

하지만 그런 때에도 씨종자는 남긴다.

그래서 상제님이 "우리 일은 남 죽을 때에 살자는 일이요, 남 사는 때에는 영화榮華와 복록福祿을 누리자는 일이로다."(道典 8:67:3)라고 하신 것이다.

모든 것은 다 살고 난 연후사 아닌가.

그러니 상제님 진리로써 그 이념으로 가족도 살리고, 남도 좀 살려라. 상제님이 공덕功德 중에는 사람 살리는 공이 가장 크다고 하셨다. 그 말씀은 사람을 살려라, 곧 포교하라는 말씀이다. 딴 것 없다. 앞으로는 다 개벽해서 죽으니까, 내 진리를 전해서 같이 믿고 같이 살라는 말씀이다.

그러니 포교를 해라. 듣건 안 듣건 간에 세 번씩은 얘기해 봐라. 그런 얘기한다고 미친 사람이라고 하더라도 말이다.

하늘땅 생긴 이후로 지금이 가장 살기 좋은 때다. 지금은 도덕률이 다 파괴돼서 아무 짓을 해도 괜찮은 세상이다. 누워서 뒹굴어도 말하는 사람 없고, 큰 난동을 부리지 않는 범위 내에서는 사회 속에서 모든 자유가 보장돼 있다.

또 우리나라뿐만 아니라 전 세계가 경제 성장이 되고 과학문명이 극치를 달리고 있다. 이렇게 살기 좋은 세상이 어떻게 또 있을 수 있는가. 참 꿈같이 좋은 세상이다.

아, 이렇게 살기 좋은 세상에 개벽해서 죽는다니! 사실이 그렇건만, 그런 말이 통하겠는가. 말세론, 종말론이라 해서 사회 속에서 빈축이나 받지.

게다가 지금 세상에서 날뛰는 단체들을 보면 거개가 다 사기집단이다. 이렇게 말하면 물론 어폐가 있고 종교 지도자로서 차마 할 소리는 아니지만 실상이 그렇다. 전부 거기가 거기다. 그러니 증산도를 믿으려고 하겠는가? "증산도도 다른 곳과 마찬가지일 것 아니냐? 증산도는 한 술 더 뜨는 것 아니냐?" 할 것이다. 그 사람들이 우주원리를 모르기 때문이다.

포교의 밑천은 정성

요령 있게 잘 하면 포교가 쉽게 되지만, 잘못하면 굉장히 어려워진다. 자연섭리부터 잘 애기하면 금방 받아들이고 들어올 수도 있다. 헌데 말하는 사람이 지식이 짧으면 망신만 당한다. 사람들이 들으려고 하지도 않는다.

또 지식 많은 사람들을 만나 얘기를 해 보면, 잘 알지도 못하면서 아는 척을 한다. 포교하기가 참 어렵고도 쉽고, 쉽고도 어렵다.

포교는 정성이 밑천이다. 지식이 많다고 되는 것도 아니고 진리를 잘 안다고 되는 것도 아니다.

내가 제2번 때 이런 사람을 봤다. 남의 집에서 머슴을 사는 사람인데, 상제님 신앙을 그렇게 하고 싶어한다. 자기도 좀 믿게 해 달라고 하도 간청을 하기에 입도식을 해줬다. 입도하는 데 절대적인 방법이 있는 것도 아니고 해서, 마당에다 멍석 하나 펴고 그 위에 짚 한 단을 검불 추려서 깔고, 큰 자배기를 깨끗이 닦아 거기에 깨끗한 청수를 떠놓고, 저 냇물에 가서 얼음 깨고 목욕을 하게 하고는 하늘에 대해 사배심고四拜心告를 하게 했다. 그게 도道 내려 주는 예식이다.

그 사람이 입도를 하고는 저희 고향에 가서 포교를 했다. 헌데 어떻게 했는지 아는가? 시골은 그 조직체의 우두머리가 면장이다. 그가 날마다 면장, 이장 같은 지방 유지들을 찾아다니면서 코가 땅에 닿도록 절을 하며 "종교를 믿으십시오." 했다. 어제도 하고 그제도 하고 닷새 후에도 하고, 면내를 뺑뺑 돌아다니면서 허구한 날 그랬다.

몇 달 하니까 그 절 받는 사람들이 "야, 이 사람아. 아니 종교는 무슨 종교를 믿으라고 하냐? 말을 해야지. 종교가 많은데 무슨 종교를 믿으라고 하느냐?" 했다. 하니까 "글쎄, 저는 진리는 모릅니다. 모르는데 꼭 믿으시려면 제가 선생님을 꾸어오겠습니다. 꾸어다가 말씀을 드려줄 테니 종교를 믿으십시오." 그러면서 날마다 다닌다.

그렇게 계속하다 보니 그 지방 유지들끼리 입을 모아, "저 아무개라는 놈이 허구 많은 날 저러니 도대체 무엇인가, 선생님을 꿔 온다고 하니 우리 한 번 모여서 얘기나 들어보자."고 하게 됐다.

그 때 내 처남하고 동생이 학교를 다닐 때다. 그가 내 처남과 동생을 더불고 갔던가 보다. 그애들이 내 밑에 있으면서 만날 교육도 듣고 진리에 환하니 오죽이나 얘길 잘 했겠나.

그 사람들이 우주원리서부터 얘기를 들어보니 평생 처음 듣는 소리고 참 과학적이다. 그 얘기를 듣고는 "야, 과연 참 좋다! 오늘은 시간관계로 이걸로 그치고 다음 약속을 하자." 해서 몇 축 더 다니면서 듣더니 다 포교가 됐다.

그 신도가 8백 세대를 포교했다. 그가 초등학교도 못 다닌 사람이다. 너무너무 무식하고 남의 집 머슴 살던 사람이니 누가 그 사람 얘기를 들으려고 했겠나? 아주 천대를 했었다. 헌데 나중에 그 지방 유지들이 신도가 되더니 "아이구, 우리 선생님!" 하면서 기가 막히게 모시더란 말이다.

복록성경신 수명성경신

그러니 포교를 하느냐 못 하느냐 하는 모든 문제는 정성에 달려있는 게다.

자사子思가 쓴『중용中庸』을 보면 이런 말이 있다. "성자誠者는 천지도야天之道也요 성지자誠之者는 인지도야人之道也라." 정성 성誠 자, 정성으로 둥글어 가는 게 하늘이고, 그 자연섭리를 모방하려는 게 사람이다. 곧 '정성으로 뭉친 게 하늘의 도이고, 정성스러우려고 하는 게 사람의 도' 라는 뜻이다.

오주五呪에도 그런 말씀이 있지 않은가? "복록福祿도 성경신誠敬信이요, 수명壽命도 성경신誠敬信이라"고. 복록성경신, 곧 잘 살고 못 사는 것도 상제님을 얼마만큼 성경신을 가지고 믿느냐 하는 데 있고, 수명성경신, 오래 살고 일찍 죽는 것도 상제님을 얼마만큼 잘 믿느냐 하는 데에 달려 있다는 말이다.

여기 종도사를 예로 들어서 얘기할 테니 들어봐라.

내가 80 늙은이다. 헌데 요 몇 달 동안 내가 70여 회 지방 출강을 했다. 한 번 나가면 대여섯 시간씩 강의를 한다. 더는 할래야 할 수 없는 게, 우리 신도들이 화장실도 가야 하고 그 이튿날 일도 해야 할 것 아닌가? 일도 못하게 꼭 붙잡고서 내 얘기만 들으라고 할 수 있나.

하지만 나는 열 시간도 소리지를 수 있다. 내 건강을 얘기하느라고 하는 소리다. 내가 80 늙은이인데 아마 우리 신도들 중 나보다 더 건강한 사람이 별로 없을 것이다. 내가 그렇게 건강하다. 그게 상제님 신앙을 잘 해서 그런 게다.

나는 상제님밖에 모르잖는가. 내 인생은 상제님을 신앙하는 외길 인생이다. 상제님 진리로 보면 내가 개다, 임술壬戌생. 개는 주인을 잘 지킨다. 내가 참 기가 막히게 생명을 걸고 상제님 진리를 지킨다.

나는 상제님의 충견忠犬이다. 충견은 주인이 어디를 가면 가는 데마다 졸졸졸 쫓아다닌다. 못 오게 해도 쫓아간다. 신발 벗어놓고 들어가면 신발 옆에 딱 드러누워서, 누가 그 신발을 건드리려고만 해도 "웡!" 하고 대든다. 하하하!

내가 그렇게 생명을 걸고 상제님 진리를 지킨다. 그런 충견이니 천지에서 내 건강을 돌봐주는 것이다. 누가 보면 80 늙은이니까 곧 죽을 게다 하겠지만 왜 죽나, 죽기는. 이제 시작인데. 아니, 내가 상제님 일하러 태어났으니 상제님 일 끝마치고 정리까지 다 해야 할 것 아닌가.

지금 생명공학으로 한 3백 살까지 살 수 있는 길이 연구됐다. 태모님이 "후천선경에는 수壽가 상등은 1200세요, 중등은 900세요, 하등은 700세니라."(道典 11:181:11)고 말씀하셨다. 그러니 우리 신도들도 같이 한 천 살까지 살아보자. 내가 만들어서 하는 소리가 아니라, 곧 그런 게 닥친다.

포교는 세상에서 가장 급한 일

우리는 우리의 사명을 통감해야 한다.

개벽이 오는데, 그걸 어떻게 극복해야 하는가?

천지에서 오는 가을개벽은 상제님도 어찌할 수 없다. 그건 천지 이치, 천지의 자연질서이기 때문이다. 그래서 상제님이 "내가 천지공사를 맡아 봄으로부터 이 땅위에 있는 모든 큰 겁재를 물리쳤으나, 오직 병겁만은 그대로 두고 너희들에게 의통醫統을 붙여 주리라. 멀리 있는 진귀한 약품을 귀중히 여기지 말고 순전한 마음으로 의통을 알아 두라. 몸 돌이킬 겨를이 없고 홍수 밀리듯 하리라."(道典 7:24:5~7), "이 뒤에 괴병怪病이 돌 때에는 자다가도 죽고, 먹다가도 죽고, 왕래하다가도 죽어 묶어낼 자가 없어 쇠스랑으로 찍어내되 신 돌려 신을 정신도 차리지 못하리라."(道典 7:26:1~2) "나를 잘 믿는 자에게는 해인海印을 전하여 주리라."(道典 6:50:4) 이런 등등의 말씀을 하신 것이다.

허면 우선 제군들은 상제님을 신앙하니까 천지 질서 속에서 오는 이 개벽을 극복한다고 치자. 그런데 가족이 있지 않은가?

지금 우리 신도들은 대개 외짝 신앙을 한다.

처 되는 사람은 그냥 두고 남성 신도만 나와서 신앙을 하면 의통목 때 어떻게 할 것인가?

또 남편은 말 안 듣는다고 내던져 두고 여성신도만 나와 신앙을 하면 의통목 지나고서 한 짝은 죽고 없을 텐데, 허면 그 때 가서 "너는 죽었지만 나는 용케 살았다!" 하고 좋아할 셈인가.

원체 말을 안 들으면 어쩌는 수가 없다. 그래서 상제님도 "우리 일은 부자형제간이라도 운수가 각각이니라."(道典 8:64:3)고 하신 것이다.

하지만 될 수 있으면 가족을 포교해야 한다. 만일 잘 안 되거든 의통목까지 아직 시간 여유가 있으니 두고두고 해라. 그리고 부지런히 사회 속에서 포교를 해야 한다.

우리 일은 안 해서 못 하는 것이지 하면 다 된다.

만약 가족 중 누가 맹장이 터지려고 한다면 한약을 먹이든지 아니면 병원에 가서 맹장을 떼어낼 것 아닌가. 돈이 없어서, 뭐가 갖추어지지 않아서 맹장 터져 죽었다는 사람은 없다. 또 어떤 집에 가족이 죽었는데 장례 치를 돈이 없어서 송장을 방에다 썩혔다는 사람 있나?

사실을 알고 보면 우리 일은 그보다 더 급한 일이다. 맹장 터지는 것보다 더 급하고, 송장이 방안에 들어앉은 것보다도 더 급한 일이다.

천지는 조금도 거짓이 없다.

"천지의 대덕大德이라도 춘생추살春生秋殺의 은위恩威로써 이루어지느니라."(道典 8:37:2) 이게 상제님 말씀이다. 천지 같은 그런 대덕이라도 춘생추살, 봄에는 물건 내고 가을철에는 숙살지기肅殺之氣로 죽여 버리는 은혜와 위엄으로써 이루어진다.

가을에는 전부 낙엽이 귀근歸根한다. 서릿발이 치면 우수수 하고 이파리가 다 떨어져 앙상한 가지밖에 안 남는다. 풀 한 포기도 못 살고, 100퍼센트 다 말라 죽어버린다. 어떻게 보면 너무도 잔인하다.

사실 이번에는 완전히 전멸당한다. 그래서 상제님이 이 세상에 인종씨라도 추리려고 오셔서 의통목을 설정하셨다. "요렇게 해서 너희들도 살고, 이 방법으로 딴 사람들도 살려라." 하고. 아까 "천하창생의 생사가 다 너희들 손에 매여 있다."는 게 바로 그 말씀이다. 상제님이 "천지에서 십 리에 한 사람 볼 듯 말 듯하게 다 죽이는 그런 때에도 종자는 살려놔야 되지 않겠느냐?"고 하셨다. 너희들 정신 바짝 차리라는 말씀이다. 말하기 좋건 나쁘건 간에 우리 신도들에게 이 얘기를 않는 수가 없다.

상제님 9년 천지공사의 총 결론이 의통醫統이다. 의원 의, 살릴 의 자, 거느릴 통 자, 의통은 살려서 통일하는 것이다. 상제님은 우리에게 의통을 전해 주셨다.

병신 자손이라도 살아야 조상도 산다

그러니 상제님 진리를 전해서 나도 살고 남도 살려라. 포교를 하란 말이다, 포교를!

나도 일선에서 포교하던 사람이다. 그 전에는 증산도가 없었으니, 내가 나 혼자 몸뚱이 가지고 포교를 했다. 혼자서 동가식서가숙東家食西家宿 해가면서 뛰었다. 사실 말 그대로 동충서돌東衝西突 남행북주南行北走를 했다. 그런데 만날 뛰어봤자 나 혼자다. 그래서 내가 이런 얘기도 한다. 나는 내 그림자하고 둘이서 뛰었다고.

그렇게 해서 증산도를 세상에 소개했는데, 그 때에 비하면 지금은 거저먹기다. 지금은 그런대로 증산도가 세상에 많이 알려지지 않았는가.

그러니 개인적으로 두겁조상이 되고, 국가와 민족을 위해, 전 인류를 위해 큰 공덕을 쌓아 후천 5만 년 동안 자자손손 내려가면서 세상 사람들의 추앙을 받고 싶으면 포교를 해라.

그래도 싫으면 할 수 없다. 난 사실대로만 얘기하는 것이다.

상제님 말씀에 "각성의 선영신들이 쓸 자손 하나씩 타내려고 60년 동안 공을 들여도 못 타내는 자도 많으니라."(道典 2:101:2)는 말씀이 있다. 이게 무슨 소리냐 하면, 김지 이지 박지 최지, 그 수많은 선영신들이 천상 공정에 참여해서 60년씩 공을 들여서 자기 자손 하나를 살리려고 하지만 그 살길 하나를 못 얻는 조상이 많다는 말씀이다.

왜 그 선영신들이 그러는가?

예를 들어 5백 년, 천 년 묵은 고목나무가 요런 수냉이(순) 하나라도 붙어 있어야 살지, 수냉이 하나 있는 걸 딱 떼 버리면 그건 영 고목이 되고 만다. 그게 생명구멍이니 그걸 꺾어 놓으면 살지를 못하는 것이다.

사람도 마찬가지다.

여러 천 년 전 첫 조상의 유전인자가 자자손손 해서 내 몸뚱이까지 내려왔다. 이 유전인자는 자손 만대까지 내려가는 게다. 유전인자는 못 바꾸잖는가?

그러니 안팎꼽추에 눈 멀고 다리 한 쪽이 없는 병신 자손이라도 하나 살아 있어야 수천 년 내려온 그 많은 조상 할아배, 조상신들이 다 살 수 있기 때문에 선영신들이 그렇게 공들이는 것이다.

다시 말해서 만일 자기 자손을 하나도 못 살려 놓으면, 그 수천 년 내려온 조상신들이 다 없어져 버린다. 혈통이 끊기니 어떻게 있을 수 있나? 고목나무에 수냉이 하나도 없이 다 떨어져 버렸는데, 고목밖에 더 되는가? 자손이 곧 조상의 숨구멍이다. 그 이치가 똑같다.

멸사봉공의 정신으로 일하라

제군들은 비상한 각오를 갖고 일해라.

일본인들이 2차 대전에 어떻게 그렇게 세상을 호령했는지 아는가? 2차 대전은 일·독·이 삼국이 동맹을 해서 대동아공영권이라는 미명하에 천하를 삼분하겠다고 일으킨 전쟁이다.

일본이 그 때 어떻게 했었느냐 하면, 우리나라는 식민통치로 들어갔으니 말할 것도 없고, 중일전쟁에 승리해서 관동군이 중국 땅 한 보짝 귀퉁이 조금 남기고 다 먹어버렸다. 장개석이 저 중경重京, 삼국지 보면 서촉이라고 유관장이 있던 곳인데, 거기까지 쫓겨 들어갔다. 중경은 아주 기막힌 산중이다.

그러고서 일본은 싱가폴까지 다 함락시켰다. 남양군도도 다 **빼앗고**, 필리핀 저 쪽까지 **빼앗아** 버렸다. 말할 것도 없이 동양은 전부가 다 일본인들 세상이었다.

제군들, 일본이 그렇게 된 비결이 뭔지 아는가?

한마디로 묶어서 **멸사봉공滅私奉公** 정신이다. 멸사봉공이라 함은 멸할 멸 자, 사사 사 자, 받들 봉 자, 귀 공 자, 곧 사생활이나 사사일은 덮어두고 공공복리를 증진시키는 일, 그네들에게 봉공이라면 국가와 민족을 위하는 일인데 그것만 받들었다는 말이다. 사실이 그랬다.

허면 우리 신도들은 그렇게 하면 안 되나?

제군들도 그렇게 해라. 오늘 저녁에 돌아가 베개 베고 두 손을 가슴에 떡 얹고서, '나는 무엇을 위해 이 세상에 생겨났나? 무엇을 위해서 태어났는가?'를 생각해 봐라. '나는 상제님 신도로서, 상제님 사업을 하기 위해 이 세상에 왔다.' 이렇게 돼야 한다. 상제님 신앙인이라면 누구라도 다 그래야 한다.

유형, 무형을 다 바쳐서 상제님을 신앙함으로써 남 죽는 세상에 살고, 나 사는 성스러운 이념으로 내 마누라도 살려주고, 내 자식도 살려주고 내 부모도 살려주고 형제도 살려줘라. 또 더 나아가 초등학교 중학교 고등학교 대학교, 사회 속에서 만난 그 많은 친구들을 내 능력이 허락하는 한계 내에서 다 살려야 한다. 그게 상제님 진리다. 그게 상제님이 우리에게 절규하신 당부말씀이다. 세상천지에 사람 살리는 것 이상 위대한 것이 어디 있나!

만일 이것이 조금이라도 의심스러우면 증산도에서 나가도 좋다. 그런 정신을 가진 것 자체가 살 자격이 없는 사람이다. 아니, 사람이나 속지 귀신도 속나. 신명은 안 속는다. 그렇게 두 마음 품은 사람이 어떻게 살기를 바라는가.

최후의 일순까지 다 바쳐서 포교하라

내가 80 평생을 상제님 진리하고만 싸운 사람이다. 그렇게 다 바쳐서 상제님을 신앙해왔다. 그러면서도 나는 상제님 진리의 야당이다. 참 묘한 얘기다. 그런 야당기질이 있어서, 상제님 진리에 무슨 흠이 없나 하고 자꾸 뜯으려고 한다. 헌데 흠이 하나도 없다. 야당 노릇을 하고 싶건만 크고 작은 걸 다 따져봐도 상제님 진리가 잘못된 게 없다.

내가 우리 아들보고 더러 물어본다. "야, 아버지는 80 평생을 상제님 진리에 뭐 잘못된 것 없나 하고 암만 뜯어봐야 없는데 너는 그런 걸 발견 못 했냐?" 하면 한참 있다가 없단다. 하하하! 그런 게 없다.

누가 이 때에 와도, 선천에 역사적으로 원한 맺힌 혼들, 그 신명들을 전부 모아 신명세계를 조직해서 거기서 새 틀 짜는 길밖에는 방법이 없다.

헌데 우주의 주재자, 하나님이 아니고 누가 그런 능력이 있나. 그건 불가항력이다. 어느 누구도 못 한다. 그래서 하나님이 직접 오신 것이다.

새 세상을 만드는 바탕은 그것밖에 없다. 아주 외길이다. 이 대우주 천체권이 형성될 때부터 우주질서가 그렇게 되어져 있다.

그래서 상제님의 이념은 자연섭리이고, 자연섭리가 상제님의 천지공사 이념이라는 것이다. 한마디로, 우리 상제님은 자연섭리를 집행하신 분이다.

그러니 우리는 상제님을 바르게 믿고, 최후의 일순까지 포교해야 한다. 포감을 비롯해서 부포감, 구역원들이 앞에서 잡아끌고 뒤에서 밀고 하면서 사람을 살려라. 하나, 둘만 포교할 게 아니고, 능력이 허락하는 한 최후의 일순까지 다 바쳐서 해야 한다. 알겠는가!

제군들은 반드시 포교를 해야 한다. 이건 천지를 위해서도 꼭 해야 하는 일이다. 안 하면 죄인이 된다.

일본 사람들처럼 멸사봉공해라. 유형도 바치고 무형도 바치고, 전부를 다 바쳐서 해라.

누가 미친 사람이라고 하면 어떤가! 미치지 않았으면 그만이지. 조금 있으면 개벽해서 다 죽는다. 이게 참 함부로 할 수 없는 소리 아닌가.

그런데 이건 내가 사사로 하는 소리가 아니고, 상제님 진리가 그렇고 이 자연 우주질서가 그렇게 되어져 있다. 그러니 내가 말을 않는 수가 있나? 나는 진리의 대변자로서 다만 진리를 대변할 뿐이다.

한마디로 상제님 진리는 아까 말한 대로, 신도로 이화해서 현묘불측지공을 거두는 일이다. 그래 이 세상은 신명세계에서 틀 짜놓은 그대로만 된다. 헌데 우리 신도들이나 교육받고 이걸 이해하지 누가 알겠나?

그만 해. 꼭들 해! 이상.

성경 · 불경 · 사서삼경 · 코란 이후,
인류 역사의 전면에 새롭게 등장한 생명 말씀

甑山道 道典

증산 상제님의 가족과 성도(聖徒), 성도 후손들의 생생한 육성 채록.
증산 상제님(1871~1909)의 성적(聖蹟)을 일일이 답사하여, 인명 및 지명을 철저히 고증.
20여 년에 걸친 방대한 작업 끝에 증산 상제님의 생애와 생명 말씀을 집대성.
체계적이고 다양한 측주 · 각주 및 원색화보 수록.

甑山道 道典 編纂委員會 編
국판/1232쪽/최고급 양장 · 우피

경세판

보은판   상생판

1. 상제님의 생애
2. 개벽과 신도(神道)
3. 도문(道門)과 성도
4. 신도와 조화정부(造化政府)
5. 천지공사(天地公事)
6. 도통(道統)과 수부(首婦)
7. 후천개벽과 선경(仙境)
8. 대두목(大頭目)과 일꾼
9. 복록(福祿)과 수명(壽命)
10. 어천(御天)
11. 태모(太母) 고수부님

안운산安雲山 증산도 종도사님 어록

새時代 새眞理 1, 2, 3

증산 상제님의
가르침을 펼치기 위해
전국 방방곡곡에서 베푸신
안운산安雲山 종도사님의 생명말씀.
구도求道의 성패成敗는
참스승을 만나느냐
못 만나느냐에 달려 있다.

진리의 근본을 뚫는 바른 눈과 개벽시대를 살아가는 올바른 심법을 열어준다!

"개벽은 옳고 그름을 떠난다. 좋고 나쁜 것도 없다.
사람 생각대로 되는 것이 아니라 자연섭리로써 되는 것이다.
지금 세상 사람들이 '개벽, 개벽'을 떠드는데,
증산도의 진리는 바로 그것을 위해 세상에 나온 것이다.
우리 증산도는 말 그대로 상제님의 개벽문화를 집행하는 단체다"

– 본문 중에서

1권 주요 목차 ■변해야 산다 ■지구의 끝, 최후의 한 사람까지 다 살려라 ■지금은 개벽기, 새 세상을 준비하라 ■새시대 새진리, 증산도 ■지금은 하늘이 천심(天心)가진 자를 구하는 때

2권 주요 목차 ■상제님 진리는 인류문화의 열매, 전부를 다 바쳐 일하라 ■정의로운 신앙심으로 태을주를 읽으라 ■인류를 건지는 증산도의 사명 ■세상 사람들에게 태을주를 전하자 ■태을주로 새 문화를 창출하라 ■참신앙을 바탕으로 자기조화지도를 이루라 ■상제님의 혼, 증산도의 수호신이 되어 사람을 살려라 ■세상에 덕을 쌓기 위해 포교를 많이 하라 ■지공무사한 정신으로 천지공정에 참여하라

3권 주요 목차 ■육임을 완수하라 ■상제님 일이 우리의 천직이다! ■신앙은 생명을 초월해서 하는 것 ■멸사봉공하라 ■상제님 일은 천지와 약속된 일 ■태을주의 위대한 신권 ■조직의 근본정신 ■확신을 갖고 신앙하라 ■올바른 지도자상 ■참일꾼의 자세

안경전安耕田 증산도 종정님 어록

이제는 개벽이다 1, 2

증산 상제님의 도는 개벽의 도!
오직 개벽開闢으로만
삶에 대한 궁극의 해답을 얻는다.

증산 상제님의 대도(大道)를
대중화 · 세계화하기 위해
불철주야 뛰고 있는
안경전 종정님의 어록

"산다는 것, 명줄이 유지되어 후천 새 우주로 넘어간다는 것,
이것이 개벽기 인류의 궁극의 과제다.
또한 상제님의 화권인 의통으로 인류의 명줄을 이어주는 것,
이게 바로 상제님 일꾼들의 사명이다.
곧 상제님 일꾼은 인연 있는 지구촌 인간을 건져내서
새 우주를 열어 새 세상을 건설하라는 천명을 받았다."

"우리 증산도의 존재이유는 딱 하나다.
세상 사람들에게 상제님 진리를 전해서 깨어나게 하는 것이다.
이번 가을개벽기 때 그들에게 살 수 있는 기회를 주는 것이다."

— 본문 중에서

1권 주요 목차 ■다 나서라 ■상제님이 전하는 '천지일심' 세계 ■우주의 꿈을 이루는 개벽장, 증산 상제님 ■수행공부는 방법만 알면 누구든 되는 것 ■거백옥 도수, 참회와 태을주 수행문화로 천하사에 종군하라

2권 주요 목차 ■개벽기의 약, 태을주太乙呪 ■종통맥을 바로 잡아 상제님 대업을 이루라 ■3년 천지 대역사에서 낙오자가 되지 말라 ■인간 구원의 대역사, 육임 짜기 ■15진주 도수, 상제님 대업의 참주인은 누구인가? ■참 신앙 길, 선영신 받들기

증산도 진리 대중화, 세계화의 초석이 된 대도서大道書

甑山道의 眞理

이 책 안에 증산도 8관법 기본교리의
근본 맥이 모두 담겨 있다!
증산 상제님 어천 이후
72년만에 증산 상제님의 진리를
최초로 체계화, 과학화하여 개벽문화의 전면모를
일목요연하게 밝혀놓은 증산도의 교전敎典!
1981년 초판 발행 이후 증산 상제님의 진리를
체계적으로 공부하려는 모든 사람에게
진리의 밝은 등불이 된 필독서!

안경전 증산도 종정 저/ 신국판

"돌이켜보건대, 상제님이 어천하신 이후로
1천만 명이 넘는 신앙인이 있었으나,
그동안 진리가 정립되지 못하여 진리의 체계도 모른 채
믿음의 기다림 속에서 순교(殉敎)하였습니다.
본서는 지난 70여 년 동안
이같은 1천만 이상의 순교자들이 닦아 올린
구도의 혈성(血誠)과 희생의 혈과(血果)로 나오게 되었습니다." (저자 서문 중에서)

목차 **제1장** 우리는 지금 어디에 와 있는가 / **제2장** 인간으로 오신 상제님 / **제3장** 인간과 신(神)의 세계 / **제4장** 천지개벽이란 무엇인가 / **제5장** 증산도사상의 근본이념 / **제6장** 천지공사(天地公事) / **제7장** 세운공사(世運公事)와 어천(御天) / **제8장** 도운공사(道運公事) / **제9장** 삶을 구하는 길 / **제10장** 인류구원과 후천선경

이 책 속에 '인류의 미래'가 들어 있다

이것이 **개벽**이다 (상,하)

2002(임오)년 개정신판 발행

천하대세를 알아야 살길을 찾는다!
세계는 지금 어디로 가고 있는가?
남북통일은 어떻게 다가오는가?
눈앞에 닥친 후천 대개벽의 실상!

안경전 증산도 종정 저/ 신국판/
소프트커버 8,000원 하드커버 12,000원

"대개벽은 앞으로 어떠한 과정을 거쳐 현실화되는가?
그것은 한마디로 세 벌 개벽(세 차례 개벽), 즉, 남북상씨름(남북대전)과 대병겁,
그리고 시간 자체가 질적인 변혁을 일으킴으로써 일어나는 지축정립의 수순을 거친다는 것이다.
이러한 개벽의 상황 중에서 가장 두려우면서도 구원의 핵심문제로 경고되어 온 것이,
한반도에 처음 내습하여 장차 전세계를 3년 동안 휩쓴다고 하는 대병겁의 소식이다."

(개정신판 서문 중에서)

주요 목차

1부 동서양의 2대 철인 예언가
　　– 미셀 노스트라다무스, 남사고

2부 다가오는 대변혁에 대한 동서고금의 메시지
　　– 서양의 예언가들, 한민족의 선지자들과 비기(秘記), 지구의 극이동에 얽혀있는 과학자들의 견해

3부 선천종교의 구원관과 인류의 미래
　　– 불교의 결론 미륵불의 출세, 예수와 백보좌의 아버지 하느님,
　　　도가에서 전하는 인생과 우주의 변화원리

4부 증산도가 전하는 개벽세계
　　– 아버지 하느님의 지상강세와 무극대도의 출현, 우주의 창조원리: 천지의 시간개벽,
　　　인간구원의 새 길, 하느님 강세를 예고한 선지자들

지구촌 개벽문화를 선도하는 증산도!

증산도를 만나면 당신의 미래, 민족의 미래, 세계의 미래가 보입니다.
증산도를 만나면 새 하늘 새 땅이 열리는 우주의 한소식을 들을 수 있습니다.
문의: 1588-1691(전국)   홈페이지: www.jsd.or.kr

본부: (302-816) 대전 서구 괴정동 123-2 전화(042)525-9125 팩스(042)527-2823
전국 어디에서나 **1588-1691**로 전화하시면 친절한 안내를 받을 수 있습니다.

국내도장

☎ 서울
서울강남	02-515-1691
서울광화문	02-738-1690
서울동대문	02-2249-1691
서울번동	02-993-4008
서울봉천	02-879-1691
서울송파	02-420-1691
서울숭인	02-2253-1691
서울시흥	02-894-1691
서울신대방	02-848-1690
서울신촌	02-713-1691
서울양재	02-576-8512
서울영등포	02-677-6022
서울은평	02-359-8801
서울자양	02-453-1691
서울목동	02-697-1690
서울합정	02-335-7207
광명	02-2614-1693

☎ 인천 / 경기
인천부평	032-519-6008
인천십정	032-508-1691
인천학목	032-773-1691
인천주안	032-867-1691
부천심곡	032-612-1691
고양원당	031-966-0242
군포금정	031-453-1691
김포북변	031-982-1691
구리수택	031-568-1691
남양주용정	031-528-1691
동두천생연	031-867-1691
성남분당	031-703-1691
성남태평	031-758-1691
수원매교	031-225-1691
수원우만	031-212-1691
수원영화	031-247-1691
안산상록수	031-416-1691
안산원곡	031-495-1838
안성낙원	031-676-1691
안양만안	031-441-1691
여주창리	031-885-1691
연천전곡	031-835-1691
오산	031-376-1691
용인마평	031-322-9125
의정부	031-878-1691
이천중리	031-636-0425
파주금촌	031-945-1691
평택신장	031-611-1690
평택통복	031-657-1691
포천신읍	031-531-1691

☎ 태전 / 충남
태전갈마	042-523-1691
태전과기원	042-869-2089
태전괴정	042-525-6306
태전용전	042-634-1691
태전세종	042-823-4777~9
태전오류	042-523-5078
공주신관	041-853-1691
논산반월	041-732-1691
연무안심	041-742-1671
보령동대	041-931-1691
부여구교	041-835-0480
서산대산	041-681-7973
서산동문	041-665-1691
서산부춘	041-667-6346
아산온천	041-533-1691
조치원남리	041-866-1691
천안성정	041-576-1691
태안남문	041-674-1691
홍성고암	041-631-1691

☎ 충북
청주봉명	043-262-1691
청주우암	043-224-1691
충주연수	043-851-1691
제천청전	043-652-1691
음성	043-872-1691

☎ 강원
강릉옥천	033-643-1349
강릉주문진	033-662-1697
동해천곡	033-535-2691
삼척성내	033-574-1691
속초조양	033-637-1690

양양	033-672-1695
영월영흥	033-372-1691
원주명륜	033-763-1690
정선봉양	033-562-1692
춘천중앙	033-242-1691
춘천효자	033-262-1692
태백황지	033-552-9997
철원동송	033-455-1690

☎ 대구 / 경북

대구대명	053-628-1691
대구대현	053-959-1691
대구두류	053-652-1691
대구수성	053-765-3510
대구신천	053-421-5611
대구파동	053-764-1691
대구시지	053-793-1691
대구성서	053-592-1691
대구칠곡	053-312-8338
경주노서	054-774-3661
구미원평	054-456-1691
구미인동	054-472-1691
김천평화	054-437-1691
문경모전	054-554-1691
상주서성	054-533-1691
안동태화	054-852-1691
영주휴천	054-636-1691
영천문내	054-338-1691
포항상원	054-241-1691

☎ 부산 / 경남

부산광안	051-755-3348
부산대연	051-636-2112
부산동래	051-531-1612
부산만덕	051-342-1692
부산범내골	051-644-1691
부산부민	051-244-1691
부산서면	051-805-2085
부산영도	051-415-1690
부산온천	051-554-9125
부산양정	051-868-1691
양산북부	055-382-1690
거제장평	055-635-8528
거창중앙	055-943-1691
고성송학	055-674-3582
김해삼안	055-327-1691
마산중앙	055-243-1691
마산양덕	055-222-1691
삼천포벌리	055-833-1725
울산삼산	052-276-1691
울산삼호	052-247-1692
울산용전	052-236-1691
울산자정	052-281-1691
진주상대	055-759-1691
진주인사	055-747-7580
진해경화	055-545-1691
창원중앙	055-267-1691
창원팔룡	055-256-1691
창원명곡	055-265-1692
통영정량	055-649-1691
함양용평	055-962-3054
밀양삼문	055-355-0741

☎ 전주 / 전북

전주다가	063-285-1691
전주덕진	063-275-0260
전주평화	063-282-1691
전주우아	063-241-0021
전주효자	063-228-1691
군산경장	063-446-1691
남원도통	063-625-1691
부안동중	063-581-1691
익산신동	063-854-5605
익산영등	063-836-1691
정읍수성	063-533-6901
김제	063-544-1691

☎ 광주 / 전남

광주상무	062-373-1691
광주신안	062-523-1691
광주오치	062-264-1691
보성벌교	061-858-1691
목포옥암	061-283-1691
순천장천	061-745-1691
여수둔덕	061-652-1691
영광도동	061-352-1750
완도군내	061-555-1691
해남평동	061-537-1691
강진평동	061-433-1690

☎ 제주

제주이도	064-721-1691
제주삼도	064-722-1691
서귀포동홍	064-733-1691

국외도장

☎ 북미

뉴욕	1-718-747-1479
로스엔젤레스	1-323-937-2535
달라스	1-972-488-8155
산호세	1-408-289-9228
시카고	1-773-593-8374
오렌지카운티	1-714-677-1691
아틀란타	1-770-319-6623

☎ 캐나다

| 토론토 | 1-416-638-7693 |

☎ 유럽

| (영)런던 | 44-208-715-2505 |

☎ 일본

東京도장	81-3-3307-5881
大阪도장	81-6-6753-2979
神戸도장	81-78-871-1065

☎ 필리핀

| 마닐라 | 63-2-249-0939 |

☎ 오세아니아

| 뉴질랜드 크라이스트처치 | 64-3-342-3362 |